METAALTIJDEN 2

Sidestone Press

METAALTIJDEN 2

BIJDRAGEN IN DE STUDIE VAN DE METAALTIJDEN

REDACTIE:
E.A.G. BALL & S. ARNOLDUSSEN

Uitgegeven door Sidestone Press, Leiden
www.sidestone.com

ISBN 978-90-8890-333-5

Vormgeving binnenwerk en omslag: Sidestone Press

Foto omslag: smeltkroes tijdens experimenteel bronsgieten (Foto © Maikel Kuijpers); tekening armband van Kessel-Lithse Ham door I. Cleijne, BAAC.

Ook beschikbaar als:
e-book (PDF): ISBN 978-90-8890-334-2

BAAC
ARCHEOLOGIE EN BOUWHISTORIE

Archol

ADC ArcheoProjecten
Schept duidelijkheid

Metaaltijden 2 wordt opgedragen aan Jay Jordan Butler, die zijn leven lang publiceerde over de bronsvondsten uit de Nederlandse metaaltijden.

* Philadelphia, USA
9 april 1921

† Haren, Nederland
31 november 2014

Inhoudsopgave

Van begin en einde: productie en depositie in de Metaaltijden

Stijn Arnoldussen & Eugene A.G. Ball

Archeologie als wetenschap draait om kwalitatieve beeldvorming over gemeenschappen uit het verleden op basis van de resten die zij achterlieten. Uit de fragmenten van botten trachten onderzoekers de veestapel of consumptiepatronen te herleiden, uit losse paalsporen trachten we de woonhuizen te reconstrueren en uit de scherven het oorspronkelijke serviesgoed. Hoewel het herleiden van de ouderdom en de oorspronkelijke functie van oudtijdse fragmenten altijd een belangrijke rol zal houden in de archeologie, ontstaat er hiermee eveneens een risico op een wat te beperkte benadering van materiële cultuur. Niet slechts de oorspronkelijke vorm en functie is veelzeggend, maar ook aandacht voor de wijze waarop voorwerpen worden gemaakt (welke grondstoffen zijn gekozen, welke technieken zijn gebruikt, welke vaardigheden waren daarvoor nodig?) kan ons ingangen geven over hoe gemeenschappen destijds *zelf* tegen hun materiële cultuur aankeken. De studie naar productiewijzen en patronen van gebruik, hergebruik en reparatie, leert ons meer dan functionalistische of typochronologische typeringen alleen. Ook het onderzoek naar de manier waarop afstand is gedaan van objecten blijkt een rijke bron te zijn van inzicht in bewust menselijk handelen in het verleden. Niet alle archeologische resten zijn gedachteloos als afval achtergelaten of begraven. Er zijn goede aanwijzingen dat bepaalde categorieën van materialen in bepaalde contexten bewust werden gedeponeerd (bijvoorbeeld achtergelaten als offers). Zo blijkt de gehele levensloop van objecten, van productie tot depositie, een waardevol studieterrein. Dit wordt gewoonlijk aangeduid als een biografische benadering.

Vanaf de jaren '90 van de twintigste eeuw is het biografisch perspectief, zoals geïnspireerd door Kopytoff (1986) en Gosden (1999; Gosden & Marshall 1999), binnen de archeologie vaak op de voorgrond getreden. Bij dit in essentie antropologisch perspectief wordt getracht een verhaallijn op te stellen waarin de verschillende (mogelijke) levensstadia (van objecten, architectuur etc.) de aandacht krijgen en waarbij het stellen van de juiste vragen die inzicht bieden in de bandbreedte van mogelijke keuzes centraal staat (welke opties zijn mogelijk in deze 'levensfase'?). In de woorden van Igor Kopytoff (1986, 66-67):

> *'In doing the biography of a thing, one would ask questions similar to those one asks about people: What, sociologically, are the biographical possibilities inherent in its "status" and in the period and culture, and how are these possibilities realized? Where does the thing come from and who made it? What has been its career so far, and what do people consider to be an ideal career for such things? What*

are the recognized "ages" or periods in the thing's "life," and what are the cultural markers for them? How does the thing's use change with its age, and what happens to it when it reaches the end of its usefulness?'

In de Nederlandse archeologie heeft de biografische benadering met name wortel geschoten in studies gericht op de cultuurlandschappelijke schaal (Hidding, Kolen & Spek 2001; Kolen 2005; Kolen & Witte 2006; Vervloet *et al.* 2010). Dit is opmerkelijk, aangezien er fundamentele problemen zijn bij toepassing van Kopytoff's benadering op landschappen (wie bepaalt een 'start- of eindpunt' van cultuurlandschap?, *cf.* Vervloet *et al.* 2010, 134) en er een hoog risico is dat 'culturele biografie' verwordt tot een *buzzword* voor wat adequater bewoningsgeschiedenis zou moeten heten. Daarmee komt het biografisch perspectief ver af te staan van de valide en waardevolle toepassingwijze die Kopytoff oorspronkelijk voorzag. Dankbare voorbeelden betreffen bijvoorbeeld de toepassing van het biografisch perspectief in studies van het huis (Gerritsen 2003) of op specifieke categorieën van materiële cultuur (Fontijn 2003; Van Gijn 2010; Raemaekers *et al.* 2011), waarbij de analogie van de menselijke levensloop (geboorte/productie, levensloop/gebruik, overlijden/depositie), en dus het biografisch perspectief, beter passend is dan bij landschapsstudies.

Doordat het meeste archeologische (veld)onderzoek zich richt op de locaties waarin materiële cultuur wordt *gebruikt* (nederzettingsonderzoek), raken de twee andere biografische ankerpunten 'de start' (productieplaatsen) en het 'einde' (depositiepatronen) onderbelicht. Zelden vragen opgravers van laat-prehistorische nederzettingsterreinen zich af, of vinden zij tastbare bewijzen van, 'waar in het cultuurlandschap' de productie van bijvoorbeeld houten, metalen of keramische objecten plaatsvond. Niet alleen zijn productieplaatsen slecht bekend, ook productiewijzen van objecten uit de metaaltijden verdienen meer aandacht. Welke keuzes worden er gemaakt in selecties van grondstoffen en de voor productie gebruikte werktuigen? Welke variatiebreedte in vorm, materiaal of stijl van objecten was wenselijk of toegestaan? Hoe verhouden zich lokale varianten tot geïmporteerde goederen?

Onderzoek van graven kan ons uiteraard veel leren over de 'depositiefase' van objecten, en de levensloop die zij daaraan voorafgaand kenden, maar dit soort onderzoek is tot nu toe vooral toegepast op neolithische contexten (Wentink *et al.* 2011, maar zie Fontijn & Van der Vaart 2013). Ook depositielocaties in zowel de nattere landschapsdelen als binnen de nederzettingen zijn informatieve contexten (Fontijn 2003; Arnoldussen 2008, 442-444), maar deze worden niet vaak aangetroffen en nog minder vaak vanuit een biografisch perspectief geanalyseerd. Specifieke onderzoeksvragen in deze richting ontbreken verder ook vaak bij hedendaags commercieel onderzoek. Zo ontbreken meestal antwoorden op vragen als 'Op welke wijzen en in welke staat werd er aan het einde van een 'levensloop' afstand gedaan van objecten?'.

Om nieuwe aandacht te richten op cruciale en informatieve fasen aan het begin en aan einde van de levensloop van objecten, was het thema van de Metaaltijdendag 2014 "Van begin en eind: productie en depositie in de Metaaltijden". Uitdrukkelijk stond hierbij dus het biografisch perspectief toegepast op materiële cultuur centraal, waarbij de sprekers is gevraagd zich op bovenstaande vragen te richten. Zodoende werden in het thematische deel van de dag lezingen gegeven over de productie van bronzen bijlen (M. Kuijpers; *deze bundel*), van ijzer (N.Ø. Brusgaard; Brusgaard *et al. in druk;* Arnoldussen & Brusgaard 2014), een opmerkelijk voorwerp van gewei (M. Rijkelijkhuizen, A. Verbaas & H. Siemons; *deze bundel*) en van glazen armbanden (J. van der Laan; Roymans *et al.* 2014). Ook waren er bijdragen waarin de gehele keten van productie tot depositie van objecten centraal stond, zoals de bijdrage over maalstenen (M. Melkert; *deze bundel*) of over een biografisch perspectief op ijzertijdhuizen (C. Koot). Verder waren er ook twee lezingen waarin juist de eindfase van de levensloop centraal stond. Het voorkomen van verlatingsdepots in nederzettingen uit de metaaltijden werd kritisch bediscussieerd door P.W. van den Broeke (*deze bundel*) en ook het terpengebied in de ijzertijd bleek een rijk archief aan bijzondere deposities te herbergen (A. Nieuwhof; Nieuwhof 2015).

Een aantal sprekers was bereid om hun inzichten ook als een bijdrage in de huidige metaaltijdenbundel op te laten nemen. Zo start de huidige bundel met een aantal bijdragen over objecten en hun levensloop. Kuijpers staat stil bij de mogelijkheden en moeilijkheden van het herkennen en afleiden van vaardigheid (*skill*) bij de productie van bronzen bijlen uit de vroege bronstijd. Van Alphen en Theunissen presenteren een bijzondere armband die vermoedelijk bewust in een Maasarm werd gedeponeerd. Janssens rapporteert over de vondst van, gewoonlijk schaarse, resten van metaalproductie uit de bronstijd.

Niet alleen metaalvondsten, maar ook de studie van andere materiaalgroepen, zoals steen, bot en aardewerk, blijkt bijzondere inzichten op te leveren. Melkert volgt de levensloop van laat-prehistorische maalstenen van productie tot hun depositie. Rijkelijkhuizen, Verbaas en Siemons bespreken een opmerkelijk object van gewei, waarvan de functie, ondanks gedetailleerd onderzoek, zich niet laat achterhalen. Bloo, Kooi en Kleijne bespreken de implicaties van een opmerkelijke aardewerkvondst te Tilburg en Van den Broeke toont aan dat – na kritische discussie van te hanteren criteria – in nederzettingscontext aardewerk een rol speelt in patronen van bewuste (verlatings)deposities.

Net als bij de vrije lezingen op de metaaltijdendag, biedt ook deze bundel ruimte aan bijdragen die niet direct op het thema van de dag betrekking hebben. Dit jaar is een duidelijke accent op het West-Nederlandse kustgebied aanwezig. Kleijne bespreekt en duidt het laat-neolithische en bronstijdgrafritueel in de omgeving van Velsen. Een recente opgraving in dezelfde streek nodigde Van Heeringen uit tot reflectie op de kennisstand van de bronstijd in het Nederlandse kustgebied. Ook de late bronstijd in de kuststreek komt aan bod: De Mulder biedt een herinterpretatie van een in Metaaltijden 1 besproken grafveld bij Den Haag (Bulten & Opbroek 2014) en een aardewerkcomplex nabij De Zilk wordt door Bloo en Briels besproken. Tot slot komt ook de cultuurlandschappelijke conversie van een Drents urnenveld door Arnoldussen en Albers aan bod, alsook een poging tot evaluatie van locatiekeuzemodellen voor de ijzertijd op de Nederlandse zandgronden door Wolthuis en Arnoldussen. Ook in de tweede metaaltijdenbundel komen dus de productie en depositie van materiële cultuur, het grafritueel, de nederzettingen en bijzondere patronen zoals verlatingsrituelen uit de metaaltijden van Nederland weer ruim aan bod.

Als redacteuren willen wij hier graag onze sponsors bedanken, BAAC bv en Archol bv, zonder wie de totstandkoming van deze bundel niet mogelijk zou zijn. Dit geldt evenzo voor de vrijwilligers van de Stichting Metaaltijdenonderzoek Nederland, die werken bij universiteiten, archeologische bedrijven en de RCE, die jaarlijks de Metaaltijdendag en de Metaaltijdenbundel verzorgen.

Veel leesplezier!

Stijn Arnoldussen & Eugene A.G. Ball
(Redactie Metaaltijden 2)

Of beginning and end: production and deposition in later prehistory

Stijn Arnoldussen & Eugene A.G. Ball

Archaeology as a scholarly discipline has the scientific reconstruction of communities in the past, based on their material remains, as it main objective. From splinters of bone, researchers strive to reconstruct the composition of livestock or patterns of consumption and isolated postholes are assigned to house plans and sherds of pottery are used to construct tableware. Notwithstanding the fact that determining the age and original functions of objects will always form a central issue in archaeology, there is a risk of a one-sided approach towards material culture. Original form and function are but part of the story, as attention towards the ways in which objects were crafted (what materials were chosen, which techniques were applied, what skills were required?) is also very rewarding, as it holds ample information about how communities in the past engaged material culture themselves. Archaeological analysis of the production processes, patterns of use, reuse and repair are all informative on a level beyond that of functionalism and typochronology alone. Moreover, the study of the way people discarded objects in the past has also proven to yield rich insights into past human action. Not all archaeological remains represent meaninglessly discarded objects or buried waste. There is sound evidence that certain types of objects, and not only bronzes, were deliberately deposited in certain types of contexts (*e.g.* left behind as offerings). Clearly, the study of the entire life-history of objects, from their production to their deposition, has proven a fertile field of study commonly designated as the biographical approach.

Since the nineties of the former century the biographical approach (as inspired by Kopytoff (1986) and Gosden (1999; Gosden & Marshall 1999)) has gained momentum. This essentially anthropological framework tries to construct narratives (for objects, architecture et cetera) in which the different possible life-stages are discussed, and in which asking the proper questions yields information on the bandwidth of options available and chosen. As Igor Kopytoff (1986, 66-67) has put it:

> *'In doing the biography of a thing, one would ask questions similar to those one asks about people: What, sociologically, are the biographical possibilities inherent in its "status" and in the period and culture, and how are these possibilities realized? Where does the thing come from and who made it? What has been its career so far, and what do people consider to be an ideal career for such things? What*

> *are the recognized "ages" or periods in the thing's "life," and what are the cultural markers for them? How does the thing's use change with its age, and what happens to it when it reaches the end of its usefulness?'*

In Dutch archaeology, the biographic approach has mainly been applied with the field of (cultural) landscape studies (Hidding, Kolen & Spek 2001; Kolen 2005; Kolen & Witte 2006; Vervloet *et al.* 2010). This is striking, as there are fundamental issues when trying to apply Kopytoff's approach to landscapes (*e.g.* what determines the 'start' or 'end' point of a cultural landscape?, *cf.* Vervloet *et al.* 2010, 134) and there is a significant risk of the concept of cultural biography being reduced to a buzzword, synonym for what are essentially histories of landscape use and habitation. That would be a long way of, from the valid and fertile approach that Kopytoff intended. More suitable applications of the biographical approach can be found in studies of the house(hold) (*e.g.* Gerritsen 2003) or studies of particular categories of material culture (*e.g.* Fontijn 2003; Van Gijn 2010; Raemaekers *et al.* 2011), that present better analogies, in terms of their life-histories, (*i.e.* birth/production, life/use-life, death/discard) to human life-cycles and thus suit the biographical approach better than landscape studies.

As archaeological fieldwork generally targets the locations were material culture was *used* (*i.e.* settlements), the two other anchor-points for a biographical narrative 'the start' (production) and ' the end' (discard and depositional patterns) are underrepresented. After an excavation of a settlement site, only rarely do the excavation reports raise questions as to where in the cultural landscape the production of the wooden, metal and ceramic artefacts did actually take place. Not only are such production sites rarely found and thus poorly known, the production processes of the artefacts recovered also merit more study. What choices were made in selecting base materials and in tools and techniques applied? What degree of variability in materials, style or forms of objects was desired or tolerated? How did locally manufactured objects compare to imported goods?

If one wants to learn more about the 'deposition' phase of objects, the study of funerary contexts is very informative – yet this type of study has thus far been undertaken mainly with Neolithic contexts (Wentink *et al.* 2011, yet compare Fontijn & Van der Vaart 2013). Additionally, the study of intentional depositions in (wet) parts of the landscape or settlement space has proven insightful (*e.g.* Fontijn 2003; Arnoldussen 2008, 442-444), but such locations are rarely excavated and seldomly studied from a biographical perspective. Research questions specifically targeting such matters are, moreover, generally absent in present-day commercial archaeological investigations. This means we lack answers to questions like 'in what ways and in what form were objects left behind at the end of their lifecycle?'.

To draw more attention to the critical and informative phases at the beginning and end of object's lifecycle, it was decided to select 'Of beginning and end: production and deposition in later prehistory' as the main theme for the 2014 Metaaltijdendag colloquium. In the call, explicit attention was directed towards the biographical approach applied to material culture and speakers were called upon to address the issues discussed above. Accordingly, the thematic presentations comprised presentations on the production of bronze axes (Kuijpers, *this volume*), on iron production (N.Ø. Brusgaard; Brusgaard *in press;* Arnoldussen & Brusgaard 2014), on an enigmatic antler object (M. Rijkelijkhuizen, A. Verbaas & H. Siemons; *this volume*) and the production of glass bracelets (J. van der Laan; Roymans *et al.* 2014). Moreover, presentations addressed the full sequence from production to deposition for specific items such as prehistoric querns (M. Melkert; *this volume*) or discussed a biographical approach towards Iron Age houses (C. Koot). Finally, two presentations specifically targeted the final stages of object biographies. The recognizability of abandonment deposits in settlements was discussed by P.W. van den Broeke (*this volume*) and A. Nieuwhof (Nieuwhof 2015) addressed the depositional traditions in the coastal *terp* (raised dwelling mound) area.

Fortunately, a number of speakers agreed to publish their viewpoints as a paper in the present issue of Metaaltijden. Consequently, the present issue starts off with a number of contributions on objects and their specific lifecycles. Kuijpers ponders on the possibilities and problems of recognizing the skill involved in the production of Early Bronze Age axes. Van Alphen and Theunissen present a remarkable bronze bracelet that most likely was intentionally deposited into the river Meuse. Janssens brings forward an example of an object of the normally elusive Bronze Age bronze foundry.

In addition to the biographical study of metal items, other categories such as stone, bone and pottery have shown to yield important insights. Melkert provides a narrative of prehistoric querns that spans from their production to their discard or deposition. Rijkelijkhuizen, Verbaas and Siemons discuss an ornately decorated antler object the function of which – despite detailed study – remains beyond our grasp. Bloo, Kooi and Kleijne discuss the implications of a rare pottery find at Tilburg, and Van den Broeke – after critical consideration – shows that pottery is an important item in abandonment deposits on settlements. Similar to the setup of the Metaaltijdendag colloquium, the proceedings also offer a stage for publications not referring directly to that year's main theme. This year, the coastal part of the Western Netherlands is well represented amongst those publications. Kleijne discusses the Neolithic and Bronze Age funerary traditions of the Velsen area. A recent excavation from the same area inspired Van Heeringen to review the state of affairs regarding Bronze Age communities from the Western Netherlands. The Late Bronze Age in the coastal zone is represented as well: De Mulder offers a reinterpretation of a coastal cemetery discussed in the first Metaaltijden volume (Bulten & Opbroek 2014), and a Late Bronze Age ceramic assemblage from De Zilk is presented by Bloo and Briels. Lastly, Arnoldussen and Albers discuss the transformation of the Noordbarge urnfield (Drenthe) into settlement space and Wolthuis and Arnoldussen evaluate models of landscape preference and Iron Age settlement dynamics for the sandy regions of the Netherlands. All in all, this second volume of Metaaltijden covers the full range, from production and deposition of material culture, funerary traditions, settlements and remarkable patterns such abandonment deposits from Dutch later prehistory.

Finally, as editors we would like to thank our sponsors, BAAC bv and Archol bv, without whom the publication of the volume would not have been possible. We are equally grateful to the volunteers of the Stichting Metaaltijdenonderzoek Nederland who – working at universities, archaeological units and state agencies – allot spare time to organise the yearly Metaaltijdendag colloquium and publish its proceedings in the Metaaltijden series.

We sincerely hope you enjoy the present volume.

Stijn Arnoldussen & Eugene Ball
(Editors Metaaltijden 2)

Literatuur/references

Arnoldussen, S. 2008. *A Living Landscape. Bronze Age settlement sites in the Dutch river area (c. 2000-800 BC)*, Leiden: Sidestone press (proefschrift).

Arnoldussen, S. en Brusgaard, N.Ø. 2015. Production in deposition: structured deposition of Iron Age ironworking elements (The Netherlands). *Lunula Archaeologia protohistorica* XXIII, 115-124.

Bulten, E. en Opbroek, M. 2014. Een crematiegrafveld in de duinen van den Haag, in: Theunissen, E.M. en Arnoldussen, S. (red.), *Metaaltijden 1. Bijdragen in de studie van de Metaaltijden*. Leiden: Sidestone press, 57-65.

Brusgaard, N.Ø., Fokkens, H., AS, S.F.M. van en Huisman D.J. *in druk*. The potential of metal debris: a Late Iron Age ironworking site at Oss-Schalkskamp, southern Netherlands. *Archäologisches Korrespondenzblatt.*

Fontijn, D.R. 2003. *Sacrificial Landscapes. Cultural biographies of persons, objects and 'natural' places in the Bronze Age of the southern Netherlands, c. 2300-600BC.* Analecta Praehistorica Leidensia 33/34. Leiden: Universiteit Leiden (proefschrift).

Fontijn, D.R. en Vaart, S. van der 2013. Dismantled, transformed, and deposited – prehistoric bronze from the centre of mound, in: Fontijn, D.R., Vaart, S. van der en Jansen, R. (eds.), *Transformation Through Destruction. A monumental and extraordinary Early Iron Age Hallstatt C barrow from the ritual landscape of Oss/Zevenbergen*. Leiden: Sidestone press, 151-194.

Gerritsen, F. 1999. The cultural biography of Iron Age houses and the long-term transformation of settlement patterns in the southern Netherlands, in: Fabech, C. en Ringtved, J. (red.), *Settlement and Landscape. Proceedings of a conference in Århus, Denmark*, May 4-7 1998. Århus: Århus University, 139-148.

Gijn, A. L. van 2010. *Flint in Focus. Lithic Biographies in the Neolithic and Bronze Age.* Leiden: Sidestone press.

Gosden, C. en Marshall, Y. 1999. The cultural biography of objects. *World Archaeology* 31(2), 169-178.

Hidding, M., Kolen, J. en Spek, T. 2001. De biografie van het landschap. Ontwerp voor een interne multidisciplinaire benadering van de landschapsgeschiedenis en het cultuurhistorisch erfgoed, in: Bloemers, J.H.F., During, R., Elerie, J.N.H., Groenendijk, H.A., Hidding, M., Spek, T. en Wijnen, M.H. (red.), *Bodemarchief in behoud en ontwikkeling; de conceptuele grondslagen*, Den Haag: NWO, 7-109.

Kolen, J. 2005. *De biografie van het landschap: drie essays over landschap, geschiedenis en erfgoed,* Amsterdam: Vrije Universiteit van Amsterdam (proefschrift).

Kolen, J. en Witte, M. 2006. A biographic approach to regions, and its value for spatial planning, in: van der Knaap, W. en Valk, A. van der (red.), *Multiple landscape: Merging past and present. Selected papers from the fifth International Workshop on Sustainable Land Use Planning, 7-9 June 2004*, Wageningen: NWO/WUR-Land Use Planning Group, 125-145.

Kopytoff, I. 1986. The cultural biography of things: commodization as a process, in: A. Appaduria (red.), *The social life of things*. Cambridge Studies in Social and Cultural Anthropology. Cambridge: Cambridge University Press, 64-01.

Nieuwhof, A. 2015. *Eight human skulls in a dung heap and more: Ritual practice in the terp region of the northern Netherlands, 600 BC - AD 300*. Groningen: Rijksuniversiteit Groningen (proefschrift).

Raemaekers, D.C.M., Geuverink, J., Schepers, M., Tuin, B.P., Lagemaat, E. van der en Wal, M. van der 2011. *A biography in stone : typology, age, function and meaning of Early Neolithic perforated wedges in the Netherlands*. Groningen Archaeological Studies 14. Groningen: Barkhuis.

Roymans, N.G.A.M., Laan, J. van der, Huisman, D.J. en Os, B. van 2014. La Tène glass armrings in Europe. Interregional connectivity and local identity construction. *Archäologisches Korrespondenzblatt* 44(2), 215-228.

Vervloet, J.A.J., Beek, R. van en Keunen, L.J. 2010. A biography of the cultural landscape in the eastern Netherlands, in: Bloemers, T., Kars, H., Valk, A. van der en Wijnen, M. (red.), *The Cultural Landscape & Heritage Paradox. Protection and Development of the Dutch Archaeological-Historical Landscape and its European Dimension*. Amsterdam: Amsterdam University Press, 131-148.

Wentink, K., Gijn, A.L. van en Fontijn, D.R. 2011. Changing contexts, changing meanings: Flint axes in Middle and Late Neolithic communities in the northern Netherlands, in: Davis, V. en Edmonds, M. (red.), *Stone Axe Studies III*. Oxford: Oxbow books, 399-408.

Some thoughts on quality and skill in Early Bronze Age axes

Maikel H.G. Kuijpers

Keywords: quality, skill, material culture, Early Bronze Age axes

Introduction

My aim in this paper is to think about quality differences between objects that are the result of different levels of skill of the maker, because such observations rarely seem to be the subject of a well-demarcated analytical approach. For example, compare the axes in figures 1, 2, and 3. I suspect little disagreement on the observation that there are differences between them in symmetry of the blade and flanges, the blade facet, sharpness of the flanges, the overall finish, and obviously decoration. I would probably also get away with arguing that the first axe appears sloppy and the third very skilfully made. In fact, in last year's *metaaltijdenbundel* exactly this latter remark was made and axe 3, the flanged axe from Hilversum-Hoorneboegse Heide, is described as an "excellent piece of workmanship" (Butler, Theunissen & van Os 2014, 20). I do not necessarily disagree, and the following is not meant as a critique, but such a judgement is intriguing and I wish to take it as the starting point for a brief reflection on skill and quality. I will only provide some thoughts here that may help to untangle these related concepts as this is not the place to go into detail (but see Kuijpers 2014). This paper is meant as an incentive for the study of skill and quality in archaeological objects in general, and despite that my reflections are based on Bronze Age axes, I take the analysis of such concepts to be of interest for material culture studies as a whole.

Disentangling quality and skill

Quality and skill are entangled concepts, but the relationship between them is not straightforward. Typically, a skilfully made object is regarded to be of high quality (and vice versa). The Hilversum axe – a *Prunkbeil* according to Butler, Theunissen & van Os (2014) – is a good example where this association seems to play its part. What I wish to emphasise in this paper is that in this commonly made association an important aspect slips under the radar: purpose. I will attempt to clarify this by picking apart what we are actually doing when this association is made.

Figure 1 An Early Bronze Age axe, type Saxon (Mayer 1977, 78 № 247), from an unknown context; found near Pichl (Austria). (Photograph by author, courtesy of National History Museum Vienna).

The entanglement between quality and skill arises from an understanding of skill as the ability to do something *well.*[1] This means that skill in the making of something is partly dependent on the cultural reference of what is considered well-made (viz. quality; Kuijpers 2013, 140; Stout 2002, 705). Consequently, what we see is that skill tends to be inferred from an intuitive (modern) judgement of the quality of a prehistoric object, which often boils down to an uncritical appreciation of things made by our technologically savvy ancestors, something which Dobres (2006, 29) has unflatteringly described as "Wow!, Ooooh Ahhh" judgements. Not only should these not be taken as a valid argument about the skill present in a prehistoric object, they also do not clarify what this skill is. Instead, such interpretations tend to immediately address the social value of skill and are

1 Two examples that define skill as such are the Oxford dictionary and Dictionary.com (accessed 23/02/15).

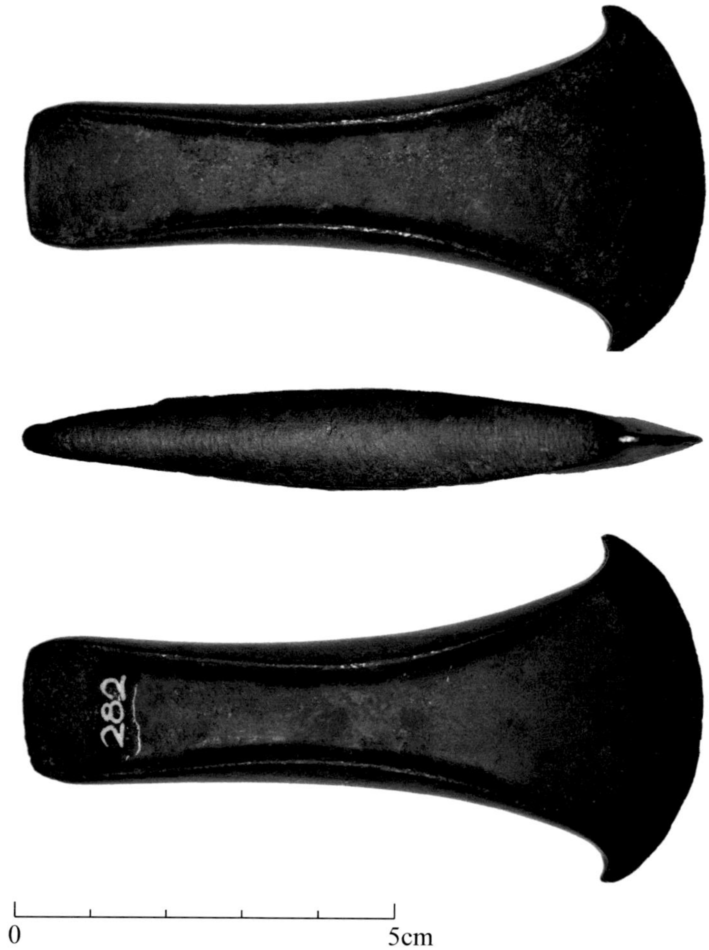

Figure 2 An Early Bronze Age axe, type Saxon (Kibbert 1980, 159 № 324), from an unknown context; found in Nordhessen (Germany). (Photograph by author, courtesy of Philipps-University Marburg).

expressed by drawing links to the status and identity of the maker (*e.g.* the idea of a specialist smith).

I argue that there is *always* skill involved in the making of things, irrespective of what is considered quality and the (social) value given to such quality. To prevent the conflation of skill and quality, I propose an analytical separation to be made between: 1) the practical aspects of skill, i.e. technical skill, 2) the recognition of this skill as quality, and 3) the additional understanding of skill as a social value, i.e. the researchers' interpretations of what skill *means* in a given society. I will briefly define what I mean for each of them but the focus of this article is on the recognition of skill as quality.

Here, I regard technical skill as the distinct relationship between maker and material that is acted out via tools and techniques, typically seen in any craft. I have written about this relationship elsewhere in detail (Kuijpers 2014 and forthcoming) and it suffices here to say that a skilful practitioner will bring out the

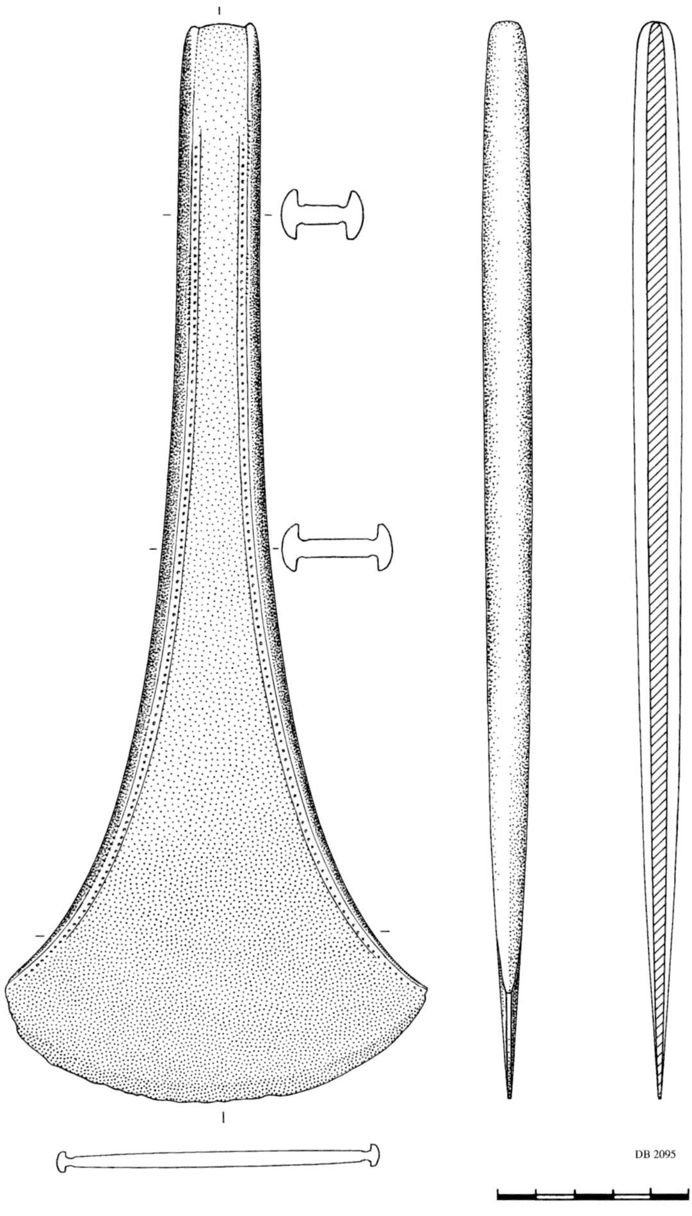

Figure 3 The Prunkbeil from Hilversum-Hoorneboegse Heide (Netherlands), a detector find (Butler, Theunissen & van Os 2014; drawing by Groningen Institute of Archaeology, Groningen, kindly provided by Liesbeth Theunissen).

qualities of a material, whereas the unskilled one might not even recognise them. Consequently, they respond differently towards the material and their resulting objects vary (in quality).

Skill as (a) quality is defined here as the *recognition* of the above mentioned technical skills (i.e. expertise) by other members of society, either in the practice itself or in the objects produced. This is dependent on the exclusiveness of the skill (see below).

The social value of skill, in contrast, entails an interpretation of how this expertise was valued and subsequently influenced identity and social status in a larger societal context. As such it is an explanation of the role of craftsmanship in a given society.

Recognition of skill as expertise and quality

It may appear excessive to specify a separate analytical concept for the recognition of skill as (a) quality. Yet, not only is it a prerequisite for the argument that skill has social value, the recognition of skill is also something we cannot take for granted. There are three points underlying this argument. Firstly, the above mentioned exclusiveness of a skill, which differs per social context. Secondly, different people may have different readings of skill. Thirdly, and perhaps most important for archaeologists, the recognition of a skilfully made object is dependent on the purpose of that object, by which I mean the intention of the maker.

Exclusiveness

With regard to craft we can safely assume that any craft activity would have been recognised as a technical skill that not everyone is equally capable of, consequently providing this skill with a certain (social) value. To what extent skills were recognised as a specialised expertise however, is dependent on the general standard of that skill in any particular period. To illustrate this point consider the perception of those who are able nowadays to make a fire from scratch without the aid of modern tools. They are instantly recognised for having an expertise (*i.e.* survival skills). Yet, we can reason that making fire would not have been regarded as a special quality in prehistory but rather mastered by many as part of a daily routine. In principle, underlying this interpretation is the assumption that the fewer people possess a skill, the more likely that skill is to be recognised as an exclusive expertise. Partly the reason why the metalworker is typically envisioned as a specialist is thus based on the assumption that metalworking skills were not widely available.

Experience

The second point that I take to affect the recognition of skill is experience. Hands-on experience or no experience at all with the craft under review will influence one's perception of the skills involved. Put simply, skill is read differently by a producer than a consumer of objects.[2] For instance, whereas a handcrafted golden ring may be seen as a beautiful, potentially meaningful, and skilfully made object to the layman consumer, a fellow goldsmith is able to see how the object was made and may notice small errors. What to a layman appears to be extremely difficult to make may, in fact, be a fairly easy job for a skilled craftsperson. Vice versa, features that a generic observer may not even notice, could potentially signal a high level of skill to fellow crafters.

---

2 I have serious reservations making a strict (modern) distinction between these categories for a prehistoric setting, but this is not the place for such a discussion and for the sake of the argument and clarity will do so.

The relevance of the above to archaeologists, who typically have little *practical* experience in working the materials they study, is that our own lack of understanding of the material in terms of what it affords, inhibits a thorough understanding of the skill that is needed to produce an object from it. As a result, there is a tendency to see most prehistoric objects as skilfully made. Experimental archaeology could take away some of this inexperience in practically working with material, but I think it would be erroneous to think that such experiments make us knowledgeable about material to the same degree and in a similar entangled manner as craftspeople (in the past). Craftspeople generally see their engagement with material as a lifetime of learning (Sennett 2008; Adamson 2007), whereas experimental archaeology only scratches the surface of that relationship. This, I argue, is why we need to work together with experienced craftspeople who have intimate knowledge of this relationship and the material they work with. They see the material they master and the objects made from it differently, and perhaps more completely than any archaeologists.

Purpose

The third point that needs to be discussed here relates to the question "what was considered quality?". An assessment of the general level of technical skill in a large assemblage of artefacts, and especially the allowance for mistakes and faults, may give us some insights into what was regarded 'well enough made' to be accepted by society, and thus seen to have sufficient quality and/or suitability.[3] However, we must be careful not to make this interpretation solely on the aesthetic appearances of an object, but take into account what the object was supposed to do, and how it was made. Returning to the three axes in the example (Fig. 1-3), we compare them to each other to define their quality, but unconsciously we are also making a comparison to what we think is the intended design or *purpose* of these objects (*cf.* Pye 1995, 50); in these instances an *axe.* On top of this, we also seem to hold a limitation as to how far the shape and appearance of an axe can divert before it is not regarded as a standard axe (tool) but, instead, a special object – in this case a *Prunkbeil* (see below). It appears that our interpretation of what the object *is,* influences how we judge its quality.

To what are we comparing?

Evidently, any claim about the craftsmanship of an object is firstly in need of an interpretation of the intention of the maker, which is best done by analysing its production recipe or *chaîne opératoire.* The second step, I argue, should entail an exploration of the overall quality of the type of object studied, which means we need to have a substantial amount of them. This is rarely the case, however. Partly because the objects that draw our attention are the anomalies like the Nebra disc (Meller and Bertemes 2010), ceremonial dirks (Fontijn 2001), *Prunkbeilen* and

3 I thank Stijn Arnoldussen for making me aware of the subtle but important distinction between quality and suitability in this context. It adds another layer to an already complex problem but is relevant as it indeed appears that some low quality axes were deemed suitable for their purpose anyway (see Kuijpers 2014).

what more that we consider to have been special. Such objects provide equally fascinating as restricting insights into Bronze Age society. On the basis of their uniqueness they tend to highlight exceptional narratives of specialists, elites, and warriors, but this often happens at the expense of thousands of common objects and everyday life and (metal) production in the Bronze Age. Hence, I advocate that if we aim to understand skill and quality in its prehistoric context, it is important to not only study exceptional pieces, but especially common objects. It is in this latter group that we can make explicit the comparison that is tacitly part of any judgement on skill and quality.

Returning once more to the Hilversum axe (see Figure 3), I would argue that to accurately address its quality and craftsmanship, it would be necessary to compare its production recipe to that of a *normative* Early Bronze Age axe (*cf.* Figure 1-2). This is possible with the use of a *chaîne opératoire,* but the information needed for the methodology to work is largely drawn from a metallographic sample, from which the production techniques of a metal object can be captured. This way we can argue for its supposed uniqueness and excellent workmanship from an evidence-based position.

Lacking metallographic information we can work only with the axe's morphology and decoration – representing just a few aspects of its *chaîne*. From these it is already apparent that the Hilversum axe deviates from the wider corpus of EBA axes, as was noted by Butler *et al.* as it is the very reason why the axe stands outs. Yet, there are two points I wish to raise here. First, I argue that the deviation-argument is typically employed intuitively and as part of the standard process of our typological method. It is important to realise that this method employs referents, by which I mean that archaeologists make use of the fact that most objects *reference* other objects in shape and form; a quality that Sørensen (2015, 89) has dubbed "inter-object citation". This reference, I argue, can also be made with regards to a generalised mental concept of an object, *i.e.* an idea(l). I maintain this point because what is *necessarily* implied in the archaeologist's recognition of exceptional and non-functional axes is the existence of a clearly defined conceptual axe, for which we hold an ideal. In other words: a *standard* from which we decide that too strong a departure means that the axe is not to be regarded as a normal axe any more.

The second point consequently comes forward; whereas Butler *et al.* (2014, 31) consider the Hilversum axe a *Prunkbeil* because it *lacks* close parallels and through a comparison with other oversized axes, I reason that there is a more fundamental comparison being made here. This needs some explanation. In my opinion, the lack of close parallels is the result of a typological exercise taken too far. This results in identifying similarities and differences (*e.g.* Butler, Theunissen & van Os 2014, 24-30), but without substantiating what these similarities and differences mean and, more importantly, why they should matter beyond the point that we are able to apply typologies on the basis of them (*cf.* Sørensen 2015, 85). Instead, I argue that the Hilversum-axe is an exceptional *Prunkbeil* because of its *reference to a standard* Early Bronze Age flanged axe. How else, for instance, is the knowledge that it is oversized constructed? Exceptionality can only manifest itself through a reference to what is considered normal. I advocate that we need to make this standard, against which we are comparing, explicit. Moreover, it is interesting to reflect for a moment on this specific type of reference, in which the prehistoric metalworker *purposefully* diverts from (and elaborates on) the standard, rather than creating a truly unique – incomparable – object. What might be gained here, for instance, is a better understanding of the mechanisms involved in the complex dialogue between tradition and creativity, and the role of imitations and copies (of exotic objects) in Bronze Age societies (*e.g.* Flohr Sørensen 2012).

Conclusions

The recognition of skill as expertise and what would be considered skilfully made is contingent on cultural context, exclusiveness, experience, and purpose. Understanding these aspects is already a considerable task for archaeologists and currently, more often than not, achieved through intuitive presumptions about the difficulty of specific crafts. I have argued that instead any claims on these aspects should be founded in a thorough examination of the objects itself, and the inequality presented throughout the corpus of similar objects. This includes an interpretation of the purpose of an object and an explicit comparison with what we take to be the standard to which a reference is made. Referral or inter-object citation, as explained above, is a crucial aspect of human-object interactions and one that is used, but left unexplored in a comparative typological approach (Sørensen 2015, 90). On top of this, it needs to be argued for why a certain (level of) skill would be recognised as an expertise by prehistoric people rather than taken for granted. It is only then, that we can proceed to question the meaning and social value of this expertise, both in terms of the object and its maker.

Acknowledgements

This paper comes forward from my PhD research on metalworking craftsmanship and skill. I would like to thank Marie Louise Sørensen for the many insightful supervisions. Quentin Bourgeois and David Fontijn are thanked for their comments on a draft of this paper. Stijn Arnoldussen and Liesbeth Theunissen provided some valuable feedback in a later state. Liesbeth is also thanked for supplying the image of the Hilversum axe. I would like to dedicate this article to late Jay Butler, whose work is an inspiration for Bronze Age archaeology in general, and my research in particular.

Abstract

What is 'excellent workmanship' and how do we arrive at such a ruling? I propose that this can be done via an analytical separation between 1) technical skills 2) the recognition of skill as (a) quality, and 3) the social value given to this quality. I argue that interpretations with regard to the latter can be made only *after* the other two have been established. This article will focus on the second point, the recognition of skill.

References

Adamson, G. 2007. *Thinking through Craft*. Oxford/New York: Berg.

Butler, J., Theunissen, L. and Os, B. van 2014. The Early Bronze Age *Prunkbeil* from Hilversum-Hoorneboegse Heide. A unique piece of craftsmanship, in: Theunissen, E.M. and Arnoldussen, S. (eds.), *Metaaltijden 1. Bijdragen in de studie van de metaaltijden*. Sidestone Press: Leiden, 15-36.

Dobres, M.A., 2006. Skilled Production and Social Reproduction in prehistory and contemporary archaeology: a personal exegesis on dominant themes and their psychosocial influences, in: Apel, J. and Knutsson, K. (eds.) *Skilled Production and Social Reproduction: Aspects of Traditional Stone-Tool Technologies – Proceedings of a Symposium in Uppsala, August 20-24, 2003*. Uppsala: Societas Archaeologica Upsaliensis, 25-33.

Fontijn, D.R. 2001. Rethinking ceremonial dirks of the Plougrescant-Ommerschand type. Some thoughts on the structure of metalwork exchange, in: Metz, W.H., Beek, B.L. van and Steegstra, H. (eds.), *Patina. Essays presented to Jay Jordan Butler on the occasion of his 80th birthday*. Groningen/Amsterdam, 263-280.

Kibbert, K. 1980. *Die Äxte und Beile im mittleren Westdeutschland 1*. Prähistorische Bronzefunde IX. 10. München: C.H. Beck.

Kuijpers, M.H.G. 2013. The sound of fire, taste of copper, feel of bronze, and colours of the cast: sensory aspects of metalworking technology, in: Sørensen, M-L.S. and Rebay-Salisbury, K. (eds.), *Embodied Knowledge: Historical Perspectives on Belief and Technology*. Oxford: Oxbow Books, 137-150.

Kuijpers, M.H.G. 2014. *Early Bronze Age metalworking craftsmanship. An inquiry into metalworking skill and craft based on axes in the North-Alpine region*. Unpublished PhD thesis, University of Cambridge.

Mayer, E.F. 1977. *Die Äxte und Beile in Österreich*. Prähistorische Bronzefunde IX, 9. München: C.H. Beck.

Meller, H. and Bertemes, F. 2010. *Der Griff Nach Den Sternen. Wie Europas Eliten Zu Macht Und Reichtum Kamen. Internationales Symposium in Halle (Saale) 16.-21. Februar 2005*. Tagungen des Landesmuseums für Vorgeschichte Halle (Saale) 05/11. Halle: Landesamt für Denkmalpflege und Archäologie Sachsen-Anhalt/Landesmuseum für Vorgeschichte.

Pye, D. 1995. *The Nature and Art of Workmanship*. London: Herbert Press.

Sennett, R. 2008. *The Craftsman*. London: Penguin.

Sørensen, M-L.S. 2015. 'Paradigm Lost' – on the State of Typology within Archaeological Theory, in: Kristiansen, K., Smejda, L. and Turek, J. (eds.), *Paradigm found. Archaeological theory, present, past and future. Essays in honour of Evzen Neustupný*. Oxford/Philadelphia: Oxbow Books, 84-94.

Sørensen, T.F. 2012. Original copies: seriality, similarity and the simulacrum in the Early Bronze Age. *Danish Journal of Archaeology* 1(1), 45-61.

Stout, D. 2002. Skill and Cognition in Stone Tool Production: An Ethnographic Case Study from Irian Jaya. *Current Anthropology* 43(5), 693-722.

Fragmenten van een gietmal uit de late bronstijd te Cuijk

Marlien Janssens

Trefwoorden: metaalbewerking, gietmal, late bronstijd, Cuijk

Keywords: metalworking, mould, late bronze age, Cuijk

Inleiding

Een opgraving in het plangebied Groot Heiligenberg (cluster C) te Cuijk, uitgevoerd door RAAP Archeologisch Adviesbureau in 2009 in opdracht van de gemeente Cuijk, heeft een vijftigtal, op het eerste gezicht onooglijke, brokjes verbrande leem opgeleverd. Deze zijn afkomstig van (minstens) één gietmal uit de late bronstijd, zeer waarschijnlijk voor een kokerbijl of -beitel. In dit artikel wordt deze bijzondere vondst beschreven en geïnterpreteerd. De gietmalfragmenten leveren een (bescheiden) bijdrage aan onze kennis over inheemse metaalproductie in de prehistorie en de omgang met het afval ervan in een nederzettingscontext.

Aanleiding onderzoek

De gemeente Cuijk is al enige jaren bezig met de uitbreiding van haar bedrijventerreinen. Ook de locatie Groot Heiligenberg (ca. 26 ha) wordt ontwikkeld en in dit kader hebben tussen 1999 en 2005 verschillende archeologische vooronderzoeken plaatsgevonden. Dat leverde vondsten op uit de steentijd, ijzertijd, Romeinse tijd en middeleeuwen (De Baere 2000; Ball & Arnoldussen 2001; Heirbaut 2007). De archeologische potentie van het gebied was vooraf zeker bekend. Aanvullend (waarderend) proefsleuvenonderzoek in cluster C en het terrein daar rondom heeft plaatsgevonden in 2003 (Heirbaut 2007). Dit onderzoek leverde ter hoogte van cluster C een zespalige spieker, greppels en losse (paal)kuilen uit het laat-neolithicum of de vroege bronstijd en de midden- en late bronstijd op. In januari 2009 is door RAAP Archeologisch Adviesbureau een aanvullend (waarderend) proefsleuvenonderzoek uitgevoerd. Dit onderzoek bevestigde de hoge resterende waarde van de vindplaats en stelde vast dat het sporenniveau binnen cluster C nog gaaf bewaard gebleven was. Aansluitend is de opgraving van de behoudenswaardige vindplaats (2.700 m^2) ten noorden van de weg Gildekamp uitgevoerd (Janssens 2010).

De vindplaats

De sporen op het opgravingsterrein getuigen van een grote tijdsdiepte van menselijke bewoning en gebruik, van het laat-neolithicum tot in de eerste eeuw van onze jaartelling (Afb. 1). De resten zijn gelegen op een rivierduin die in het pleni- en laatglaciaal opgestoven is op afzettingen van vlechtende rivieren uit het saalien en weichselien. In de top van het mineraalrijke rivierduinzand heeft zich een moderpodzol ontwikkeld. Door deze bodemvorming zijn de (ondiepe) archeologische sporen onleesbaar geworden, met name op de flanken. In de loop van de middeleeuwen is op de moderpodzol een plaggendek opgebracht. Dit heeft het archeologisch niveau beschermd, al zijn plaatselijk door egalisatie wel delen verstoord geraakt.

De oudste resten bestaan uit een kuil met bekeraardewerk en een losse vondst van een vuurstenen gepolijste bijl uit het (laat-) neolithicum (Janssens 2010, 49-50, 97). Een kuil met daarin met grove kwarts gemagerd, met vingernagelindrukken en touwindrukken versierd aardewerk, wordt toegeschreven aan de wikkeldraad-cultuur en dateert in de vroege bronstijd (Janssens 2010, 51-53). Verschillende kuilen, waaronder kuilencomplex 138 tot en met 141, stammen uit de late bronstijd (Janssens 2010, 53-55). Het is in deze context dat de gietmalfragmenten gevonden zijn en daarom worden deze sporen met hun inhoud hieronder bespro-

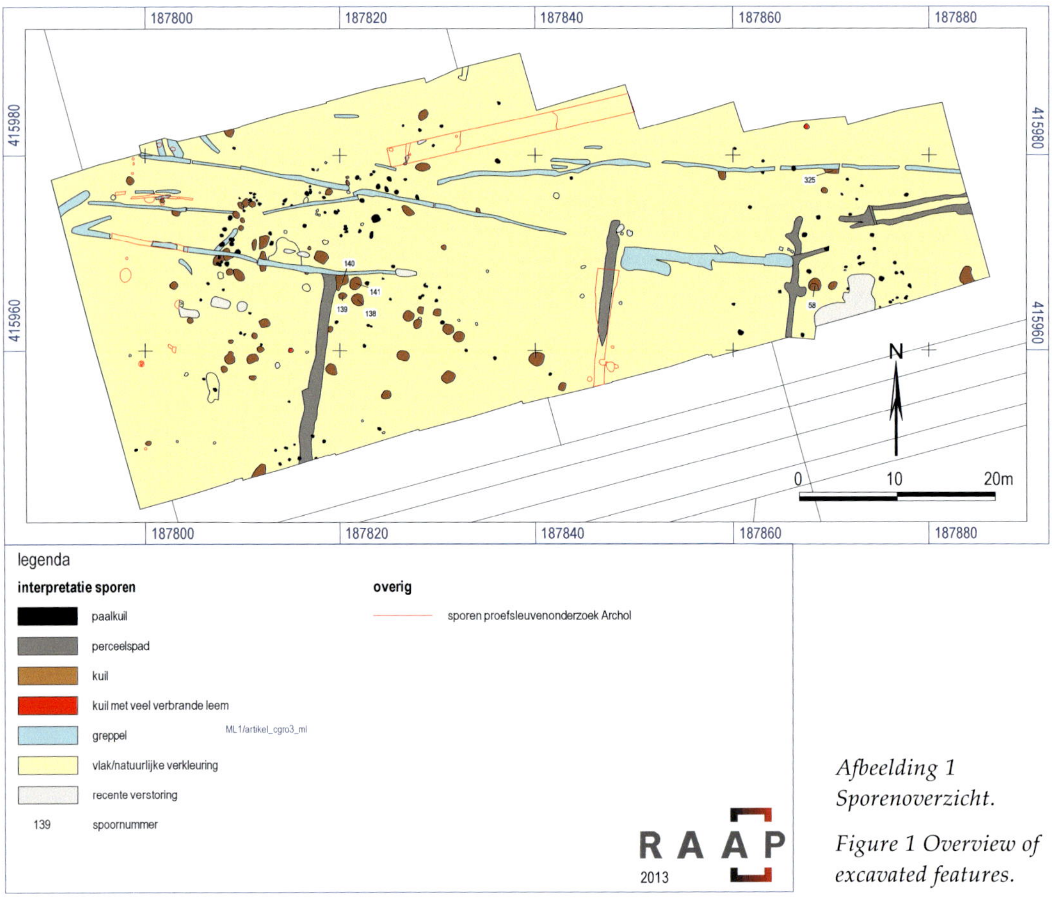

Afbeelding 1 Sporenoverzicht.

Figure 1 Overview of excavated features.

ken. Uit deze oudste periodes zijn alleen kuilen opgegraven, geen structuren. Uit de midden en/of late ijzertijd zijn echter wel (restanten van) huisplattegronden en spiekers aangetroffen, op basis waarvan drie (mogelijk gelijktijdige) erven zijn gereconstrueerd. In de Romeinse tijd is de duin verlaten.

De gietmalfragmenten

Context

De belangrijkste vondst van de opgraving wordt gevormd door vier kuilen (Afb. 2, linksboven), die samen het grootste aardewerkcomplex van de opgraving hebben opgeleverd (n=1018, 13,7 kg). Op basis van maakwijze, diagnostische vormen en versieringen is het complex in de late bronstijd gedateerd. Dit wordt ook bevestigd door ^{14}C-dateringen. Datering van verkoolde botanische resten uit twee monsters plaatsen het kuilencomplex tussen 1045/1016 en 845 voor Chr. (uit spoor 140: Poz-35331: 2800 ± 35 BP, uit spoor 141: POZ-35332: 2795 ± 30 BP) (Janssens 2010, 72-89).

Spoor 139 tekende zich in het vlak af als een ovaal grondspoor (ca. 85 x 82 cm), maar bleek slecht bewaard (in profiel was het slechts 8 cm diep). De primaire functie van deze kuil is niet bekend. Secundair zijn er 60 stuks aardewerk en een fragment van een kooksteen als afval in gedeponeerd. Spoor 138 betrof een ronde kuil (diameter ca. 1,2 m) met een komvormige doorsnede met een relatief vlakke bodem (50 cm resterende diepte: Afb. 2, rechtsboven). In de coupe zijn verschillende vullingen onderscheiden: humeuze vondstlagen (met enkele vuursteenfragmenten en 110 aardewerkscherven) wisselden af met schone zandlagen. De kuil

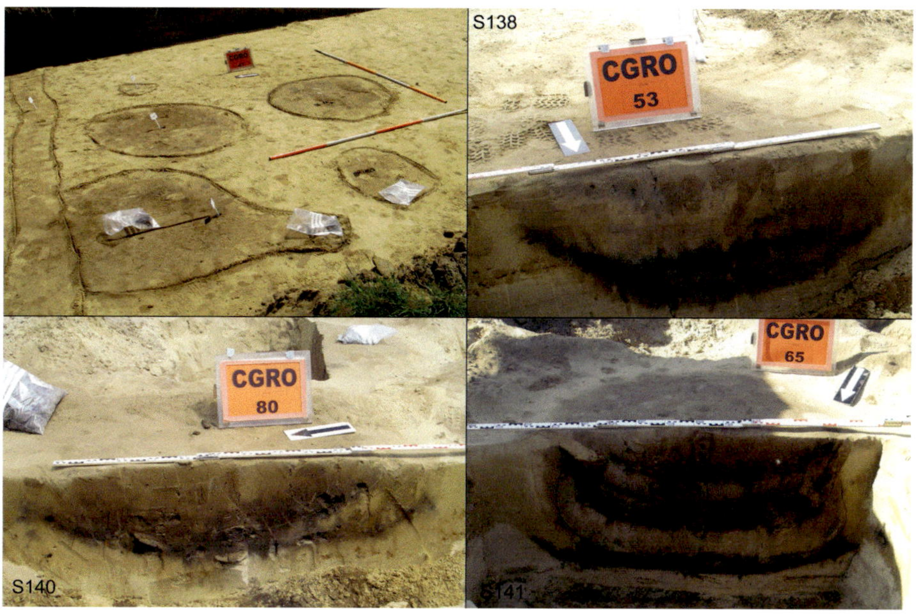

Afbeelding 2 Kuilencluster uit de late bronstijd.

Figure 2 Late Bronze Age pits.

heeft wellicht een tijdje open gelegen, waarbij deels schone grond is ingestoven en deels afval uit de nederzetting in de kuil is gedumpt.

De grootste ovale kuil (spoor 140: 1,6 x 1,4 m, 36 cm resterende diepte en komvormige doorsnede) leverde de grootste hoeveelheid vondstmateriaal op: zeventien stuks natuursteen (voornamelijk fragmenten van kook- en maalstenen), twintig vuursteenfragmenten en 719 aardewerkscherven. Er zijn twee vullingen onderscheiden: onderin een ca. 30 cm dikke humeuze laag met veel nederzettingsafval en daarboven een schonere bruine zandlaag, wellicht natuurlijk ingestoven. Al het vondstmateriaal is uit de onderste laag afkomstig. Gezien de vorm (relatief vlakke bodem) en de aanwezigheid van enige graankorrels is het mogelijk dat deze kuil aanvankelijk als opslagkuil voor graan in gebruik was, en pas op een later tijdstip als afvalkuil. Overige aanwijzingen voor de primaire functie, zoals klei- of leempakkingen aan de randen van de kuil of sporen van schoonmaken of leeghalen van de kuil ontbraken.

Spoor 141 was in het vlak rond van vorm met een diameter van ca. 1,3 meter. In doorsnede was het spoor rechthoekig van vorm met een restdiepte van ca. 65 cm (Afb. 2, rechtsonder). Op basis van deze vorm is spoor 141 zeer waarschijnlijk ook als een voorraadkuil of silo in gebruik geweest. Wat betreft botanische resten waren graan, gerst, pluimgierst en tarwe vertegenwoordigd (enkele korrels, slechte conservering). De vulling van de kuil vertoont een gelijksoortige gelaagdheid als in spoor 140. De basis bestaat uit een donkerbruingrijze, humeuze laag die waarschijnlijk de oorspronkelijke bodem van de graansilo vertegenwoordigt. De kuil is mogelijk op een gegeven moment schoongemaakt, waarbij het graan verwijderd is en waarna de kuil geleidelijk is dichtgestoven met schoon zand. De kuil is tenslotte opgevuld geraakt met humeuze lagen met daarin veel nederzettingsafval. In totaal zijn vijftien natuursteenfragmenten, 21 vuursteenfragmenten en 258 aardewerkscherven gevonden (Janssens 2010, 53-55).

Beschrijving

De 50 gietmalfragmenten hebben een totaalgewicht van 245 gram (tabel 1). Veelal zijn ze niet groter dan 2 cm^2, maar een zestal fragmenten is 20-25 cm^2 groot.

De fragmenten worden gekenmerkt door een zandig baksel dat bestand was tegen sterke verhitting. Ze zijn sterk verbrand en zowel oxiderende beigetinten als reducerende grijstinten komen voor. Bovendien vertonen sommige fragmenten scheurtjes en zijn de fragmenten over het algemeen erg bros waardoor ze makkelijk verpulveren.

Vondst	Spoor	Aantal malfragmenten	Gewicht
V 101	S 141	6	10 g
V 223	S 138	2	7 g
V 224	S 140	42	228 g

Tabel 1 Gietmalfragmenten per spoor.

Table 1 Mould fragments from features.

De kleine fragmenten zouden in elke andere context als gruis van handgevormd aardewerk of huttenleem bestempeld zijn. Het zijn de grotere fragmenten die vormkenmerken hebben op basis waarvan de uiteindelijke determinatie als gietmal mogelijk was (Afb. 3). Op een zevental fragmenten is aan de binnenzijde namelijk het negatief zichtbaar van een voorwerp, zeer waarschijnlijk een kokerbijl of -beitel. Duidelijkst herkenbaar is een snede van ongeveer 3,5 cm breed (de tekening op afbeelding 3 is niet gebaseerd op de afmetingen van de afdrukken in de gietmalfragmenten, maar dient louter als voorbeeld). Op basis hiervan is de positionering van de overige fragmenten herkend: het grootste bewaarde fragment (6 x 4,5 cm) vertoont het middendeel van de bijl of beitel en op twee kleinere fragmenten is de kromming van de hals zichtbaar (Afb. 3, respectievelijk 3, 2 en 1). Daarnaast is een drietal 'randfragmenten' aanwezig. Ze hebben hetzelfde zandige baksel en vormen zeer waarschijnlijk de top van de gietmal, waarin het gesmolten metaal gegoten werd. Het grootste fragment met het middendeel van de bijl heeft een opstaande rand. Deze werd tegen een contramal gedrukt. Het fragment vertoont bovendien dwarse groeven op de buitenzijde, mogelijk om een touw te geleiden dat de twee helften van de mal op zijn plek moest houden tijdens het gietproces.

Het is moeilijk om op basis van de gevonden fragmenten de precieze vorm en afmetingen van het gegoten object te bepalen. Het is zelfs niet zeker of sprake is van één gietmal of van fragmenten van meerdere mallen. De mal bestaat uit twee helften dus het fragment met de snede mag niet zo maar onder het middendeel 'geplakt' worden om de lengte te bepalen. Op basis van de breedte van snede, slechts 3,5 cm, is duidelijk dat het wel om een klein exemplaar gaat, misschien niet langer dan 10 cm. De vorm van de hals duidt erop dat het een kokerbijltje of -beitel betreft. Dergelijke bijlen werden hol gegoten, maar wel in een mal die

Afbeelding 3 Gietmalfragmenten.

Figure 3 Mould fragments.

uit twee helften bestond. Gezien de relatieve complexheid van het ontwerp en de broosheid van de aardewerken mal, is de kans groot dat deze slechts eenmaal gebruikt is (Kuijpers 2008, 89).

Inkadering

Zelfs na vele decennia van archeologisch onderzoek blijven de aard, organisatie en omvang van de metaalproductie in de Lage Landen in de brons- en ijzertijd in grote mate onbekend. Dit is vooral te wijten aan de aard van het bronnenbestand waarop hypotheses gebaseerd worden. Meest voorkomend zijn de afgewerkte producten: bijlen; wapens; sieraden. Deze worden echter niet in de context van een werkplaats of productiecentrum aangetroffen, wel in nederzettingen, graven en als (rituele) deposities (vaak baggervondsten). Het leidt te ver om op deze plaats in te gaan wat dit betekent voor onze kennis van de metaalproductie. Totdat de eerste smidswerkplaats met oven, werktuigen, grondstoffen, afval en afgewerkte producten opgegraven wordt, en de vraag is of dit ooit zal gebeuren, blijft de aard van de metaalproductie moeilijk te duiden (Kuijpers 2008, 16). Vermoedelijk was metaalproductie niet op één manier georganiseerd en varieerde de productie van het hoogstaande vakmanschap van specialisten tot de gewone huis-, tuin- en keukenspullen die lokaal vervaardigd werden (Kuijpers 2008, 56).

Het onderzoek naar metaalproductie in de bronstijd in Nederland is vooral in gang gezet door J.J. Butler van de Rijksuniversiteit Groningen, die zich daarbij baseerde op typo(chrono)logie van met name bijlen en archeologische relicten die in verband staan met productie van metalen objecten, zo ook gietmalfragmenten (Kuijpers 2008, 44-46). Deze zijn over het algemeen zeldzaam in Nederland, zeker in een goed gedateerde context (tabel 2).

De kleine gietmalfragmenten van Cuijk-Groot Heiligenberg zijn om een aantal redenen belangrijk. Ten eerste vormen ze een belangrijke aanwijzing voor lokale metaalproductie. Deze productie vond gezien de context van de fragmenten gewoon binnen de nederzetting plaats. De hele zandrug waarop Groot Heiligenberg ligt, blijkt in de late bronstijd intensief bewoond geweest te zijn. Huisplattegronden ontbreken tot op heden, zowel bij onderhavige opgraving als bij de eerder uit-

Vindplaats	Grondstof	Product	Datering
Cuijk (exacte vindplaats onbekend)	aardewerk	speerpunt/ dolk	midden-bronstijd
Oss-Horzak	aardewerk	hielbijl, pijlpunten, naald	midden-bronstijd
Buggenum	brons	hielbijl	midden-late bronstijd
Roermond	brons	kokerbijl	late bronstijd
Havelte	brons	kokerbijl	late bronstijd
Someren	aardewerk	mes	late bronstijd-vroege ijzertijd

Tabel 2 Gietmal(fragment)en uit Nederland (uit: Kuijpers 2008, appendix 2 en zie referenties aldaar).

Table 2 Moulds and mould fragments from the Netherlands (uit: Kuijpers 2008, appendix 2, also for references).

gevoerde proefsleuvenonderzoeken. Er zijn echter wel verschillende spiekers en kuilen aangetroffen die in deze periode gedateerd worden (Heirbaut 2007, 27-37). Van een aparte ambachtelijke zone, waar metaalproductie zou plaatsgevonden kunnen hebben, blijkt geen sprake.

Afgezien van de gietmalfragmenten zijn bij de opgraving geen andere elementen uit het productieproces gevonden zoals grondstoffen, ovenresten, houtskool en gereedschappen. Na gebruik zijn de malfragmenten samen met nederzettingsafval gedumpt in een silokuil die buiten gebruik was geraakt. Ook van het eindproduct, de bronzen voorwerpen, zijn geen resten teruggevonden.

De tweede reden waarom het een belangrijke vondst betreft is dat het ons archeologen erop attent maakt dat elk brokje verbrande leem de nodige aandacht verdient, omdat het naast gewone 'huttenleem' ook om gietmalfragmenten kan gaan.

Abstract

At Cuijk-Groot Heiligenberg four pits from the Late Bronze Age were excavated, containing pottery and stone fragments and 50 fragments of fired clay. These belong to at least one clay mould used to cast a small axe or chisel. The fragments were discarded with other settlement debris and are a solid clue for the local production of bronze objects within the settlement.

Literatuur

Baere, W. De 2000. *Plangebied Groot Heiligenberg, gemeente Cuijk. Een Aanvullende Archeologische Inventarisatie.* RAAP-rapport 568. Amsterdam.

Ball, E.A.G. en Arnoldussen, S. 2001. *Een verkennend onderzoek te Cuijk-Groot Heiligenberg.* Archol Rapport 2. Leiden: Archol bv.

Heirbaut, E. (red.) 2007. *Cuijk-Groot Heiligenberg. Onderzoek en opgraving van bronstijderven en een middeleeuwse nederzetting.* Archol Rapport 47. Leiden: Archol bv.

Janssens, M. 2010. *Plangebied Groot-Heiligenberg, cluster C te Cuijk, gemeente Cuijk; proefsleuvenonderzoek en opgraving.* RAAP-rapport 2149. Weesp: RAAP Archeologisch Adviesbureau.

Kuijpers, M.H.G. 2008. *Bronze Age metalworking in the Netherlands (c. 2000-800 BC). A research into the preservation of metallurgy related artefacts and the social position of the smith.* Leiden: Universiteit Leiden (Research Master Thesis).

Een midden-bronstijdverrassing

Hilversum-aardewerk uit een bijzondere context te Tilburg-Stappegoor

Simone Bloo, Annemarie Kooi & Jos Kleijne

Trefwoorden: midden-bronstijd, aardewerk, Tilburg

Keywords: Middle Bronze Age, ceramics, Tilburg

Verrassing!

In de winter van 2007 heeft BAAC-BILAN in het plangebied Tilburg-Stappegoor een opgraving verricht (Afb. 1). Hierbij zijn op de overgang van een dekzandrug naar het beekdal van Katsbogte resten opgegraven van nederzettingen uit de vroege en/of midden-ijzertijd, de laat-Romeinse tijd en het begin van de vroege middeleeuwen en de late middeleeuwen tot en met de nieuwe tijd (Kooi 2015). Op deze vindplaats is eveneens een spoor aangetroffen met materiaal uit de midden-bronstijd. Dit enkele spoor en het aardewerk daaruit zijn de onderwerpen van dit artikel.

Met uitzondering van dit spoor zijn tijdens de opgraving verder geen bewoningssporen uit de midden-bronstijd aangetroffen. Uit het slecht herkenbare spoor is geen ander materiaal afkomstig dan een grote hoeveelheid aardewerk. Het aardewerkcomplex bestaat uit fragmenten van vier potten. Van slechts één van deze potten is het volledige potprofiel te reconstrueren. Hoe is het spoor met het aardewerk te interpreteren? Is het spoor een natuurlijk fenomeen of is het spoor gegraven, en is daar doelbewust het aardewerk in gedeponeerd?

De context

Het spoor meet 90 cm in diameter, is 48 cm diep en heeft een vlakke bodem (Afb. 2). In eerste instantie werd door veel bioturbatie en een vage aftekening de vlek niet herkend als een antropogeen grondspoor. Ook wijkt de lichtgrijs-gele vulling af van de nabij gelegen sporen uit de vroege en/of midden-ijzertijd, die hoofdzakelijk een grijze opvulling hebben. Bij het zetten van een controle-coupe over het spoor zijn behalve een vage aflijning van een ingraving ook de fragmenten van de hierboven genoemde potten aangetroffen. Op basis van bovenstaande gegevens, het aardewerk en de aanwijzingen voor een ingraving, concluderen we dat de

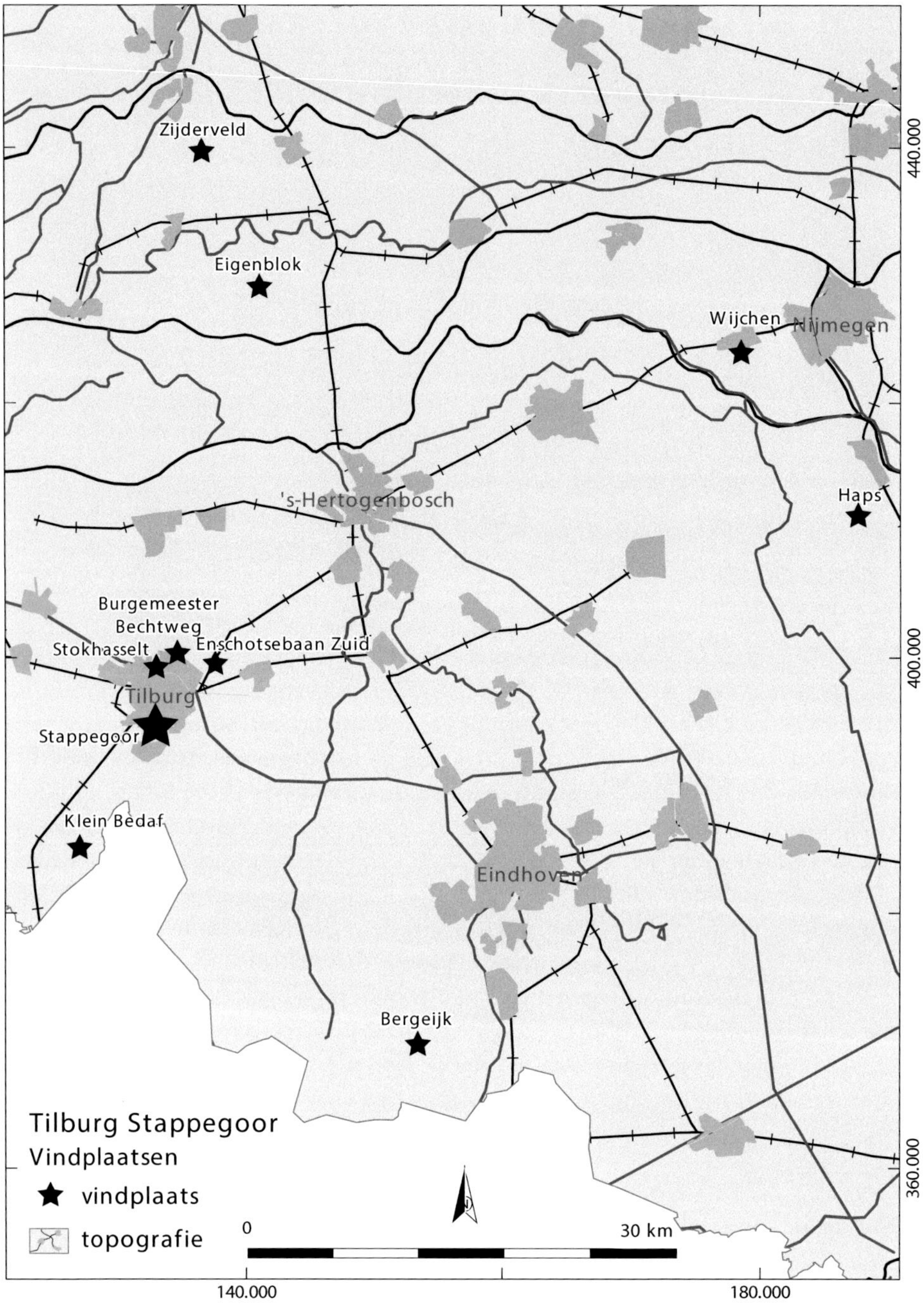

Afbeelding 1 Locatie van het onderzoeksterrein en de genoemde vindplaatsen.

Figure 1 Location of the excavated site and other mentioned sites.

in het vlak zeer slecht herkenbare verkleuring toch een antropogeen spoor is. In het onderstaande wordt het grondspoor daarom als kuil aangeduid, waarna geprobeerd wordt de kuil met het aardewerk te interpreteren.

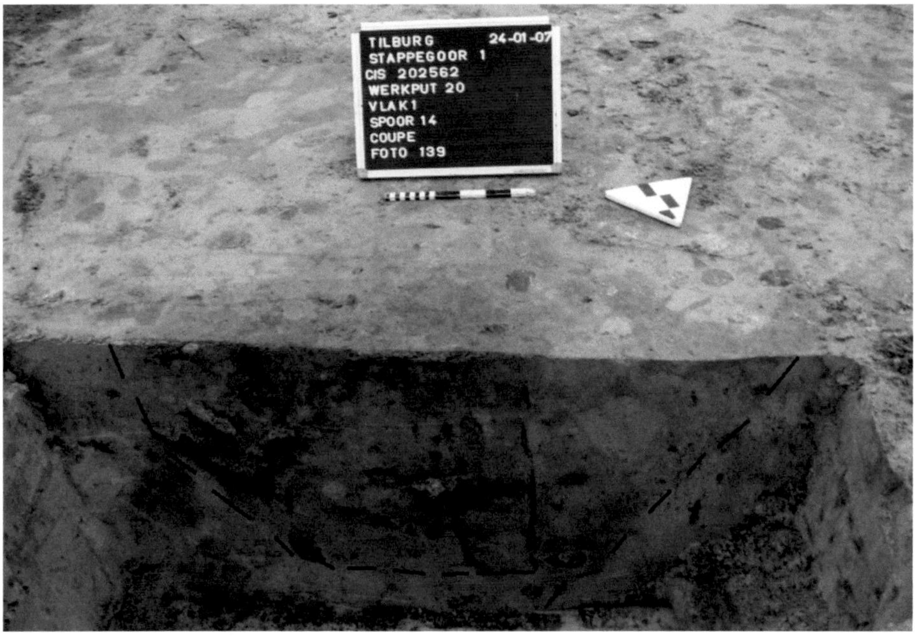

Afbeelding 2 De kuil (foto door BAAC).

Figure 2 The pit (photo by BAAC).

Op basis van de ongeordende plaatsing van de aardewerkfragmenten lijkt het erop dat het vaatwerk niet doelbewust in de kuil is geplaatst: de scherven zijn zowel langs de randen als in het midden van de kuil aangetroffen. Het lijkt onwaarschijnlijk dat het aardewerk tot een grafinventaris behoord heeft, aangezien er geen verbrand botmateriaal, tandkapsels of houtskool is aangetroffen. Een functie als afvalkuil ligt evenmin voor de hand aangezien andere vondsten, zoals dierlijk botmateriaal, houtskool of steenmateriaal ontbreken. Ook lijkt het aardewerk beperkt tot grote scherven van maar vier individuen in plaats van verschillende scherven met diverse formaten van meerdere potten. Een andere mogelijkheid is dat het hier de inventaris betreft van een kelderkuil waarin de grote pot als een voorraadvat kan hebben gefunctioneerd. Dergelijke vondsten van mogelijke voorraadkuilen zijn in Noord-Brabant (onder andere te Goirle, Breda-Moskes) regelmatig aangetroffen binnen huisplattegronden uit de vroege ijzertijd (De Jong 2008, 31). Zulke kuilen bevatten binnen huisplattegronden uit de midden-bronstijd slechts in uitzonderlijke gevallen aardewerk (Arnoldussen 2008, 263 noot 301) en kunnen daardoor veelal moeilijk evident als kelderkuilen worden geclassificeerd. Ook wijst de geringe scherfgrootte per pot te Tilburg niet op het compleet in een kuil plaatsen van potten. Het ontbreken van sporen van een huisplattegrond om de kuil heen, rekening houdend met de goede kwaliteit van enkele laat-prehistorische paalkuilen op het onderzoeksterrein, maken een dergelijke interpretatie onwaarschijnlijk. Dat het aardewerk onderdeel is van een (rituele) depositie is eveneens moeilijk te bewijzen. De functie van de kuil, en de rol van het aardewerk daarin, blijft onduidelijk.

Pas bij een vergelijking met andere vindplaatsen uit het neolithicum en de bronstijd op de Zuid-Nederlandse zandgronden, blijkt uit de onderstaande voorbeelden dat de vondst te Stappengoor niet op zichzelf staat. In de gemeente Tilburg zijn diverse opgravingen uitgevoerd waarbij vage vlekken uit de bronstijd zijn aangetroffen. In Berkel-Enschot op de locatie Enschotsebaan Zuid-2 (Afb. 1) zijn bijvoorbeeld vijf (mogelijke) kuilen aangetroffen (Brouwer & Van Mousch 2015, 73). De aard is bij vier van de vijf sporen onduidelijk. Van zeker één spoor, is onduidelijk of het antropogeen of een boomval is. Een hoefijzervormig spoor in de directe omgeving doet het laatste vermoeden omdat het een vergelijkbare kleur en grillig verloop heeft. In dit spoor zijn echter wel fragmenten van een drieledige versierde pot uit de vroege of de eerste helft van de midden-bronstijd aangetroffen (spoor 26005; Ball & Bloo 2015, 81). De pot is versierd met gepaarde vingertopindrukken waarmee een decoratie van kleine omgekeerde V-tjes in verticale banen is gemaakt. Bij een opgraving aan de Burgemeester Bechtweg te Tilburg (Van den Eynde & Dijkstra, in voorbereiding), circa 400 m ten westen van Enschotsebaan Zuid-2, zijn drie kuilen uit de vroege bronstijd aangetroffen. Eén van deze kuilen, heeft zowel in het vlak als in het profiel een grillig patroon waarbij het materiaal in de randzone is aangetroffen (spoor 274; Drenth & Dijkstra in voorbereiding). Het aardewerk uit deze kuil past aan het materiaal uit een nabij gelegen kuil (spoor 340). De scherven samen resulteren in drie potten; een HVS-pot versierd met touwindrukken en een dubbele stafband, een tweede pot met een dubbele stafband en een onversierde pot. De kuilen van de Burgemeester Bechtweg worden geïnterpreteerd als resten van een funerair ritueel (Drenth & Dijkstra in voorbereiding) om een aantal redenen. Er zijn geen aanwijzingen voor een nederzetting in de nabije omgeving (een huisplattegrond ontbreekt), de kuilen zijn ook niet als graf gebruikt daar er geen crematieresten zijn aangetroffen. Het aardewerk is dusdanig gefragmenteerd dat het aardewerk geen bijzetting kan zijn in een inhumatiegraf (wat bovendien niet de meest voorkomende funerair gebruik is in deze periode). Bovendien is de eerstgenoemde pot een bijzonder exemplaar daar de versiering overeenkomsten vertoont met *collared urns* uit Groot-Brittanië en Ierland (zie voor een uitvoerige onderbouwing Drenth & Dijkstra in voorbereiding).

Zowel in Stappegoor als op Burgemeester Bechtweg zijn grote, grillig gevormde kuilen aangetroffen. De op het oog niet-antropogene sporen leverden bijzonder aardewerk op. Het zou kunnen zijn dat specifieke landschappelijke veranderingen en bodemkundige processen in deze periode tot een geringere zichtbaarheid van grondsporen geleid hebben. Lokaal komen dan dit soort sporen wel aan het licht, zoals ook door Van Kampen (2013, 39-40) is uiteengezet voor de laat-neolithische huisplattegronden van Veldhoven-Habraken. Een andere mogelijkheid is dat de kuil toch (deels) een natuurlijke oorsprong heeft, dat het een (lichte) depressie in het landschap is geweest. Ook dit soort natuurlijke laagtes werden gebruikt voor bijzondere deposities (Jansen en Fokkens 2007, 63). Het lijkt echter onwaarschijnlijk dat de kuil van Stappegoor een natuurlijk laagte betreft, want de vorm, met rechte wanden, in de coupe wijst eerder op een antropogeen spoor. Het verdient in ieder geval de aanbeveling om dit soort kuilen in de toekomst aanvullend te onderzoeken, om zo de lokale formatieprocessen en conservering beter te kunnen begrijpen (bijvoorbeeld door middel van micromorfologie).

Cadeau uitgepakt

De verassing die in de vulling van de hierboven beschreven kuil aanwezig was, bestond uit fragmenten van vier potten. De meest bijzondere hiervan is pot 1, vanwege zijn versiering en vorm (Afb. 3). Het potprofiel is eenledig van vorm waarbij de buitenzijden taps naar boven lopen als bij een emmer. In de wand zijn brokken potgruis zichtbaar en hier en daar een korrel kwarts. De buitenzijde van de wand is

Afbeelding 3 Aardewerk uit de midden-bronstijd uit de kuil (tekeningen door R. Timmermans, foto's door Restaura, Haelen).

Figure 3 Middle Bronze Age ceramics from the pit (drawings by R. Timmermans and photos made by Restaura, Haelen).

licht van kleur en de binnenzijde is donkergrijs. Het meest bijzondere aan deze pot is het voorkomen van twee versierde stafbanden. Ook de rand van de pot is aan de buitenzijde versierd met vingertopindrukken.

Pot 2 heeft een bovenzijde die iets naar binnen staat als bij een tonvorm. De pot is gemaakt van klei, verschraald met grote brokken potgruis en stukken graniet (Afb. 3) die goed zijn weggewreven in de wand. De binnenzijde van de wand is gevlekt oranje met zwart wat mogelijk veroorzaakt is door secundaire verbranding. Ook is aan de binnenzijde, ter hoogte van de overgang van de buik naar de bodem een zwarte korst zichtbaar. De versiering van de pot bestaat uit een randversiering met vingertoppen en, daaronder, een stafband met vingertopindrukken.

Pot 3 is slechts vertegenwoordigd door een klein randfragment, waarvan de ronde rand licht naar binnen staat (Afb. 3). De pot heeft een opvallende verschraling met veel en grof organisch materiaal waar ook potgruiskorrels en grind aan zijn toegevoegd. Duidelijk zichtbaar aan het oppervlak en in de breuk zijn de langwerpige holtes, waar het organische materiaal is uitgebrand. De kern is donker van kleur, de buitenzijden zijn licht beige gekleurd.

Van pot 4 is alleen een deel van de buik en bodem overgebleven. De pot is gemaakt van klei verschraald met potgruis en weinig zand. De wanden en de breuk hebben een rode tot oranje kleur, vermoedelijk het gevolg van het blootstellen aan vuur.

Vergelijking met andere exemplaren

Pot 1 past op het eerste gezicht bij de andere potten uit de midden-bronstijd, maar wijkt op enkele punten af. Arnoldussen (2008, 178) heeft het bronstijdaardewerk op basis van het werk van Glasbergen (1954), Ten Anscher (1990) en Theunissen (1999) heringedeeld, waarbij deze pot tot type DKS1a zou horen met dit verschil dat de Tilburgse pot twee stafbanden heeft. Versiering met dubbele, versierde stafbanden is nog weinig aangetroffen op midden-bronstijdaardewerk. In Tilburg-Burgemeester Bechtweg is een met touwversierde pot gevonden met dubbele, met nagelindrukken versierde, stafbanden op de schouder van de pot (Drenth & Dijkstra in voorbereiding). Eén ander exemplaar uit de omgeving is bekend uit Tilburg-Stokhasselt (Afb. 4, A). Deze urn is al in 1845 opgegraven door Jan Antonie van Spaendonck die de pot verzamelde uit één van de zes grafheuvels op een heideveld ten westen van Stokhasselt.[1] De pot heeft een iets smallere vorm, meer als een ton, dan de emmer van Tilburg-Stappegoor. Wel is hij versierd met dubbele stafbanden, al zijn deze vrij hoog op de pot geplaatst. Een ander voorbeeld is aangetroffen in de omgeving van Veldhoven, in het grafveld tussen Toterfout-Halve Mijl. Het is een emmervormige pot (Glasbergen 1954, 105, fig. 59, pot 4), al is dit exemplaar niet zo wijdmondig als de pot uit Tilburg-Stappegoor, en heeft het een onversierde stafband (Afb.4, B). Vergelijkbare versiering, waarbij eerst een rij nagelindrukken onder de rand en vervolgens een stafband met vingertopindrukken is geplaatst, is wel bekend uit de omgeving, zoals te Baarle-Nassau-Klein Bedaf

1 http://tilburgers.nl/de-herdgangen-van-tilburg-de-stokhasselt. De pot is te zien in het Noord-Brabants Museum in 's-Hertogenbosch. Zie ook Glasbergen 1954, 102 omschrijving bij fig. 58.12 al zou de urn bij Jan Aarten Boimke al in 1841 zijn aangetroffen.

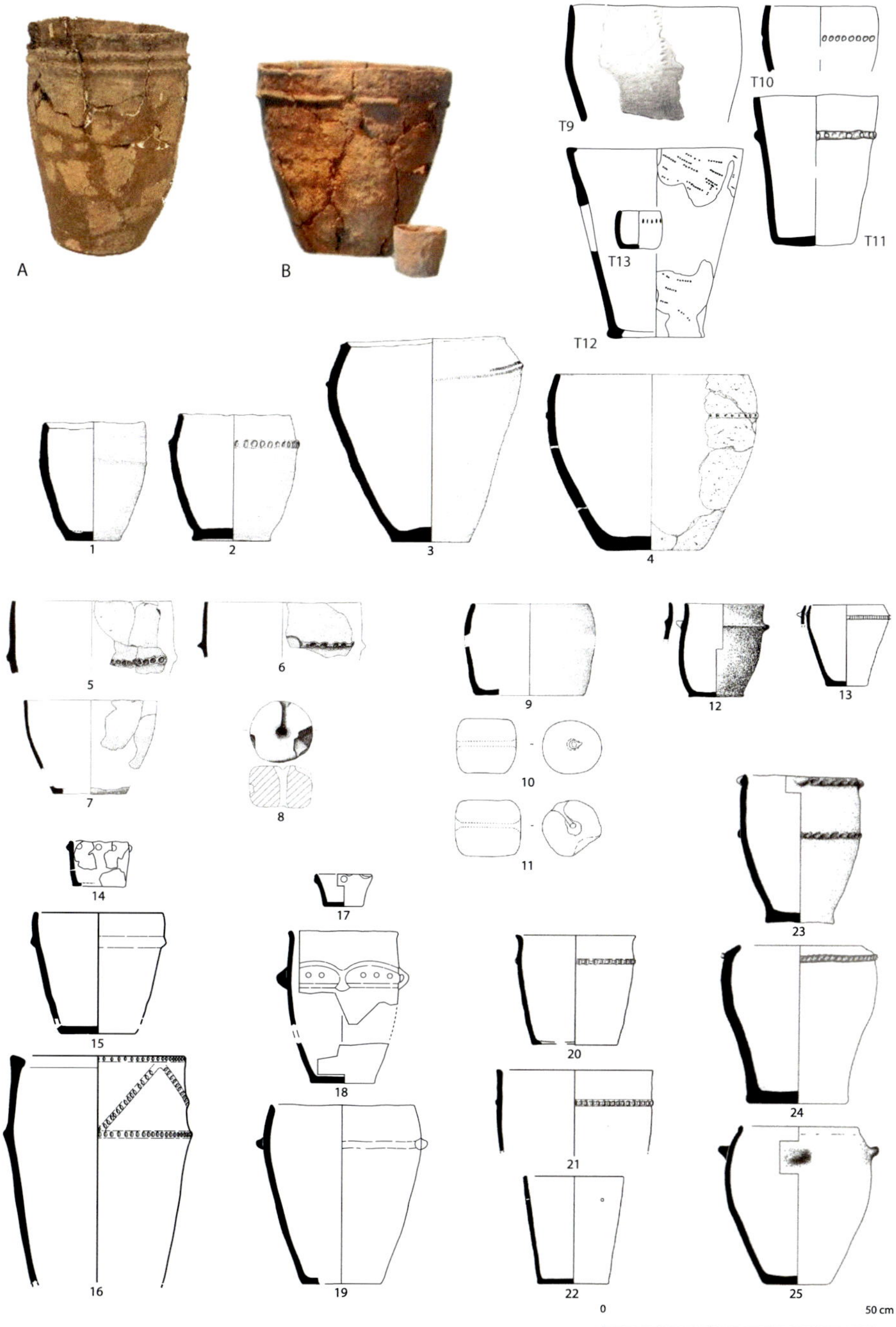

Afbeelding 4 Vergelijkingsmateriaal: A, de pot uit Tilburg-Stokhasselt (bron: www.tilburgers.nl); B, de pot uit Toterfout-Halve Mijl (naar: Glasbergen 1954, 105, fig. 59); T9-12, Deverel-Rimbury aardewerk uit Groot-Brittannië (naar: Thomas 2008, 33 fig. 6); 1-25, Deverel-Rimbury aardewerk uit Frankrijk (uit: Bourgeois & Talon 2009, 53 figure 3.16).

Figure 4 Similar pottery: A, pot from Tilburg-Stokhasselt (source: www.tilburgers.nl); B, pot from Toterfout-Halve Mijl (after: Glasbergen 1954, 105, fig. 59); T9-12, Deverel-Rimbury pottery from Great Britain (after: Thomas 2008, 33 fig. 6); 1-25, Deverel-Rimbury pottery from France (from: Bourgeois & Talon 2009, 53 figure 3.16).

(Drenth 2014, 46). De eerste pot, uit Stokhasselt, werd toen al in verband gebracht met Deverel-Rimbury cultuur uit Zuid-Engeland uit de periode 1700-1000 voor Chr.[2] Deze cultuur is de basis geweest voor de Nederlandse Hilversumcultuur (Theunissen 1999, 25-26). Bourgeois en Talon (2009) hebben (onder andere) het aardewerk uit Vlaanderen (en Zuid-Nederland) en Noord-Frankrijk vergeleken met potten van de overzijde van het Kanaal. Zij concluderen dat de bevolking uit deze gebieden tot een culturele eenheid hebben behoord. Vermoedelijk is de pot uit Stappegoor naar voorbeeld van Noord-Franse of Britse exemplaren vervaardigd gezien overeenkomsten met aardewerk uit die contreien. De exemplaren uit Groot-Brittannië die behoren tot de Deverel-Rimbury cultuur, tonen naast de overeenkomsten in vorm ook dezelfde maakwijze, in die zin dat zij met potgruis of steengruis zijn verschraald (Knight 2002, 123). Overeenkomsten met Noord-Franse exemplaren zijn er op basis van de morfologische gelijkenis en de versiering bestaande uit de dubbele wijd gestelde stafbanden, zoals onder andere bekend van de vindplaatsen Nonant (Calvados: Manem 2008, 323, fig. 228 en 324, fig. 229), op het eiland Tatihou (Marcigny, Ghesquière & Kinnes 2007, 260 fig. 23.5 bovenste helft afbeelding) en in de streek Laag-Normandië. Deze voorbeelden dateren uit circa 1500-1150 voor Chr. (Bourgeois & Talon 2009, 52). Op basis van deze gegevens dateren we de vondsten van Tilburg-Stappegoor ook in de tweede helft van de midden-bronstijd.

Pot 2 is eveneens van het type DKS1a, maar is wel versierd op de rand. Potten met een tonvorm zijn volop bekend uit de midden-bronstijd zoals van de vindplaatsen Zijderveld (Theunissen 1999, 173), Eigenblok (Bloo & Schouten 2002, 245) en Bronovo (Bloo 2013, 71).

Van pot 3 is slechts een klein randfragment aanwezig. Het is onbekend of de pot buiten de rand versierd is geweest. Hierdoor kunnen we deze pot niet nader dateren dan in de midden-bronstijd. Het type verschraling, organisch materiaal, komt echter niet vaak voor bij het Nederlandse midden-bronstijdaardewerk. Ook bij Deverel-Rimbury aardewerk is, net als in Nederland, vooral steengruisverschraling gebruikt (Woodward 2002, 108 fig. 11.1). Het is dan ook goed mogelijk dat het fragment niet afkomstig is van vaatwerk, maar onderdeel is geweest van bijvoorbeeld een haardring of een ovenonderdeel. Als we er van uit gaan dat het wel vaatwerk betreft dan heeft de afwijkende verschraling van pot 3 wellicht een functioneel of esthetisch doel. De holtes zijn goed zichtbaar en zeer talrijk. De wand zal hierdoor eerder poreus dan waterdicht zijn geweest. Dit kan van nut zijn bij het koel houden van water of een andere vloeistof in de pot. Door verdamping aan de buitenzijde (op een warme dag) blijft de inhoud koeler. Dit principe wordt nog steeds toegepast bij wateramforen in onder andere Egypte en Zuid-Amerika (Arnold 1985, 139). Het is echter de vraag of het in Nederland warm genoeg is geweest om speciaal voor dit doel aardewerk te produceren.

Pot 4 betreft een klein bekertje dat vergelijkbaar is met exemplaren die zijn aangetroffen op nederzettingen uit de midden-bronstijd zoals Eigenblok (Bloo & Schouten 2002, 242 afb. 4.7) en Zijderveld (Theunissen & Hulst 1999, 173 afb. 4.43), maar ze worden nog vaker aangetroffen in grafcontexten, zoals in

2 In 1934 al zag W.J.A. Willems een relatie met het Engelse aardewerk (Willems 1934, 36, afb. 34, nr. 6, *cf.* Gibson en Woods 1997, 71-72; 142-145) (met dank aan Th. de Jong voor de verwijzing).

Bergeijk en Haps (Verwers 1972, 15 abb. 12). Het potje uit een grafheuvel bij Haps is vrij eenvoudig met een lichte tonvorm en het exemplaar uit Bergeijk heeft een oor.

Binnen het aardewerkspectrum dat nu bekend is uit de midden-bronstijd zien we met name tweeledige potten met een licht naar binnen staande bovenzijde: de tonvorm. De ware emmervorm is vooralsnog niet aangetroffen. Dat dit slechts een klein verschil is wil niet zeggen dat we dit aspect moeten negeren. Emmervormen, zoals de pot van Stappegoor, komen wel voor in het vormenspectrum buiten onze landsgrenzen. Dat er wellicht een relatie is tussen de potten uit Tilburg en die uit Frankrijk en Groot-Brittannië, wordt ook door Drenth en Dijkstra (in voorbereiding) voor het aardewerk van Tilburg Burgemeester Bechtweg gesuggereerd. Een andere mogelijkheid is dat dit sterk beïnvloede aardewerk kennelijk meer voorkomt in de streek van Tilburg en nu pas aan het licht lijkt te komen. Het is dan misschien ook noodzakelijk om de ware emmervorm toe te voegen aan het Nederlandse vormenspectrum voor de Midden Bronstijd.

Tot slot

De inhoud van een kuil te Tilburg-Stappengoor is opmerkelijk. Hoewel tonvormige potten met versierde stafbanden bekend zijn van vele nederzettingen, waarover reeds uitgebreid is geschreven (zie Arnoldussen 2008, 177-178; 444-447; 2014 voor een overzicht), bracht deze kuil een bijzonder exemplaar aan het licht. Pot 1 heeft een afwijkende emmervorm waarbij de wand sterk naar buiten wijkt en daarnaast een versieringspatroon dat op een Noord-Franse of Britse affiniteit duidt. De pot past binnen het culturele complex 'Manche-Mer-du-Nord' waarover Franse en Britse onderzoekers de laatste jaren zijn komen te spreken (Marcigny, Ghesquière & Kinnes 2007). Ook de vorm en samenstelling van andere materiaalcategorieën in Nederland ten zuiden van de Rijn, zoals bronzen artefacten, laten deze culturele connecties zien (Fontijn 2009).

Het komt vaker voor in de omgeving van Tilburg en op de overige Zuid Nederlandse zandgronden dat er in kuilen, die er in het vlak uitzien als een natuurlijke vlek, aardewerk voor komt. Het is dus zaak om ook dergelijke vlekken te onderzoeken. Doordat er over het natuurlijke ogende spoor van Tilburg-Stappegoor toch een controle-coupe is gezet, is deze midden-bronstijd verrassing met mogelijke lange afstandsconnecties aan het licht gekomen.

Dankwoord

De auteurs danken Eugene Ball, Stijn Arnoldussen en Liesbeth Theunissen voor hun aanvullingen en verbeteringen.

Abstract

An excavation at Tilburg-Stappegoor yielded features dating from the Middle Bronze Age to the very recent past. A natural-looking feature which contained the fragments of four pots dating to the Middle Bronze Age was uncovered. The clear-cut sides of the feature, when seen in section, and its specific content, argue in favour of an anthropogenic origin, most probably a pit. As the pit contained nothing but the fragments of four pots, its specific function is uncertain. The pottery itself can be characterized as fitting within the Northwest European Middle Bronze Age tradition, albeit that some particularities were food for further thoughts. One pot is archaeologically complete, bucket-shaped and decorated with two raised cordons with fingertip impressions. This kind of vessel is, with its specific form and decoration, is uncommon in the Netherlands, yet has counterparts in Deverel-Rimbury assemblages in Northern France and Britain. This important find, recovered from a natural-looking pit, implies that seemingly natural features merit more attention during archaeological fieldwork. Only then, more surprises like the pot from Tilburg-Stappegoor may come to light.

Literatuur

Anscher, T.J. ten 1990. Vogelenzang, a Hilversum-1 Settlement. *Helinium* XXIX, 44-78.

Arnold, D.E. 1985. *Ceramic theory and cultural process.* New Studies in Archaeology. Cambridge: University Press.

Arnoldussen, S. 2008. *A Living Landscape. Bronze Age settlement sites in the Dutch river area (c. 2000-800 BC).* Leiden: Sidestone Press (proefschrift).

Arnoldussen, S. 2014. If only Hilversum could have been a coastal town...The atypical type-site for a typical Dutch Bronze Age ceramic tradition. *Archeologica Naerdincklant. Archeologisch Tijdschrift voor het Gooi en omstreken* 2014-2, 18-26.

Ball, E.A.G. en Bloo, S.B.C. 2015. Aardewerk uit de brons- en ijzertijd, in: Brouwer, M.C. en Mousch, R.G. van 2015. *Leemspitters en landbouwers. Bewoning uit de late prehistorie en de middeleeuwen (8e t/m 14e eeuw) in het plangebied Tilburg, Enschotsebaan Zuid 2.* BAAC-rapport A-09.0407. 's-Hertogenbosch: BAAC, 81-86.

Bloo, S.B.C. 2013. Prehistorisch aardewerk van Den Haag Bronovo, in: Bulten, E.E.B. en Boonstra, Y.M., *Bronovo, een Hilversumvindplaats aan zee, gemeente Den Haag. Bronstijd- en ijzertijdbewoning in de Haagse duinen.* Haagse Oudheidkundige Publicaties 16. Den Haag: Gemeente Den Haag Dienst Stadsbeheer, Afdeling Archeologie, 51-81.

Bloo, S.B.C. en Schouten, W. 2002. Aardewerk, in: Jongste, P.F.B. en Wijngaarden, G.J. van (red.), *Archeologie in de Betuweroute. Het erfgoed van Eigenblok. Nederzettingsterreinen uit de Bronstijd te Rumpt (gemeente Geldermalsen).* Rapportage Archeologische Monumentenzorg 86. Amersfoort: RACM, 217-278.

Bourgeois, J. en Talon, M. 2009. From Picardy to Flanders: Transmanche connections in the Bronze Age, in: Clark, P. (red.), *Bronze Age Connections. Cultural Contact in Prehistoric Europe.* Oxford/Oakville: Oxbow Books, 38-59.

Brouwer, M.C. en Mousch, R.G. van 2015. *Leemspitters en landbouwers. Bewoning uit de late prehistorie en de middeleeuwen (8e t/m 14e eeuw) in het plangebied Tilburg, Enschotsebaan Zuid 2.* BAAC-rapport A-09.0407. 's-Hertogenbosch: BAAC.

Drenth, E. 2014. Handgevormd aardewerk, in: Van der Veken, B. (red.), *Baarle-Nassau, Klein Bedaf. Een archeologische opgraving van een Bronstijdnederzetting.* ADC-rapport 3726. Amersfoort: ADC ArcheoProjecten, 44-52.

Drenth, E. en Dijkstra, M.F.P. in voorbereiding. Grafmonumenten en aardewerk uit de Bronstijd, in: Eynde, G. van den en Dijkstra, M.F.P. (red.). in voorbereiding, *Onderweg van de Bronstijd naar de vroege middeleeuwen. Archeologisch onderzoek in het tracé van de Burgemeester Bechtweg in Tilburg/Berkel-Enschot.* Tilburg Archeologische Reeks 1/ Diachron publicatie 58. Tilburg/Amsterdam: Diachron.

Eynde, G. van den en Dijkstra M.F.P. (red.). in voorbereiding. *Onderweg van de Bronstijd naar de vroege middeleeuwen. Archeologisch onderzoek in het tracé van de Burgemeester Bechtweg in Tilburg/Berkel-Enschot.* Tilburg Archeologische Reeks 1/Diachron publicatie 58. Tilburg/Amsterdam: Diachron.

Fontijn, D.R. 2009. Land at the other end of the sea? Metalwork circulation, geographical knowledge and the significance of British/Irish imports in the Bronze Age of the Low Countries, in: Clark, P. (red.), *Bronze Age Connections. Cultural Contact in Prehistoric Europe.* Oxford/Oakville: Oxbow Books, 130-149.

Gibson, A.M. en Woods, A. 1997. *Prehistoric pottery for the archaeologist.* Londen: Leicester University Press.

Glasbergen, W. 1954. *Barrow excavations in the Eight Beatitudes, the Bronze Age cemetery between Toterfout-Halve Mijl, North Brabant, I the excavations; II the implications.* Palaeohistoria 2. Groningen: BAI.

Jansen, R. en Fokkens, H. 2007. *Het vorstengraf van Oss re-reconsidered Archeologisch onderzoek Oss-Vorstengrafdonk 1997-2005.* Archol rapport 49. Leiden: Archol.

Jong, Th. de 2008. *Archeologisch onderzoek Boekel, Parkweg (N-B). Nederzetting uit de midden bronstijd en vroege ijzertijd.* Archeologisch Centrum Eindhoven rapport 29. Eindhoven: Bureau Archeologie gemeente Eindhoven.

Kampen, J.C.G. van 2013. Bewoning in het Neolithicum, in: Van Kampen, J.C.G. en Brink, V.B. van den (red.), *Archeologisch onderzoek op de Habraken te Veldhoven. Twee unieke nederzettingen uit het Laat Neolithicum en de Midden Bronstijd en een erf uit de Volle Middeleeuwen.* Zuidnederlandse Archeologische Rapporten 52. Amsterdam: Archeologisch Centrum Vrije Universiteit, 39-61.

Knight, D. 2002. A Regional Ceramic Sequence: Pottery of the First Millennium BC between the Humber and the Nene, in: Woodward, A. en Hill, J.D. (red.), *Prehistoric Britain. The Ceramic Basis.* Prehistoric Ceramics Research Group Occasional Publication 3. Oxford: Oxbow Books, 119-142.

Kooi, M. 2015. *Tilburg-Stappegoor. Bewoning van de bronstijd tot de nieuwe tijd langs de Katsbogte.* BAAC rapport F-10.0059. 's Hertogenbosch: BAAC.

Manem, S. 2008. *Les Fondements Technologiques de la Culture des Duffaits (Âge du Bronze Moyen).* Paris: Université de Paris X / Université de Nanterrre (proefschrift).

Marcigny, C., Ghesquière, E. en Kinnes, I.A. 2007. Bronze Age cross-Channel relations. The Lower-Normandy (France) example: ceramic chronology and first reflections, in: Burgess, C.G.P., Topping P. en Lynch, F. (red.), *Beyond Stonehenge: Essays on the Bronze Age in honour of Colin Burgess.* Oxford: Oxbow Books, 255-267.

Restaura 2011. *Restauratierapport van een pot met stafbanden uit de Bronstijd afkomstig uit Tilburg.* TIL2011-1. Haelen: Restaura.

Theunissen, E.M. 1999. *Midden-bronstijdsamenlevingen in het zuiden van de Lage Landen. Een evaluatie van het begrip 'Hilversum-cultuur'.* Leiden: Universiteit Leiden (proefschrift).

Theunissen, E.M. en Hulst, R. 1999. De opgraving te Zijderveld, in: Theunissen, E.M. 1999: *Midden-bronstijdsamenlevingen in het zuiden van de Lage Landen. Een evaluatie van het begrip 'Hilversum-cultuur'.* Leiden: Universiteit Leiden (proefschrift), 156-180.

Thomas, M.S. 2008. From potsherds, to people: Sussex prehistoric pottery. Collared urns to post Deverel-Rimbury, c. 2000-500 BC. *Sussex Archaeological Collections* 146, 19-51.

Willems, W.J.A. 1934. *Een bijdrage tot de kennis der voor-Romeinsche urnenvelden in Nederland.* Amsterdam: Universiteit van Amsterdam.

Woodward, A. 2002. Inclusions, Impressions and Interpretation, in: Woodward, A. en Hill, J.D. (red.), *Prehistoric Britain. The Ceramic Basis.* Prehistoric Ceramics Research Group Occasional Publication 3. Oxford: Oxbow Books, 106-118.

Verwers, G.J. 1972. *Das Kamps Veld in Haps in Neolithikum, Bronzezeit und Eisenzeit.* Analecta Praehistorica Leidensia V. Leiden: Universiteit Leiden (proefschrift).

Het verborgen bestaan van een bronsblikken armband

Een baggervondst uit de Lithse Ham te Kessel (gemeente Oss)

Gerard van Alphen & Liesbeth Theunissen

Trefwoorden: late fase van de late bronstijd, armband, sieraad, depositie, Kessel, Noord-Brabant

Keywords: final phase of the Late Bronze Age, bracelet, ornament, deposition, Kessel, Noord-Brabant

Inleiding

Vanaf de vroege zeventiger jaren van de vorige eeuw tot in het voorjaar van 2002 was in de zuidelijke uiterwaard van de Maas, ter hoogte van Kessel, een omvangrijke zand- en grindwinning gaande. Deze exploitatiezone strekte zich over een lengte van circa vier kilometer uit. Dit gebied, bekend onder de naam 'Lithse Ham', genoot jarenlang een landelijke bekendheid vanwege zijn grote archeologische rijkdom. De gepubliceerde vondsten bestrijken een lange periode, daterend vanaf het paleolithicum tot en met de late middeleeuwen. Naast de vele aardewerkfragmenten, bouwmateriaal (tufsteen), dierlijke en menselijke skeletresten, spelen ook de metaalvondsten een essentiële rol (o.a. Arts, Bazelmans & Ector 1979, 160-172; Ter Schegget 1999; Roymans 2004,149-193). Vooral de langs de oever van de plas gestorte grindhopen trokken door de jaren heen een groot aantal detectoramateurs. Een van deze detectoramateurs was J. van de Coolwijk uit Berghem (gem. Oss). Regelmatig ging hij op ontdekkingstocht, onder andere in het deelgebied 'De Bergen', zo ook in 1993 (Afb.1). Speurend langs de recent gestorte grindhopen viel zijn oog op een merkwaardig stuk metaal en even later in dezelfde grindhoop een tweede fragment die aan de eerste bleek te passen. Het bleek een fragiele, zeer dunne, maar rijk versierde armband te zijn (Afb. 2).

Omstreeks 2001 kwam de eerste auteur in contact met J. van de Coolwijk en raakte zo op de hoogte van het bestaan van deze armband. Interessant was dat de armband sterk afweek van de vijf bronzen armbanden die eerder bij Kessel 'boven water' zijn gekomen (Roymans 2004, 125; 157-158; 189-190). Deze zijn massief gegoten, hebben een rond profiel en zijn bovendien te dateren in de late La Tène periode, net voor de

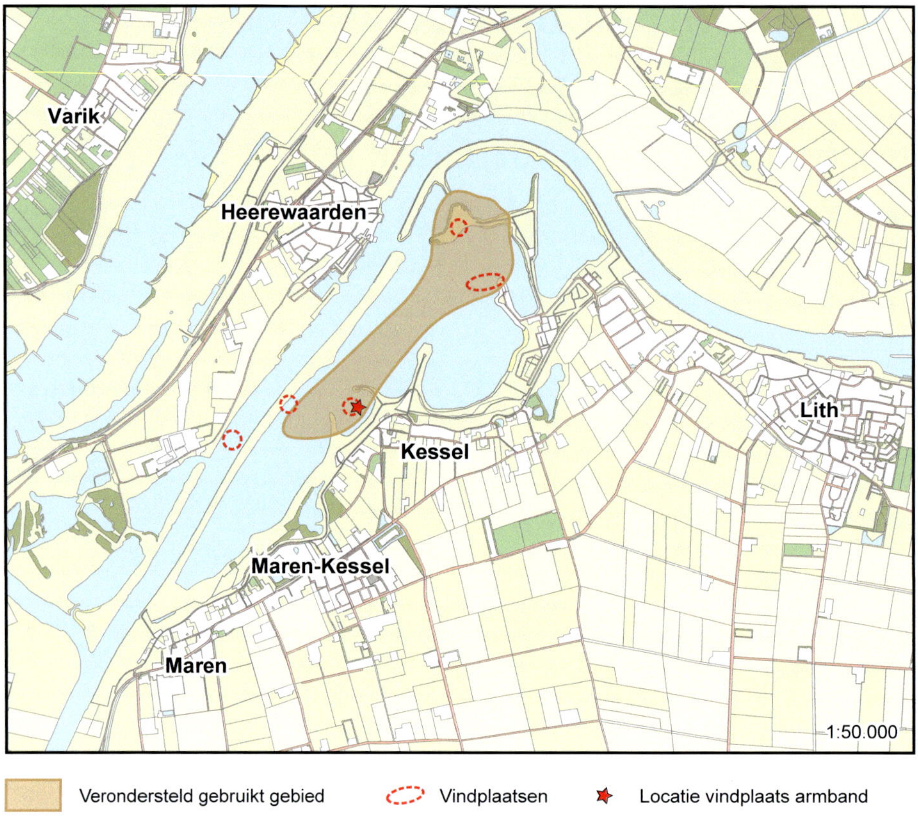

Afbeelding 1 Overzicht van de lokale situatie: de vindplaats van de armband en de belangrijke vindplaatsen uit de late ijzertijd en Romeinse tijd in de omgeving (gebaseerd op Roymans 2004, 105 fig. 7.2).

Figure 1 Overview of the local situation: the find spot of the bracelet and the mayor sites dating from the Late La Tène and Roman period (after Roymans 2004, 105 fig. 7.2).

jaartelling. De armband van J. van de Coolwijk was zeer waarschijnlijk ook van brons gemaakt, maar het uiterlijk en de versiering deden ouder aan.

De ongewoonheid van dit bijzondere sieraad bracht de eerste auteur ertoe zoveel mogelijk informatie te verzamelen en het geheel te bundelen in deze bijdrage aan de Metaaltijdenbundel. Zo krijgt deze ontdekking de aandacht die het verdient.[1]

Vondstomstandigheden

De twee delen van de armband zijn in dezelfde grindhoop, vrij dicht bij elkaar, aangetroffen en de breukvlakken ogen zeer vers. Daaruit mag worden afgeleid dat de armband pas tijdens het zuigtransport is gebroken. De complexiteit van het exploitatieproces van het zand en grind, als ook de uitgestrektheid van de locatie maken het onmogelijk de oorspronkelijke vindplaats van de armband te herleiden. Niettemin is het in dit geval mogelijk de vindplaats bij benadering te kunnen aanduiden. Het feit

1 Het object bevindt zich in de particuliere collectie van de vinder en is destijds bij de Rijksdienst voor het Oudheidkundig Bodemonderzoek gemeld en geregistreerd onder waarnemingsnummer 42993.

dat de zuiger meerdere dagen op de aangegeven plaats werkzaam was en de vondst afkomstig is uit een nabij gelegen en recent gestorte grindhoop, maakt het waarschijnlijk dat de armband in deze omgeving zal zijn opgebaggerd (Afb. 1).

Beschrijving van de armband

De beide armbandfragmenten zijn door J. van de Coolwijk aaneengelijmd tot een ovaalronde vorm, met binnenwerkse afmetingen van 64 bij 57 mm. Ondanks de grove werkwijze van het grootschalige zandzuigproces is de armband nauwelijks beschadigd. We zien een fragiel gootvormig metalen object (Afb. 2) dat 9,3 gram weegt. Het metaal is zeer dun, circa 0,3 mm. De beide uiteinden zijn dikker en massief. De geringe dikte van het metaal, gecombineerd met de halfronde vorm van het middendeel, maakt het zeer aannemelijk dat het metaal een omhulsel is geweest, waarvan de oorspronkelijke opvulling is verdwenen. Gedacht kan worden aan organische materialen zoals hout, been of leer dat als binnenwerk heeft gediend. Een dergelijke opvulling zou het draagcomfort zeker hebben bevorderd.

Op welke wijze de armband door de eigenaar/eigenaresse is gedragen, is een vraag die lastig is te beantwoorden. Gebruiks- of slijtagesporen ontbreken. De armband kan als enkelband zijn gebruikt, gedragen om de pols of geklemd om de bovenarm. Gezien de afmetingen en fragiliteit lijkt deze laatste optie nog het meest plausibel en zou gedragen kunnen zijn rondom de bovenarm van een niet al te groot persoon; een jonge vrouw of een kind.

De uiteinden zijn afgeplat en flensvormig en geven de armband een omegavormig uiterlijk. Microscopische bestudering door R. Meijers, metaalexpert bij Museum Het Valkhof in Nijmegen, wees uit dat de armband geen soldeernaden heeft en dat de massieve uiteinden één geheel vormen met het middendeel van de armband. Blijkbaar is de armband vervaardigd uit een gegoten massief staafje brons met verdikte uiteinden. Het middendeel is door te hameren en tussentijdse

Afbeelding 2 De armband van Kessel-Lithse Ham. Tekening I. Cleijne, BAAC, 's-Hertogenbosch, diameter 7 cm.

Figure 2 The bracelet of Kessel-Lithse Ham. Drawing I. Cleijne, BAAC, 's-Hertogenbosch, diameter 7 cm.

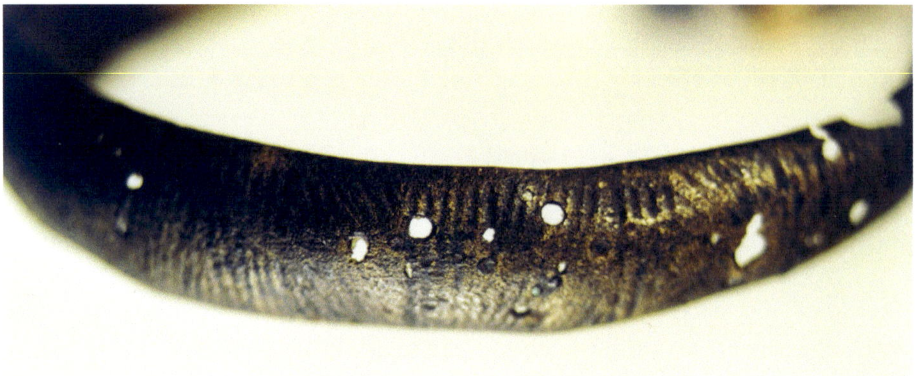

Afbeelding 3 Detailopname van de gaatjes in het metaal (foto: G. van Alphen).

Figure 3 Detailed picture of the little holes in the metal (photo: G. van Alphen).

verhitting, waardoor het metaal zachter, plastischer en beter bewerkbaar werd, tot een gootvormige strip gevormd.

De gehele buitenzijde van de 12 mm brede armband is op een eenvoudige wijze versierd met een geometrisch patroon van min of meer rechthoekige vlakken, gearceerd met afwisselend vertikaal en diagonaal gegraveerde parallelle lijnen. Waarschijnlijk zijn deze lijnen met een hard puntig voorwerp aangebracht. De fijnheid en regelmaat zijn opvallend precies. Dit lijkt het resultaat van een zeer kundige, ervaren maker.

Op een aantal plaatsen in het metaalwerk zijn kleine gaten te zien. De wat grotere, willekeurig gevormde holtes lijken het gevolg van het (lokaal) oplossen van het koper in de armband. Enkele ronde gaatjes zijn wellicht in verband te brengen met de bevestiging van het metaal aan een oorspronkelijke organische opvulling (Afb. 3). Het oppervlak van de armband is vrij donker van kleur en de lijnversiering is goed te zien. Alleen aan de binnenzijde zijn wat kleine groene vlekken te zien die wijzen op recente oxidatieprocessen.

Metaalsamenstelling en milieureconstructie

Om meer te weten over de samenstelling van het brons is de armband in november 2014 bij de Rijksdienst voor het Cultureel Erfgoed met een hand-held XRF gemeten (Theunissen & Van Os 2015). Het donkere, goudkleurige uiterlijk met groene corossievlekken wees sterk in de richting van brons, maar het was de vraag wat de percentages koper en tin zouden zijn, of deze sterk variëren en of het metaal andere, verrassende bestandsdelen zou bevatten.

De armband is op zes locaties gemeten (Tabel 1). Het gaat om puntmetingen die een klein oppervlak van enkele millimeters bestrijken en ook de indringingsdiepte is beperkt. Meting 3408 had als doel het gehalte chloride te meten in de corrosie aan één van de uiteinden, met de XRF in mining stand. Meting 3409 betreft een meting op dezelfde locatie na bewerking van het oppervlak met polijstpapier.

Meet-nummer	Locatie	Koper (Cu) %	Tin (Sn) %	Lood (Pb) %	Zink (Zn) %	Nikkel (Ni) %	Antimoon (Sb) %	IJzer (Fe) %	Zilver (Ag) %
3404	voorzijde midden (buitenkant)	78,98	18,27	0,3	0,06	<0,0104	0,02	2,26	0,08
3405	uiteinde	76,81	21,02	0,36	<0,0585	0,06	0,03	1,71	0,09
3406	voorzijde	79,18	18,48	0,29	<0,0585	<0,0193	<0,0772	1,93	0,07
3407	uiteinde	77	19,97	0,36	0,06	0,05	0,02	2,52	0,09
3408	op corrosie bij uitein-de (mining stand)	66,21	29,94	0,37	0,07	<0,0698	<0,0142	2,04	<0,0129
3409	opnieuw buitenzijde, na opschuren	79,81	18	0,29	<0,0335	<0,0109	0,03	1,77	0,08

Tabel 1 De resultaten van de XRF-analyse.

Table 1 Measurements of the composition of the metal; the XRF- results.

Uit de metingen komt naar voren dat het percentage koper schommelt tussen de 79,8 en 77%, en dat van tin van 18 tot 21%. De variaties zijn klein: het brons is homogeen van samenstelling. Dit bevestigt de gedachte dat de armband uit een massief stukje brons is vervaardigd dat tot bronsblik is uitgehamerd.

Het tingehalte van het bronsblik is verrassend hoog. Dit maakt het tot een hard en stevig metaal, hetgeen nodig was om het tot een dunne strook uit te kunnen hameren. Objecten gemaakt van brons met een hoog tingehalte hebben bovendien niet het gouden uiterlijk wat normaal tinbrons (tot circa 10% tin) heeft, maar een donker zilverachtig oppervlak dat glanst (Ingo *et al.* 2006). Het zink- en antimoongehalte zijn laag wat erop wijst dat het brons vermoedelijk afkomstig is van hergebruikt brons.

De degradatiekenmerken wijzen op twee verschillende processen, die beide in een waterrijk milieu hebben plaatsgevonden. In de eerste plaats doet de aanwezigheid van oplossingsgaatjes, gecombineerd met de geringe dikte van het metaal, vermoeden dat het brons enigszins is aangetast. Het koper is op een aantal plaatsen wat opgelost en mogelijk was de armband oorspronkelijk iets dikker dan de huidige 0,3 mm. Dit oplossen van koper vond waarschijnlijk plaats in een (grof)zandig nat milieu.

De zeer dunne zwarte aanslag en het metallische uiterlijk geven aan dat het materiaal in geringe mate is opgelost en dat zich geen kopercarbonaten of chlorides hebben gevormd. In dit geval geeft de zwarte patina de aanwezigheid van metaalsulfides, vooral CuS of Cu_2S aan. Dit duidt op een langdurig verblijf in een zuurstofarme omgeving.

Een rondgang langs experts en andere bronnen

De afgelopen jaren is een groot aantal bronnen geraadpleegd om zo wat meer over vergelijkbare armbanden te weten te komen. Een rondgang langs verschillende experts op het gebied van bronzen sieraden uit de prehistorie (o.a. J.J. Butler, H. Steegstra, D.R. Fontijn, L. Swinkels en E. Warmenbol), bezochte museum- en particuliere collecties en een uitgebreide literatuurstudie hebben veel informatie opgeleverd.

Vindplaats	Context	Aantal	Datering	Kenmerken	Publicatie
Nijmegen	onbekend, regio Nijmegen	1	mogelijk late bronstijd	dun bronsblik, ondiepe parallelle insnoeringen	ongepubliceerd
Maastricht-Ambyerveld	graf	2	Ha B3 (Bronze final III b)	dik brons, licht gootvormig, parallelle lijnversiering (gegoten)	Dyselinck 2011, Dyselinck & Warmenbol 2012; Dyselinck 2013
Meinersen (Duitsland)	graf	2	vroege ijzertijd	bronsblik, gootvormig, onversierd	Wallbrecht 1996
Dreuille-lès-Amiens	depot	1	Bronze final III b	dun brons, plat, lijnversiering	Blanchet 1984, 287
Lyzel-Saint-Omer	depot	1	Bronze final III b	dun brons, gootvormig, onversierd	Blanchet 1984, 295
Saint-Yrieix (Vénat)	depot	min. 5	Bronze final	dun brons, gootvorming, lijnversiering	Coffyn, Gomez & Mohen 1981

Tabel 2 Een overzicht van bronsblikken armbanden.

Table 2 An overview of thin plate bronze bracelets.

Armbanden uit de bronstijd zijn schaars in Nederland, zeker als we ze vergelijken met de immense hoeveelheden die uit andere delen van Europa bekend zijn (Butler & Steegstra 2007/2008, 375). Duidelijk is ook dat bronsblikken armbanden zeer bijzonder zijn. Zo kende Butler voor Nederland en Warmenbol voor België geen vergelijkbare exemplaren, zelfs niet uit het rijke complex van Han-Sur-Lesse (mondelinge mededeling E. Warmenbol).

Voor wat betreft de omega-achtige vorm, de flensvormige uiteinden en de geometrische lijnversieringen is het zo dat deze kenmerken wél wijdverspreid voorkomen (zie bijv. Richter 1970; Schmid-Sikimic 1996). Het gaat om een traditie die zich over een groot deel van Noordwest-Europa uitstrekt met een hoogtepunt in de late bronstijd en vroege ijzertijd. Een aansprekend voorbeeld uit Nederlandse bodem voor de omega-achtige vorm en flensvormige uiteinden zijn de armbanden uit het depot van het Groningse Onstwedde Holte (Butler & Steegstra 2007/2008, 400-403). Een aantal objecten uit dit depot heeft ook de geometrische lijnversiering. Een massief bronzen fibula, aanwezig in de collectie van het Drents Museum te Assen laat zien dat incidenteel dit type versiering tot in de late ijzertijd en in de eerste eeuw na Chr. nog voorkomt (Van Vilsteren 1970).

De oudste bronsblikken objecten die bekend zijn uit de prehistorie van Noordwest-Europa, zijn schilden, helmen en scheenbeschermers. Een uitgebreide studie naar de bronzen schilden wijst onder meer uit dat deze zeer dun kunnen zijn (0,3 tot 1,4 mm), maar dat aanwijzingen voor een versterking met organisch materiaal, bijvoorbeeld leer, ontbreken (Uckelmann 2011). Tabel 2 en tekst bieden een overzicht van vergelijkbare vondsten, in vorm en versiering (Afb. 4).[2]

Uit Nederlandse bodem kennen we twee parallellen. In de collectie van Museum Het Valkhof in Nijmegen bevindt zich een bronsblikken armband, die rond 1900 is ontdekt. Helaas is de herkomst onbekend. Deze enigszins omegavormige armband is vervaardigd uit gehamerd bronsblik en heeft een gootvormig profiel, waarin enkele corrosiegaatjes zijn ontstaan. Aan de buitenzijde is reliëf-

2 Ook het Neues Museum in Berlijn bezit een aantal gootvormige, bronsblikken armbanden, afkomstig uit de westelijke Poolse provincie Lubuskie. De versiering bestaat uit niet-aaneensluitende vakken met ingegraveerde diagonale arcering (observatie eerste auteur).

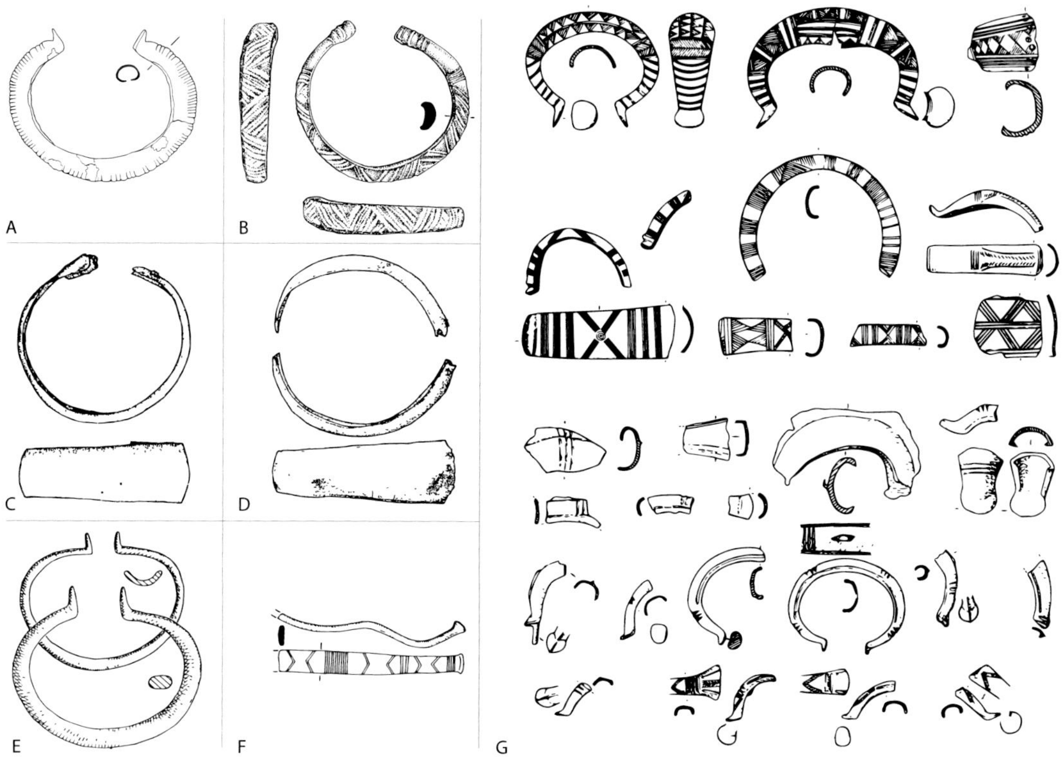

Afbeelding 4 Een overzicht van de bekende bronsblikken armbanden (A: Museum Het Valkhof, B: Maastricht – Ambyerveld, C/D: Meinersen, E: Drèuille-lès-Amiens, F: Lyzel-Saint-Omer, G: Saint-Yrieix (Venat).

Figure 4 Overview of thin plate bronze bracelets (A: Museum Het Valkhof, B: Maastricht – Ambyerveld, C/D: Meinersen, E: Drèuille-lès-Amiens, F: Lyzel-Saint-Omer, G: Saint-Yrieix (Venat).

versiering aanwezig die bestaat uit een aaneensluitende reeks dwars aangebrachte parallelle insnoeringen (Afb.4, A).

De tweede parallel is een paar jaar geleden ontdekt als bijgift, in het grafveld uit de late bronstijd van Maastricht-Ambyerveld (Dyselinck 2011, 2013, Dyselinck & Warmenbol 2012). Graf U26 betrof een urn met daarin de fragmenten van twee bronzen armbanden. Eén daarvan (Afb. 4, B) lijkt sterk op die van Kessel, met het verschil dat het gootvormige middendeel wat dikker is (0,6 cm): te dik om echt als bronsblik te worden aangeduid. Bovendien is deze armband gegoten en niet gehamerd. Typologisch lijkt de Maastrichtse armband aan te sluiten bij de *Ringe mit gegossener Flechtbandverzierung*. Opvallend is dat de versiering ook bestaat uit gearceerde vlakken en nagenoeg identiek is aan die van Kessel. De onderzoekers vermoeden op basis van analogieën een herkomst uit het gebied ten noorden van de Alpen, afkomstig uit de *Groupe Rhin-Suisse-France orientale* traditie (Dyselinck & Warmenbol 2012, 61).

Als we de grote hoeveelheid armbandvondsten van onze oosterburen bekijken, dan valt op dat bronsblikken exemplaren zeer sporadisch voorkomen. Twee fraaie voorbeelden zijn afkomstig uit Meinersen (Niedersachsen). Een grafheuvel uit de vroege ijzertijd bleek vier urnen te bevatten (Wallbrecht 1996). In één daarvan waren twee kleine gootvormige armbanden van bronsblik meegegeven. De ene heeft een omgebogen uiteinde, waarmee vermoedelijk een lederen voering was vastgeklemd (Afb. 4, C). Twee aangebrachte gaatjes in het andere uiteinde wijzen op een aanhechtingsmogelijkheid. De andere armband bestaat uit twee halfronde helften met gaatjes in de uiteinden (Afb. 4, D). Aan die gaten was waarschijnlijk organisch materiaal bevestigd. Beide armbanden hebben een zeer geringe diameter van 4,5 cm. Het eerste vermoeden dat de armbanden (of wellicht enkelbanden) aan een kind hebben toebehoord, werd door het fysisch-antropologisch onderzoek bevestigd. De bijbehorende crematieresten bleek van een 7-8 jarig kind te zijn (Großkopf 1996).

Richten we de blik naar het zuiden, dan komen we in het overzichtswerk van Blanchet (1984) twee parallellen tegen uit het noorden van Frankrijk (Afb. 4, E/F). Het indrukwekkende depot van Dreuille-lès-Amiens (Somme) bevat een fragment dat sterk doet denken aan de armband van Kessel (Blanchet 1984, Fig. 159, nr. 18). Zowel de geometrische lijnversiering als de geringe dikte van het middendeel komen overeen (Afb. 4, F), al is de Kesselse armband nog dunner. Daarbij heeft deze een gootvormig uiterlijk. Een fraaie parallel voor deze dunne, halfopen vorm vinden we in het depot van Lyzel bij Saint-Omer (Pas-de-Calais) waar een onversierde armband één van de objecten is (Afb. 4, E; Blanchet 1984, Fig. 165, nr. 2).

In het veel verder zuidelijk gelegen Saint-Yrieix, bij Angoulême in Charente, werd in 1893 een bijzonder depot ontdekt; een grote aardewerken pot met daarin honderden bronzen objecten (Coffyn, Gomez en Mohen 1981). Dit depot van Vénat bevat vele armbanden, waaronder het type *Bracelets creux*, 'holle armbanden'. Deze 'open armbanden met een C-vormige doorsnede' komen sterk overeen met de armband van Kessel, zeker de exemplaren met geometrische lijnversieringen (Afb 4, G; *op. cit.*, planche 30, nr. 22 en 23).

Uit de queeste is naar voren gekomen dat de Kessels armband een bijzonder schaars sieraad is: een echte 'dubbelganger' is vooralsnog niet bekend, niet bij de bronsexperts en niet in de geraadpleegde overzichtswerken. Wel zijn enkele vergelijkbare exemplaren voorhanden. De Franse voorbeelden wijzen op een datering in de late fase van de bronstijd, een fase die Milcent (2012, 137-142) als *le Bronze final atlantique 3 récent (Bfa 3 récent) ou Horizon de Vénat* aanduidt; de periode van 900 tot 800 v. Chr. De Duitse parallel van Meinersen wijst op een gebruik in de vroege ijzertijd. We mogen concluderen dat een plaatsing in de late fase van de late bronstijd overgang vroege ijzertijd voor de Kesselse armband gerechtvaardigd is. Voor een toewijzing aan een mogelijk herkomstgebied van dit sieraad – heeft het een westelijke Atlantische achtergrond of moet het meer geassocieerd worden met de oostelijke Lausitz- of Hallstatt-cultuur? – zijn te weinig argumenten aan te dragen, maar dat het object kenmerken draagt van een supraregionale stijl, is evident.

Interpretatie als bewuste depositie

Hoewel de armband van Kessel als een losse vondst is ontdekt, is het toch zeer aannemelijk dat het sieraad destijds als een bewuste, betekenisvolle depositie is achtergelaten. In de inleiding is reeds aangehaald dat de Lithse Ham een gebied is waar heel veel bijzondere objecten naar boven zijn gekomen. Dat maakt dat er in archeologische kringen geen discussie meer is dat dit gebied eeuwenlang (vanaf de bronstijd tot in de Romeinse tijd) van speciale betekenis is geweest voor de bewoners. Het wordt in het algemeen aangenomen dat specifieke landschappelijke kenmerken van dit gebied, in het bijzonder het plaatselijk samenvloeien van de Maas en Waal, een aantrekkingskracht heeft gehad en heeft geleid tot het ontstaan van een cultusplaats die van bovenregionale betekenis moet zijn geweest (Jansen 2014).

Het is goed veronderstelbaar dat de Kesselse armband afkomstig is uit één van de fossiele stroomgeulen in de zuidelijke uiterwaard van de huidige Maasloop ter hoogte van Kessel (Modderman 1950). Ook de oplossingsgaatjes, de dunne zwarte aanslag en de metallische 'look' van armband zelf vertellen een verhaal over een depositie in een nat milieu. Het oplossen van het koper vond plaats in een (grof) zandige omgeving, waarna de armband vrij snel daarna is afgedekt geraakt door sedimenten (waarschijnlijk klei) en zo in een zuurstofloos milieu terechtkwam, waarin de sulfiden zich vasthechten aan het oppervlak.

We mogen dan ook concluderen dat de armband prima past in het beeld dat Fontijn schetst voor de late bronstijd (2003, 241-246): het bewust deponeren van sieraden in natte, natuurlijke plaatsen. Die sieraden, en het betreft dan juist bijzondere objecten die duidelijk van verre kwamen en betekenisvol waren, eindigden hun leven in het water. We kunnen stellen dat ook de bijzondere armband van Kessel geassocieerd kan worden met een supraregionale stijl. De eigenaar liet met het dragen zien dat zij/hij deel uitmaakte van sociale netwerken die het lokale niveau ontstegen. Het achterlaten van het sieraad in een van de restgeulen van de Maas markeert zo wellicht de overgang naar een nieuwe levensfase. Fontijn (2003, 244-245) relateert deze situatie aan het afleggen, of deconstrueren, van een persoonlijke identiteit. Persoonlijke bezittingen worden op specifieke momenten in het leven van de drager afgelegd en gedeponeerd. Het is verleidelijk te veronderstellen dat de jonge eigenaar van de Kesselse armband op de drempel stond naar volwassenheid en bij die gelegenheid haar of zijn sieraad aflegde.

Conclusie

Deze bijdrage over de bronsblikken armband van Kessel heeft laten zien dat losse metalen objecten, opgebaggerd en gevonden door amateur-archeologen, weliswaar zonder context zijn, maar toch een intrigerend verhaal kunnen vertellen. Het is een kundig gemaakt en versierd sieraad, gehamerd van brons met een hoog tingehalte en waarschijnlijk voorzien van een organische kern. Dit hoge tingehalte bracht stevigheid, maar ook een zilveren glans. Voor Nederlandse begrippen is de armband zeker bijzonder te noemen. Echter, ook op Noordwest-Europese schaal zijn dit soort armbanden dun gezaaid.

Over onder welke omstandigheden de armband zijn 'leven is geëindigd', tasten we in het duister, maar de aanwijzingen die we hebben duiden op een depositie in een waterrijk, betekenisvol landschap. Nu de armband in deze bijdrage uit de vergetelheid is gehaald, kunnen de discussies daarover van start gaan.

Abstract

Almost fifteen years ago a remarkable bracelet was found in the vicinity of Kessel-Lithse Ham. Local archaeologist Gerard van Alphen decided to reveal the meaning of this discovery. The broken, but complete bracelet was made by hammering a strip of bronze. The middle part is very thin, 0.3 mm, and C-shaped. The groove of this thin sheet bronze was probably filled with organic matter, such as wood, bone or leather. XRF-analyse shows that the bracelet was made of high-tin bronze. It had a dark silvery appearance with a brilliant lustre. Comparable finds of this kind of bracelet are scarce. The few known sheet plate bracelets point to the final phase of the Late Bronze Age. The patina indicates a wet depositional environment. We conclude that the bracelet of Kessel is a fine example of a specific non-local body ornament that ended its life in a meaningful watery place.

Woord van dank

Tijdens de jarenlange speurtocht heeft de eerste auteur van veel personen adviezen, suggesties en andere tips ontvangen. Graag dankt hij Jay Butler, Hannie Steegstra, Nico Roymans, David Fontijn, Bertil van Os en Eugène Warmenbol voor het delen van de kennis. Ook Louis Swinkels en Ronny Meijers van Museum van Het Valkhof te Nijmegen waren zeer behulpzaam bij de bestudering van de Kesselse armband en het achterhalen van informatie over het Nijmeegse exemplaar. De erkentelijkheid voor deze hulp is groot.

Literatuur

Arts, N., Bazelmans, J. en Ector, F. 1979. Nederzettingssporen uit de Romeinse tijd en uit de Vroege en Late Middeleeuwen langs de Maas te Kessel, Gemeente Lith (N.Br.). *Brabants Heem* 31, 160-172.

Blanchet, J.-C. 1984. *Les premiers métallurgists en Picardie et dans le Nord de la France.* Memoires de la societé préhistorique Française 17. Parijs: Societé préhistorique Française.

Butler, J.J. en Steegstra, H. 2007/2008. Bronze Age metal and amber in the Netherlands (IV). Hoards and rich graves in the Late Bronze Age, Part A. *Palaeohistoria* 49/50, 375-414.

Coffyn, A., Gomez, J. en Mohen, J.-P. 1981. *L'apogée du Bronze atlantique. Le dépôt de Vénat.* L'âge du Bronze en France 1. Paris: Picard.

Dyselinck, T. 2011. Een rijk graf in een urnenveld uit de late bronstijd te Maastricht-Ambyerveld. *Archeobrief* 15-4, 8-11.

Dyselinck, T. 2013. *Het urnenveld van Maastricht Ambyerveld-Hagerhof.* BAAC-rapport A-08.0487. 's-Hertogenbosch: Baac.

Dyselinck, T. en Warmenbol, E. 2012. De bronzen voorwerpen uit een urnenveld te Maastricht-Ambyerveld. *Lunula Archaeologia protohistorica* 20, 59-63.

Fontijn, D.R., 2003. *Sacrificial landscapes. Cultural biographies of persons, objects, an 'natural' places in the Bronze Age of the southern Netherlands, 2300-600 BC.* Analecta Praehistorica Leidensia 33/34. Leiden: Leiden University.

Großkopf, B. 1996. Anthropologische Bearbeitung der Leichenbrände aus dem Grabhügel von Meinersen, Ldkr. Gifhorn, in: Wallbrecht, A., *Der Grabhügel von Meinersen. Besonderheiten eines 2500 Jahre alten Bestattungsplatzes. Ausgrabung 1995*. Schriftenreihe des Landkreises Gifhorn 12. Gifhorn, 61-66.

Ingo, G.M., Plescia, P., Angelini, E., Riccucci, C. en De Caro, T. 2006. Bronze Roman mirrors. The secret of brightness, *Applied Physics A* 83, 611-615.

Jansen, R. 2014. *De archeologische schatkamer Maaskant. Bewoning van het Noordoost-Brabantse rivierengebied tussen 3000 v. en 1500 n.Chr.* Leiden: Sidestone Press.

Milcent, P.-Y. 2012. *Le temps des élites en Gaule Atlantique. Chronologie des mobiliers et rythmes de constitution de depot métalliques dans le context Européen (XIIIe-VIIe s.av.J.-C.).* Rennes: Presses universitaires de Rennes.

Modderman, P.J.R. 1950. Het oudheidkundig onderzoek van de oude woongronden langs de Maaskant in Noord-Brabant. *Brabants Jaarboek. Nieuwe reeks der handelingen van het provinciaal genootschap van kunsten en wetenschappen in Noord-Brabant*, 92-107.

Richter, I. 1970. *Der Arm- und Beinschmuck der Bronze- und Urnenfelderzeit in Hessen und Rheinhessen*. Prähistorische Bronzefunde, Abteilung X, Band 1. München: Institut für Vorgeschichte der Universität Frankfurt am Mainz.

Roymans, N. 2004. *Ethnic Identity and Imperial Power. The Batavians in the Early Roman Empire*. Amsterdam Archaeological Studies 10. Amsterdam: Amsterdam University Press.

Schegget, M.E. ter 1999. Late Iron Age skeletal remains from the river Meuse at Kessel: a river cultplace?, in: Theuws, F. en Roymans, N. (red.), *Land and ancestors. Cultural dynamics in the Urnfield period and the Middle Ages in the southern Netherlands*. Amsterdam Archaeological Studies 4. Amsterdam: Amsterdam University Press, 199-240.

Schmid-Sikimic, B. 1996. *Der Arm- und Beinschmuck der Hallstattzeit in der Schweiz*. Prähistorische Bronzefunde, Abteilung X, Band 5. Zürich: Universität Zürich.

Theunissen, L. en Os, B. van 2015. *XRF-actie op gordelhaak en armband van Jan van de Coolwijk (intern verslag RCE)*. Amersfoort: RCE.

Uckelmann, M. 2011. Jungbronzezeitliche Schilde – Nutzung und Bedeutung, in: U.L. Dietz en Kockenhövel, A. (red.). *Bronzen im Spannungsfeld zwischen praktischer Nutzung und symbolischer Bedeutung*. Prähistorische Bronzefunde XX, Band 13. Stuttgart: Franze Steiner Verlag, 249-258.

Vilsteren, V. van 1970. Jaarverslag Provinciaal Museum van Drenthe 1970. *Nieuwe Drentse Volkalmanak* 89, 223-256.

Wallbrecht, A. 1996. *Der Grabhügel von Meinersen. Besonderheiten eines 2500 Jahre alten Bestattungsplatzes. Ausgrabung 1995*. Schriftenreihe des Landkreises Gifhorn 12. Gifhorn: Landkreises Gifhorn.

A decorated Iron Age antler object from the Noordhof settlement site Wateringse Veld, The Hague

Marloes Rijkelijkhuizen, Annemieke Verbaas & Hans Siemons

Trefwoorden: versierd voorwerp van gewei, gebruikssporenanalyse, (midden-) ijzertijd, nederzetting

Keywords: decorated antler object, use wear analysis, (middle) iron age, settlement site

Introduction

During excavations in The Hague at the site of Noordhof in Wateringse Veld a unique antler object was found (Siemons & Bulten 2014; project code NOF06). The object is carefully decorated but the function is thus far unknown. Surprisingly, the object could be dated to the Middle Iron Age (500-250 BC). Not many decorated bone and antler objects are known in the Netherlands from this period. A short scan of published Iron Age sites in Europe provided a few parallels and possible functions for the object from The Hague. Use wear analysis conducted on the object, however, proved all these possible functions wrong.

The excavation: context and dating of the object

A dynamic landscape

The site is situated in the district of Wateringse Veld on the southern slope of the beach barrier of Rijswijk-Voorschoten. The earliest human activities on this beach barrier date to the Late Neolithic. From the Early Bronze Age onwards, the natural environment changed drastically. Due to diminished water drainage capacity, the landscape drowned and peat began to grow on the beach plain and adjacent barrier. The conditions for habitation were very limited during the Bronze Age so features and finds from this period are very scarce.

At the beginning of the Early Iron Age another drastic environmental change occurred. Influenced by the sea, a large tidal creek system (the Gantelsystem) reached Wateringse Veld. The creek system caused a regular influx of saltwater onto the beach plain. It also reestablished drainage of the landscape which resulted in

Figure 1 Artist impression of Wateringse Veld, circa 800 BC. (drawing: M. Kriek, from: Siemons & Bulten 2014, fig. 2.9; With permission of the Archaeology Department of The Hague (Afdeling Archeologie, Dienst Stadsbeheer, gemeente Den Haag)).

dryer conditions. The beach ridge was intensively inhabited during a substantial part of the Iron Age (Fig. 1). In the Late Iron Age the area of Wateringse Veld was abandoned again. Thick layers of clay indicate that by that time the influence of the sea was so dominant that the inhabitants were forced to abandon the area in search of drier ground (Siemons & Bulten 2014, 286-298).

Archaeological features

Traces from the Early and Middle Iron Age consist of granaries, postholes, (water) pits and furrows which can be connected to crop fields. Remarkable quantities of so-called briquetage-ware were found in pits and layers of waste on the slope of the beach ridge. Analysis of this briquetage-ware revealed that during the Early and Middle Iron Age salt was produced here (Siemons & Bulten 2014, 286-298). A part of a possible Iron Age house ground-plan was discovered at approximately 60 m from the find location of the antler object (Meurkens 2014).

The antler object itself was found in a pit which was dug through peat and sandy deposits, probably to gain access to deeper layers of soil that held fresh water. The diameter of the circular pit was 1.5 m and the depth approximately 1.2 m. The antler object was uncovered in a sandy layer below the water table. In addition to the antler object, the pit also contained numerous fragments of briquetage-ware and sherds (Fig. 2; Siemons & Bulten 2014, 286-298). Based on the sherds the pit dates from the beginning of the Middle Iron Age, the 5th century BC.

Figure 2 Find context of the antler object and briquetage-ware (photograph: Archaeology Department of The Hague (Afdeling Archeologie, Dienst Stadsbeheer, gemeente Den Haag)).

Research methods

First, the raw material and methods of production of the object were analysed by macroscopical and microscopical research. Next, similar finds were sought in European literature of Bronze Age and Iron Age sites to indicate what this object might have been used for. Finally, use wear analysis was conducted in order to test the available hypotheses about the function and to provide an interpretation. For the use wear analysis two microscopes were used. A stereomicroscope with magnifications of 10-65x to permit detection of the wear traces and an overview of the distribution of these traces as well as the way these traces relate to each other. A metallographic microscope with magnifications 100-300x was subsequently used to analyse the characteristics and distribution of the traces. This allows interpretation of the contact material and the activity carried out.

Raw material and manufacture

The object was made from the beam of a red deer antler and follows the natural curve of the beam (Fig. 3). The typical grooved outer structure of the antler was removed and the entire surface was smoothed. Three holes are visible. Two are positioned from the front to back surface while the third hole runs from one short side to the other. The holes were cut with a knife; this is visible at the edges where the manufacturer cut too deep. As the object is broken, there might have been

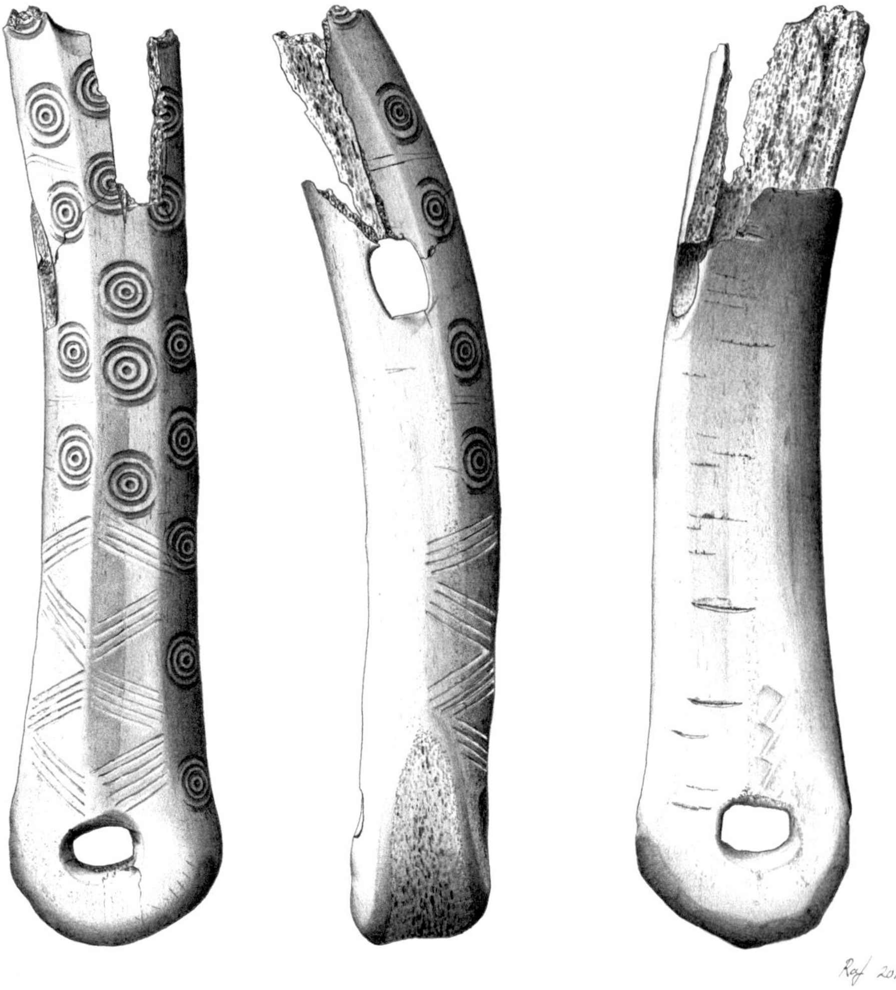

Figure 3 Drawing of the object (drawing R. Timmermans).

more holes. The remaining length of the object is circa 20 cm; it is broken on one side and therefore the original length is unclear. The greatest width is 4.4 cm and the greatest thickness 2.8 cm.

The next step in the manufacturing process was to make three longitudinal facets on the front(?) surface. The reverse side was flattened. No tool marks were visible and therefore the tools which were used to remove the outer structure and to create the facets are unknown.

Then the three facets were decorated with dot-and-circles that exist of a dot with three circles surrounding the dot and with clusters of oblique lines. The dot-and-circles were made with a specially designed tool with a long centre point and probably one point which rotated around the centre point to produce perfect circles. The centre circle was the deepest of three while the circles towards the outside become progressively shallower. The middle circle in all of the dot-and-circles displays a small error caused by damage to one of the points of the tool. This indicates that all dot-and-circles were made with the same tool and perhaps within a short period of time.

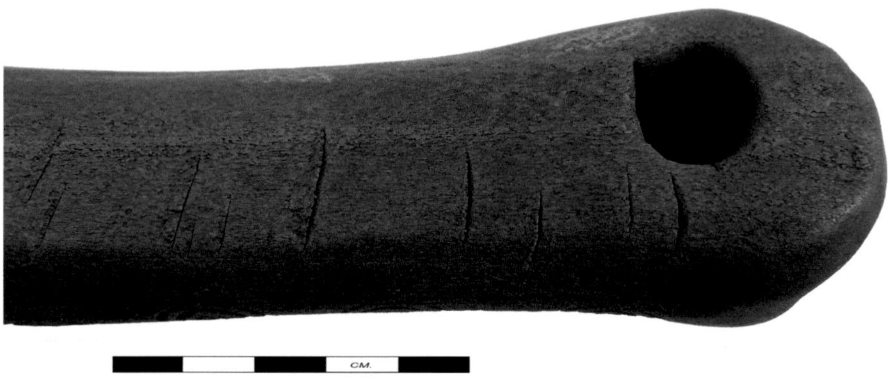

Figure 4 Detail of the hacks or cuts at the reverse surface (photograph M. Rijkelijkhuizen).

The clusters of oblique grooves are not evenly spaced and the number in each cluster varies from four to six grooves. The depth of the lines varies indicating that the lines were made with a single blade tool and not with a specialised multi-blade tool. The width of the individual lines is equal, indicating that the lines were made with the same tool, for example a saw or file.

A small zigzag pattern is visible on the reverse surface. The decoration is in relief, made by cutting away material on either sides of the zigzag line. The design of this zigzag pattern differs from the decoration on the rest of the tool. One of the holes was cut through it. This decoration seems to predate the production of the rest of the tool. Maybe this piece of antler was originally designed to be another tool or a tool with another decoration. The manufacturer however changed his mind and decided on another tool or a different decoration.

On the undecorated side horizontal lines were cut or hacked (Fig. 4). They do not seem to be part of the decoration of the object. The hacks or cuts were made from different directions and at different angles, but with the same or similar tool(s). The marks do not seem to be connected to the use of the object; they display no use wear or rounding and seem to have been made just before the object was discarded.

Decorated antler objects from the Bronze and Iron Age in Northwestern Europe

The use of antler in prehistory for tools or tool fabrication is well known. Tools like axes or spearheads were frequently made of this strong and resilient raw material. Richly decorated objects are, however, rare finds in the Netherlands and usually only small decorated handles or ornamental objects are found in later prehistory[1]. Other parallels from the Netherlands are absent and only a few finds from European sites have similarities in shape, decoration and/or design.

1 De Wit & Bergsma 2008, 55-57, 122-125: a small Bronze Age or Iron Age object, found in a cremation grave at Rossum; Rijkelijkhuizen 2012: a small object from the Bronze Age or Iron Age with dot-and-circles, found in a cremation grave in Groesbeek; Verwers 1966: a small object with dot-and-circles from a Bronze Age cremation grave at Oss-Zevenbergen.

Axes

The decoration of the object from The Hague shows slight similarities with decorated Bronze Age axes from Scandinavia. These axes are made of antler which have been polished and decorated, often with dots-and-circles. These axes occur from the Mesolithic period onwards. It is possible that the decoration was applied in different phases and had a ritual function (Broholm 1953, 95). The number and position of the holes in the object from The Hague however eliminates the possibility that it functioned as an axe or adze.

Handles

Comparable objects from the Danish Bronze Age were interpreted as handles for various tools. The outer structure of the antler was removed and the surface was decorated with dot-and-circles. Handles with similar decoration, for example, have been found in Illerup Ådal (Ilkjaer 1993, 243-244) or in Norfolk (Hills *et al.* 1987, 76, 198). These objects have, however, only one hole at the end of the object (Broholm 1953, 95). It is not very likely that the object from The Hague was used as a handle because it has multiple holes placed in different directions.

'Knevelstangen'

An undated object from Eke, Belgium shows strong similarities with the object from The Hague. It is also made of antler, but has no decoration and four holes. This object is probably dated to the La Tene period (Middle/Late Iron Age). Nenquin (1976) mentions a similar find from Mechelen, Belgium. Both objects are interpreted as a '*knevelstang*', a cheek-piece for a horse-bit.

Antler objects interpreted as 'knevelstangen' are also found in several other excavations in Europe dating to the Bronze and Iron Ages. Especially in Eastern Europe similar pieces have been found which have been interpreted as cheek pieces (Dehn 1975; Sherrat 1994, 264). Four objects from Salzburg (Austria) have three holes and are decorated with lines. These objects are, however, only 10 cm in length (Höglinger 1986) and are therefore at least half the size of the object from The Hague.

Use and function of the antler object from The Hague

The possible use as an axe or handle seems to be unlikely based on the morphology of the object and the number of holes. Based on its form it is possible the object was part of a horse bit or horse gear. To test this hypothesis or to be able to assign another function, the object was studied for use wear traces. Unfortunately, even with use wear analysis we were unable to assign a function to the object. We do, however, have clear indications as to how the object was used.

The traces in the holes of the object show that the object was used over a long period of time. Based on the location, distribution and characteristics of these traces, broad leather bands were strung through these holes. The direction in which these bands were strung could also be reconstructed (Fig. 5). In the reconstruction drawing, flat leather bands are drawn although these bands could also have

Figure 5 Reconstruction of the position and direction of the leather bands (drawing R. Timmermans).

been braided or twined. The traces indicate that the object was not fixed in place very tightly: the object could still move slightly. The rounded end of the object also displays intensive wear. The distribution of this wear indicates contact with a soft material that was slightly dented by the object while the object still had the possibility to move. We were not able to interpret this contact material with any certainty but it could be an animal material such as leather or skin. The remainder of the surface of the tool is worn, but due to post-depositional processes we were no longer able to interpret these traces.

Even though use wear analysis gives us indications for the use of this object, the exact function still remains unknown. It does, however, seem improbable that this was indeed part of a horse bit or horse gear because there is no known horse equipment that functions in the way depicted in the reconstruction drawing.

Conclusions

The decorated antler object was found during excavations of an Iron Age coastal settlement site in The Hague. Decorated objects from this period with a similar decoration patterns, such as dot-and circles, are known throughout Europe. Decorated Iron Age objects made from bone or antler are nevertheless scarce in the Low Countries. Objects of use dating to this period, such as tools, are usually not decorated. The provenance of the object is difficult to determine. It is unknown whether it was made locally, or imported from another region. Isotope research might be helpful in locating the origin of the raw material.

Although the function of the object is still unclear, we could rule out several interpretations through form, morphology and/or use wear analysis. Use wear analysis did however indicate how the object was used. Leather bands passed through the holes in different directions, but the object was not fixed in place very tightly. The rounded end of the object was in contact with probably leather or skin. Furthermore, the use wear traces indicate that the object was used over an extended period of time. Possibly, it was passed on from generation to generation. However, many questions still remain. Was this a functional object or was it symbolic? Was it a deliberate deposition or a broken object which was discarded? Might it be connected with salt production, because it was discarded together with briquetage-ware? These questions could not be answered with the information presently available.

The object from Wateringse Veld is a unique find. A lot of time and effort was put into the manufacture and decoration of the object and several different tools were used. One of these was a specialised tool to make dot-and-circles. The marks on the reverse surface still remain a mystery, but were probably made at the end of the life of this object when its original function ceased and just before deposition.

Acknowledgements

The publication of this article was not possible without the help of Everhard Bulten and the Archaeology Department of The Hague (Afdeling Archeologie, Dienst Stadsbeheer, gemeente Den Haag). We also thank all the people who helped us with our ‘quest' to find comparable objects. A special thanks to Alice Choyke (Central European University, Hungary) who kindly edited this paper.

References

Broholm, H.C. 1953. *Danish antiquities. IV Late Bronze Age*. Kopenhagen: Gyldendalske Boghandel.

Dehn, W. 1975. Älterlatènezeitliches Pferdegeschirr – Trensen und Zierscheiben. *Alba Regia. Annales musei Staphani Regis* XIV, 107-108.

Hills, C., Penn, K. and Rickett, R. 1987. The Anglo-Saxon cemetery at Spong Hill, Nort Elman. Part IV: Catalogue of cremations. *East Anglian Archaeology Report* 34. Gressenhall: Norfolk Archaeological Unit.

Höglinger, P. 1986. Vier Geweihknebel vom Rainberg – Stadt Salzburg. *Archäologisches Korrespondenzblatt* 16, 419-425.

Ilkjaer J. 1993. *Illerup* Ådal. *3. Die Gürtel. Bestandteile und Zubehör*. Jutland Archaeological Society Publications XXV:3. Århus: Jysk Arkæologisk Selskab.

Meurkens, L. 2014. *Noordhof, gemeente Den Haag. Sporen en vondstmateriaal uit de prehistorie, Romeinse tijd en middeleeuwen*. Haagse Archeologische Rapportage 1411. Den Haag: gemeente Den Haag, Dienst Stadsbeheer, Afdeling Archeologie.

Nenquin, J. 1976. Knevelstaaf van paardenbit uit Eke. *Oudheidkundige opgravingen en vondsten in Oost-Vlaanderen* VII, 16-20.

Rijkelijkhuizen, M. 2012. Bijgiften van bot, 2012, in: Geerts, R.C.A. and Veldman, H.A.P., *Romeinse bewoning tussen ijzertijdgraven. Een archeologische opgraving te Groesbeek – Hüsenhoff.* Amersfoort: ADC, 156-157.

Sherratt, A. 1994. The emergence of elites: Earlier Bronze Age Europe, 2500-1300 BC, in: Cunliffe, B. (ed.), *The Oxford illustrated prehistory of Europe.* Oxford: Oxford University Press, 244-276.

Siemons, H. and Bulten, E.E.B. (eds.) 2014. *Archeologie in het Wateringse Veld, gemeente Den Haag. Van steentijd tot nieuwe tijd.* Haagse Oudheidkundige Publicaties 17. Den Haag: gemeente Den Haag, Dienst Stadsbeheer, Afdeling Archeologie.

Verwers, G.J. 1966. Tumuli at the Zevenbergen near Oss, gemeente Berghem, province of North Brabant. *Analecta Praehistorica Leidensia* 2, 27-32.

Wit, M.J.M. de and Bergsma, G.M.A. 2008, *Begravingen uit de late Bronstijd – Vroege IJzertijd in het urnenveld te Rossum. Een archeologische opgraving aan de Oranjestraat te Rossum gemeente Dinkelland (Ov.).* ARC-publicaties 187. Groningen: ARC BV.

De biografie van maalstenen: Metaaltijden

Marian J.A. Melkert

Trefwoorden: maalstenen, ruilhandel, natuursteen

Keywords: querns, grinding stones, trade

Inleiding

De geschiedenis van het vermalen van (wilde) granen op platte keien gaat ver terug: zeker tot dertigduizend jaar geleden (De Beaune 2004, 146). Sindsdien hebben zich verschillende ontwikkelingen voorgedaan, waarvan een verandering in de gebruikte steensoorten (van lokale zwerfkeien naar maalstenen uit groeven), de manier van malen (van een wrijvende en stampende via een heen- en weergaande naar een ronddraaiende beweging) en technologie (van niet-roterende naar roterende maalstenen) de belangrijkste zijn. Bijna al deze veranderingen vinden in Nederland plaats in de metaaltijden.

De informatiewaarde die in de verschillende soorten maalstenen besloten ligt mag niet onderschat worden. Afhankelijk van conservering en context geven ze inzicht in het praktische gebruik, rituele handelingen en uitwisselingsnetwerken. Bovendien kunnen uit groeven geïmporteerde maalstenen een globale datering verschaffen.

Een biografie van deze belangrijke werktuigen kan op twee manieren worden ingevuld. Er is de ontwikkeling van maalstenen als artefactgroep, van hun vorm en het gebruik door de perioden heen, maar ook de levensloop van een individuele maalsteen: van grondstof via gebruik en depositie tot aan het moment dat de maalsteen letterlijk het licht weer ziet, bijvoorbeeld bij een opgraving. Voor beide trajecten bestaan nog veel kennislacunes. In deze bijdrage zijn uit de biografie van maalstenen enkele aspecten gelicht die meer aandacht verdienen.

Van grote zwerfkeien naar maalstenen uit groeven

De geboorte van elke maalsteen begint met de selectie van de grondstof. Voor de liggers, de grote en stationaire onderstenen, kunnen dat zwerfkeien zijn die op sommige plaatsen in Nederland in de directe omgeving voorkomen. Geschikte steensoorten zijn bij voorkeur grofkorrelig of ongelijkkorrelig en opgebouwd uit mineralen met verschillende hardheden. Voorbeelden zijn graniet, dat veel als noordelijke, glaciale zwerfsteen voorkomt, en grofkorrelige zandsteen en conglo-

Afbeelding 1 Complete set van maalsteenligger en -loper, aangetroffen in een midden-bronstijdkuil (Boxmeer-Sterckwijck, bron: ADC ArcheoProjecten).

Figure 1 Complete set of quern and handstone, found in a Middle Bronze Age pit (Boxmeer-Sterckwijck, source: ADC ArcheoProjecten).

meraat, waarvan keien als zuidelijke, fluviatiele zwerfstenen in de Maasterrassen te vinden zijn. Inderdaad komen maalstenen van graniet veel in de noordelijke regio's voor en maalstenen van zandsteen en conglomeraat veel in Limburg en het aangrenzende Brabant.

Toch lijkt het steeds waarschijnlijker dat deze 'lokale zwerfkeien' al in een vroeg stadium tevens objecten van uitwisseling waren. Maalstenen van graniet en conglomeraat worden namelijk ook aangetroffen in regio's waar zulke grote zwerfkeien niet voorkomen, zoals in het kustgebied (Melkert 2011a, 449, met referenties; Houkes 2012, 106; 2013, 96; Drenth & Huisman 2015). Bovendien zijn bij een neolithische vindplaats te Emmeloord diverse, niet tot nauwelijks gebruikte maalstenen van graniet gevonden die mogelijk bestemd waren voor uitwisseling (Kars 2002, 98). Dit past in het beeld van een vroege ruilhandel in maalstenen zoals die bekend is van vesiculaire lava (tefriet), een steensoort die in Nederland niet als zwerfsteen voorkomt (Harsema 1979, 17; Van Heeringen 1985, 378). Deze in groeven gewonnen, vulkanische steensoort is ten noorden van het rivierengebied al op diverse midden-bronstijdvindplaatsen aangetroffen (Fermin 2008, 71; Houkes 2011, 223, Moree *et al.* 2011). Rond diezelfde tijd verschijnen in Noordoost-Nederland ook andere lavavarianten, waaronder een bruine, poederige porfier (Melkert 2012a, 235; 2014a, 63). Daar komt bij dat ook zandstenen en conglomeraten al vanaf het neolithicum voor de productie van maalstenen in groeven werden gewonnen, onder andere bij Eschweiler, in de buurt van Aken. Dat ook deze via ruilhandel naar Nederland kwamen, bleek bij een opgraving te Beek-Kerkeveld: de steensoort van een aantal van de daar gevonden maalstenen is door de Duitse geoloog J. Weiner geïdentificeerd als zandsteen uit de Akense gesteentelagen (Van Pruissen 2009, 70; zie ook Weiner & Schalich 2006).

Productie en transport

De vraag "lokaal of import?" doet zich natuurlijk niet voor bij een geïmporteerde steensoort als vesiculaire lava. Maalstenen van deze lava zijn op vindplaatsen vanaf de midden-ijzertijd in Nederland niet meer weg te denken. Omdat ze in groeven werden gewonnen is enerzijds sprake van uniformiteit, terwijl door de tijd heen ook veranderingen optreden in vorm, grootte en productiewijze.

Maalstenen uit de groeven in Mayen

Eén van de vulkanische centra met vesiculaire lava ligt bij Mayen, in de oostelijke Eifel. Uit archeologisch onderzoek blijkt dat hier mogelijk al in het neolithicum maalstenen werden gemaakt uit de grote blokken van het blokkenveld aan de voet van de bergwand. In de vroege ijzertijd is sprake van een sterke toename in de exploitatie, waarbij het lavagesteente nu ook uit de groevewand wordt gewonnen (Mangartz 2008, 36).

Alle bij Mayen aangetroffen maalstenen zijn geïnventariseerd, beschreven en geclassificeerd (Holtmeyer-Wild 2000, Katalog; Mangartz 2008, Katalog 1-5), wat de volgende typochronologie heeft opgeleverd (Tabel 1):

Uit de tabel blijkt dat bootvormige maalstenen (met kiel) vooraf gingen aan de eigenlijke Napoleonshoeden; deze laatste bezitten een grotere hoogte dan breedte (Hörter 1994, 14). De zeer grote en platte, amandelvormige exemplaren (Mayen-A4), werden aanvankelijk chronologisch tussen de broodvormige en de bootvormige maalstenen geplaatst, maar zijn nu definitief aan de late ijzertijd toegewezen (Mangartz 2008, 41-43). Niet alleen komen ze in de groeve samen voor met handmolens, ze zijn bovendien afgewerkt met een beitelslag (Afb. 2). Beitels kwamen in de groeve pas in de late ijzertijd in gebruik. Deze nieuwe datering sluit goed aan bij vondsten in Nederland, waar exemplaren van dit type soms tezamen met de late, trechtervormige Napoleonshoed zijn aangetroffen (Van Heeringen 1985, Fundliste: GLD 5-9; Melkert 2011b, 150-154; Afb. 3).

Type	Datering	Vorm	Afmetingen	Opmerking	Referentie Mayen
Mayen-A1	BRONS	broodvorm	klein		Hörter 1994; Holtmeyer-Wild 2000; Mangartz 2008
Mayen-A2	IJZV-IJZM	bootvorm	L > 60 cm	ligger; ook enkele kleinere exemplaren	Hörter 1994; Holtmeyer-Wild 2000; Mangartz 2008
Mayen-A3	IJZM-IJZL	steekvorm (Napoleonshoed)	H > B	ligger; evolutie zijkant: van convex naar concaaf	Hörter 1994; Holtmeyer-Wild 2000; Mangartz 2008
Mayen-A3a	IJZL	trechtervorm (Napoleonshoed)	H >> B	ligger; plat randje zijkant; beitelslag	Holtmeyer-Wild 2000; Oesterwind 2000
Mayen-A4	IJZL	groot en plat	L >> H	plat randje zijkant; beitelslag	Holtmeyer-Wild 2000; Mangartz 2008
Mayen-A0		broodvorm rond	klein	loper	Hörter *et al.* 1951
Mayen-B	IJZL	ronde schijf	diameter 35-40 cm	handmolen	Hörter 1994, 2000; Mangartz 2008

Tabel 1 Typochronologie voor maalstenen van vesiculaire lava uit Mayen.

Table 1 Type chronology for querns of vesicular lava from Mayen.

Afbeelding 2 Zeer grote en platte, amandelvormige maalsteen met beitelsporen: late ijzertijd (Didam-Kerckwijck, bron: ADC ArcheoProjecten).

Figure 2 Very large and flat, almond shaped quern with chisel marks: Late Iron Age (Didam-Kerckwijck, source: ADC ArcheoProjecten).

Afbeelding 3 Maalstenen van het type Mayen-A3a en Mayen-4 samen in een waterput (Didam-Kerckwijck; bron: B. Van der Veken).

Figure 3 Querns of types Mayen-A3a and Mayen-4 in a well together. (Didam-Kerckwijk; source: B. Van der Veken).

Transportroute: waterweg of landweg?

Meestal wordt aangenomen dat de zware maalstenen met boten of vlotten over de Rijn naar Nederland kwamen (Harsema 1979, 17; Joachim 1985; Van Heeringen & Koot 2005, 19). Voor het rivierengebied en het noorden van Nederland vormt dat een voor de hand liggende route stroomafwaarts, maar voor het zuiden van Nederland zouden de maalstenen vervolgens via de Maas weer stroomopwaarts vervoerd moeten zijn. Daarmee verliest het argument van een makkelijk transport over water veel van zijn kracht. Voor Zuid-Limburg bestaat echter een alternatief, namelijk de landroute die van Keulen via Maastricht en Tongeren naar het westen loopt, nu bekend als de Via Belgica (Stuart & De Groot 1987). In de Romeinse tijd was dit een veelgebruikte handelsweg, mogelijk ook voor maalstenen (Melkert 2014b, 60). De Romeinen maakten voor hun wegennet echter veel gebruik van bestaande routes (Stuart & De Groot 1987, 7). Al eerder meende Roymans (1991, 50) dat er in de vroege ijzertijd een handelsroute over land moest hebben gelopen vanaf de Midden-Rijnvallei (Keulen en Aken) naar de Beneden-Maas. Volgens Talon (2012, 77) lag het landwegennet zelfs in de bronstijd al in grote lijnen vast.

Gebruik

Maalstenen hebben door de tijd heen zowel een praktische als symbolische waarde gekend. In praktische zin waren ze vooral onontbeerlijk voor het malen van het zelf verbouwde graan. Zodra landbouw zijn intrede doet, wordt dit dan ook weerspiegeld in een toename van maalstenen (Devriendt 2008, 132).

Praktisch gebruik

Gebruik laat sporen na. De grote liggers zullen oorspronkelijk een vrij plat oppervlak hebben gehad. Zwerfkeien werden hierop geselecteerd en ook voor de nog ongebruikte exemplaren in Mayen staat vast dat deze met plat (maal)vlak werden afgewerkt (Hörter 1994, 18). Dit platte vlak werd door het gebruik geleidelijk concaaf uitgeslepen of plat afgeslepen, afhankelijk van de maalbeweging en de gebruikte loperstenen (De Beaune 2004, 148, fig. 12). Omdat zo'n concave uitslijping in een zadelvorm resulteerde, wordt voor prehistorische maalstenen ook wel gesproken van saddle querns. Dat die benaming niet altijd correct is, bewijzen de vele exemplaren met juist zeer plat afgeslepen maalvlakken (zie ook de afbeeldingen). Met staafvormige of ronde loperstenen zou het resultaat nooit zo'n strak maalvlak zijn geweest. In deze gevallen zal een eveneens platte, maar kleinere lopersteen zijn gebruikt met een lengte die gelijk is aan de breedte van de ligger (Afb. 4).

Het verschil in maalvlakken en vorm wijst op het vermalen van verschillende substanties of een gebruik voor verschillende stadia in het maalproces (De Beaune 2004, 146-147). Zo werden bij bandkeramische nederzettingen in Zuid-Limburg twee verschillende typen maalsteenliggers herkend: langwerpige, platte keien met een plat maalvlak en meer vierkante, dikkere stenen met plat tot licht concaaf maalvlak (Knippenberg & Verbaas 2012, 116-117). Uit gebruikssporenanalyse bleek dat de langwerpige keien gebruikt waren voor het malen van graan en de meer vierkante voor het malen van erwten. De bijbehorende loperstenen waren

Afbeelding 4 Het malen van graan op een Napoleonshoed met kleinere, plano-convexe lopersteen, nagemaakt model in het Terra Vulcania museum van de groeve in Mayen (foto auteur).

Figure 4 Grinding corn on a so-called 'Napoleonshoed' with smaller, flat-convex handstone, reproduced model at Terra Vulcania in Mayen (photo by author).

respectievelijk plano-convex met eveneens plat afgeslepen maalvlak en goed in de hand liggende rolstenen. Dit laatste type wordt meestal als wrijfsteen herkend en soms als loper benoemd. Maar ook sommige 'slijpstenen' met zeer glad afgeslepen vlakken blijken vooral met granen in contact te zijn geweest (Verbaas *et al.* 2011, 402). Verder worden bij maalsteenliggers nog andere sporen van gebruik herkend, zoals het regelmatige handcontact (huidvet) of het schuren van de onderkant van de maalsteen over een ondergrond (Verbaas & Van Gijn, 2007, 196). Een verschillende toepassing van maalstenen kan ook worden afgeleid uit de verschillende steensoorten die hiervoor werden geselecteerd (Van Pruissen & Kars 2010).

Symbolisch gebruik

Maalstenen zijn, door alle perioden heen, in uiteenlopende contexten ritueel gedeponeerd. Dat gebeurde bij verschillende soorten rituelen en in heel verschillende vormen, bijvoorbeeld als een solitaire depositie van nog gave exemplaren in natte contexten (Van der Sanden 1998; Van den Broeke 2004, 2) of als verbrande maalsteenfragmenten in paalkuilen, vondstrijke kuilen of bovenop een haard als afscheidsritueel (Van Hoof 2002, 84-87; Van Pruissen 2008, 92; Knippenberg 2009, 119-120; Melkert 2010; 2012b, 177; 2013, 50) Soms zijn ze voorafgaand aan de depositie stukgeslagen (met slagpunt en rechte breukvlakken), soms verbrand (met scheurvorming, blakering en vaak concave breukvlakken), en soms zijn ze juist opnieuw bijgewerkt. Met het belang van de landbouw neemt ook de rituele depositie toe van hieraan gerelateerde voorwerpen (Lidström Holberg 1998; Wentink 2007; Van Gijn 2010, 184). Naast bijlen en wetstenen zijn dit vooral maalstenen. Bij zulke deposities spelen fragmentatie en verbranding vaak een belangrijke rol (Verbaas & Van Gijn 2007, 196-197; Van Gijn 2010, 171-172). Dat er verschillen zijn in de mate van verbranding en fragmentatie of in de locatie van de depositie is wel duidelijk, maar de informatie hierover is nog zeer fragmentarisch (Gerritsen 2001; Van Beek 2009).

Een tweede leven: de opgraving

De biografie van maalstenen zou zonder opgravingen niet geschreven kunnen worden. Helaas gaat de aandacht nog (te) veel uit naar complete, goed herkenbare artefacten en worden onbewerkte, maar aantoonbaar wel gebruikte stenen als weinig informatief beschouwd. Een sprekend voorbeeld daarvan zijn (verbrande) brokken vesiculaire lava, want ook zonder bewerkingssporen blijkt alleen al uit de steensoort dat het hier om een geïmporteerde maalsteen gaat. Wellicht nog belangrijker is dat die brokken meer licht kunnen werpen op het eerste voorkomen van deze importproducten in de betreffende regio. Vesiculaire lava, wel of niet herkenbaar als maalsteen, zou daarom altijd met context en datering vermeld moeten worden.

Conclusies: knelpunten, witte vlekken, blinde vlekken

In deze bijdrage zijn een aantal aspecten van maalstenen naar voren gebracht waar we nog weinig zicht op hebben, zoals de verschillende toepassingen, de typologische ontwikkeling en het belang van import. Zowel vorm en gebruikssporen als de verschillende steensoorten kunnen hier meer informatie over verschaffen. Het belang van zowel de praktische als symbolische waarde van maalstenen is groot. Een toename van deze artefacten bij het natuursteen vormt bovendien een indicator voor landbouw als bestaansmiddel.

Er komen steeds meer aanwijzingen dat maalstenen al in een vroeg stadium objecten van uitwisseling waren en dat, mogelijk al vanaf het neolithicum, ook voor maalstenen 'van het type zwerfkei' een ruilhandelsnetwerk bestond. De aanwezigheid van granieten maalstenen buiten de stuwwallen en die van conglomeraat en zandsteen buiten Limburg verdient dan ook meer aandacht.

Ook voor maalstenen van vesiculaire lava liggen nog veel vragen open. De typochronologie uit Mayen zou een belangrijke bijdrage kunnen leveren aan een relatieve datering van contexten, vooropgesteld dat de typologische ontwikkeling in Nederland hiermee overeenkomt. Dertig jaar na het eerste overzicht van Van Heeringen (1985) is dit nog altijd niet duidelijk. Hoewel Napoleonshoeden ook in Nederland al vanaf het begin van de midden-ijzertijd voorkomen (Van den Broeke 1987, 39), is het de vraag in hoeverre de bootvormige voorgangers wel of niet herkend zijn. Een andere mogelijkheid is dat niet alle maalstenen uit Mayen afkomstig zijn. Bootvormige typen, bijvoorbeeld, werden ook in groeven in de West-Eifel geproduceerd (Hörter 1994, 19). Een goede beschrijving (breedte ten opzichte van hoogte, concave of convexe zijkanten, beitelsporen) is daarom essentieel, terwijl aanvullend petrografisch onderzoek mogelijk naar andere groeven dan die bij Mayen kan leiden.

Een belangrijk punt lijkt het onderscheid tussen (het eerste voorkomen van) maalstenen van vesiculaire lava ten noorden en ten zuiden van de rivieren. Het noorden (plus kustgebied) is vanuit het Rijnland aanzienlijk beter bereikbaar en juist daar komen al meldingen van vesiculaire lava uit de midden-bronstijd vandaan. Voor het zuiden bestaat de mogelijkheid dat maalstenen via een landroute naar Nederland zijn gekomen – goed gedateerde eerste voorkomens van vesiculaire lava (ook als brokken) zijn hiervoor van belang. Bij gebruik van een landroute valt een verjonging van zuid naar noord te verwachten.

Dankwoord

Met dank aan E. Drenth (ArcheoMedia) en B. Van der Veken (ADC ArcheoProjecten) voor stimulerende discussies, en met veel dank aan de reviewers van deze tekst.

Abstract

The concept of a biography of querns and grinding stones may be interpreted in two ways: as the evolution of these artefacts as a whole, their dimensions and how they were looked upon and being used through time, or as the life story of a single tool, from boulder or rock in the quarry, via shaping, transport and use until deposition. Although many of these aspects still hold questions, they also give insights in exchange as early as the Neolithic, and in the importance of grinding stones and querns for practical and symbolic use.

Literatuur

Beaune, S.A. de 2004. The invention of technology. Prehistory and cognition. *Current Anthropology* 45, 139-162.

Beek, R. van 2009. *Reliëf in tijd en ruimte. Interdisciplinair onderzoek naar bewoning en landschap van Oost-Nederland tussen vroege prehistorie en middeleeuwen.* Wageningen: Wageningen Universiteit (proefschrift).

Broeke, P.W. van den 1987. De dateringsmiddelen voor de IJzertijd van Zuid-Nederland, in: Sanden, W.A.B. van der en Broeke, P.W van den (red.), *Getekend zand. Tien jaar archeologisch onderzoek in Oss-Ussen.* Bijdragen tot de studie van het Brabantse Heem 31. Waalre: Stichting Brabants Heem/Gemeente Oss, 23-43.

Broeke, P.W. van den 2004. *Rituelen in de Waalsprong.* Ulpia Noviomagus 9. Nijmegen: Gemeente Nijmegen.

Crawford, O.G.S. en Röder, J. 1955. The Quern Quarries of Mayen in the Eifel. *Antiquity* 29, 68-76.

Devriendt, I. 2008. Becoming Neolithic. The Mesolithic-Neolithic transition and its impact on the flint and stone industry at Swifterbant (the Netherlands). *Documenta Praehistorica* XXXV, 131-141.

Drenth, E. en Huisman, H. 2015. Werden granieten maalstenen ten tijde van de Hilversum-cultuur uitgewisseld? (Nederland). *Lunula. Archaeologia protohistorica* XXIII, 2015, 41-43.

Fermin, H.A.C. 2008. Tefriet, in: Bouwmeester, H.M.P., Fermin, H.A.C. en Groothedde, M. (red.), *Geschapen land. Tienduizend jaar bewoning en ontwikkeling van het cultuurlandschap op de Looërenk te Zutphen.* Archeologisch onderzoek. BAAC Rapport 00.068. 's Hertogenbosch: BAAC bv, 68-71.

Gerritsen, F. 2001. *Local Identities. Landscape and community in the late prehistoric Meuse-Demer-Scheldt region.* Amsterdam: Vrije Universiteit (proefschrift).

Gijn, A. L. van 2010. *Flint in Focus. Lithic Biographies in the Neolithic and Bronze Age.* Leiden: Sidestone Press.

Harsema, O.H. 1979. *Maalstenen en handmolens in Drenthe van het Neolithicum tot ca. 1300 A.D.* Museumfond publicatie 5. Assen: Provinciaal Museum van Drenthe.

Heeringen, R.M. van 1985. Typology, Zeitstellung und Verbreitung der in die Niederlande importierten vorgeschichtlichen Mahlsteine aus Tephrit. *Archäologisches Korrespondenzblatt* 15, 371-383.

Heeringen, R. van en Koot, C. 2005. *De Late prehistorie in West-Nederland*, Nationale Onderzoeksagenda Archeologie, hoofdstuk 14.

Hoof, L.G.L. van 2002. 'En zij begroeven zich een huis'. Structuur en levensloop van een ijzertijderf in de Zuid-Limburgse lösszone, in: Fokkens, H. en Jansen, R. (red.), *2000 jaar bewoningsdynamiek – Brons- en IJzertijdbewoning in het Maas-Demer-Scheldegebied.* Leiden: Maaskantproject, 73-93.

Hörter, F. 1994. *Getreidereiben und Mühlsteine aus der Eifel. Ein Beitrag zur Steinbruch und Mühlengeschichte.* Mayen: Geschichts- und Altertumsverrein für Mayen und Umgebung.

Hörter, F., Michels, F.X. en Röder, J. 1951. Die Geschichte der Basaltlava-Industrie von Mayen und Niedermendig, I : Vor- und Frühgeschichte, *Jahrbuch* für Geschichte und Kultur des Mittelrheins und seiner Nachbargebiete 2-3, 1-32.

Holtmeyer-Wild, V. 2000. *Vorgeschichtliche Reibsteine aus der Umgebung von Mayen. Reibsteine aus basaltlava.* Vulkanpark- Forschungen 3. Mainz: Verlag des Römisch-Germanischen Zentralmuseum.

Houkes, R.A. 2011. Natuursteen, in: Roessingh, W. en Lohof, E. (red.), *Bronstijdboeren op de kwelders. Archeologisch onderzoek in Enkhuizen-Kadijken.* ADC Rapport 2200. Amersfoort: ADC ArcheoProjecten, 223-232.

Houkes, R.A. 2012. Lithisch materiaal, in: Stokkel, P.J.A., *Strijden met en tegen de elementen – Wijndaelerplantsoen in Den Haag. Boerennederzettingen uit de midden bronstijd en de ijzertijd in het duingebied.* Haagse Oudheidkundige Publicaties 15. Den Haag: Gemeente Den Haag, 103-127.

Houkes, R.A. 2013. Vuursteen en Natuursteen, in: Bulten, E.E.B. en Boonstra, Y.M. (red.), *Bronovo, een Hilversumvindplaats aan zee. Gemeente Den Haag. Bronstijd- en ijzertijdbewoning in de Haagse duinen.* Haagse Oudheidkundige Publicaties 16. Den Haag: Gemeente Den Haag, 82-111.

Joachim, H.E. 1985. Zur Eisenzeitlichen Reibsteinen aus Basaltlava, den sogenannten Napoleonshütten. *Archäologisches Korrespondenzblatt* 15, 359-369.

Kars, E.A.K. 2002. Natuursteen, in: Bulten, E.E.B., Heijden, F.J.G. van der en Hamburg, T. (red.), *Prehistorische visweren en fuiken bij Emmeloord.* ADC Rapport 140. Bunschoten: ADC ArcheoProjecten, 96-103.

Knippenberg, S. 2009. Vuursteen en natuursteen. in: Leeuwe, R. de (red.), *Prehistorie tussen de loopgraven. Nederzettingssporen en vondstcomplexen in Bennekom-Streekziekenhuis uit de midden-bronstijd tot de midden-ijzertijd, ca. 1500 tot 500 v.Chr.* Archol rapport 81. Leiden: Archol bv, 99-132.

Knippenberg, S. en Verbaas, A. 2012. Steen, in: Wijk I.M. van, Meurkens, L. en Porreij-Lyklema, A. (red.), *Opgraven langs de Rijksweg A2 te Stein-Heidekampweg, Stein-Steinerbos en Geleen-Chemelot. Een archeologisch onderzoek naar een bandkeramische nederzetting en erven uit de (late) ijzertijd.* Archol Rapport 150. Leiden: Archol bv, 103-125.

Lidström Holberg, C. 1998. Prehistoric Grinding Tools as Metaphoric Traces of the Past. *Current Swedish Archaeology* 6, 123-142.

Mangartz, F. 2008. *Römischer Basaltlava-Abbau zwischen Eifel und Rhein.* Vulkanpark-Forschungen 7. Mainz: Verlag des Römisch-Germanischen Zentralmuseums.

Melkert, M.J.A. 2010. Natuursteen, in: Benthem, A. van (red.), *Prehistorische bewoning aan de Ruurloseweg te Vorden.* ADC Rapport 2031. Amersfoort: ADC ArcheoProjecten, 35-36.

Melkert, M.J.A. 2011a. Natuursteen, in: Eijskout, Y., Brinkkemper, O. en Ridder, T. de (red.), *Vlaardingen-De Vergulde Hand -West.* Rapportage Archeologische Monumentenzorg 200. Amersfoort: Rijksdienst voor het Cultureel Erfgoed, 433-450.

Melkert, M.J.A. 2011b. Natuursteen, in: Veken, B. Van der en Prangsma, N.M. (red.), *Wonen en begraven in Didam-Kerkwijk, gemeente Montferland: Een archeologische opgraving.* ADC Rapport 1942. Amersfoort: ADC ArcheoProjecten, 141 – 167.

Melkert, M.J.A. 2012a. Natuursteen van de Eversberg en De groene Mal: geïmporteerde, bruine vulkaniet?, in: Gerrets, D.A., Opbroek, M. en Williams, G.L. (red.), *Onvoltooid Verleden. Sporen van meer dan 10.000 jaar menselijke activiteiten langs de Regge bij Nijverdal.* ADC Monografie 13. Amersfoort: ADC ArcheoProjecten, 195-245.

Melkert, M.J.A. 2012b. Natuursteen uit ijzertijdkuilen, in: Gerrets, D.A. en Williams, G.L. (red.), *Water en vuur, Lomm Hoogwatergeul fase III.* ADC Rapport 2703. Amersfoort: ADC ArcheoProjecten, 163-187.

Melkert, M.J.A. 2013. Natuursteen, in: Hazen, P.L.M. (red.), *Prehistorische bewoning langs een zandsteenontginning.* VEC Rapport 1. Leuven: Vlaams Erfgoed Centrum, 49-51.

Melkert, M.J.A. 2014a. Natuursteen, in: Bouma, N., Rooij, J. van en Müller, A (red.). *Hoogwatergeul Veessen-Wapenveld, gemeenten Heerde en Olst-Wijhe. Een Inventariserend Veldonderzoek in de vorm van een (aanvullend) karterend booronderzoek en proefsleuven.* ADC Rapport 3753. Amersfoort: ADC ArcheoProjecten, 61-66.

Melkert, M.J.A. 2014b. Natuursteen en vloerfragmenten, in: Veldman, H.A.P. (red.), *Langs de Romeinse weg in Rimburg. Een noodopgraving uit 1970.* ADC Rapport 3713. Amersfoort: ADC ArcheoProjecten, 51-63.

Moree, J.M., Bakels, C.C., Bloo, S.B.C. *et al.* 2011. Barendrecht-Carnelisselande: bewoning van een oeverwal vanaf het Laat-Neolithicum tot in de Midden-Bronstijd. *Boorbalans 7*, 15-154.

Oesterwind, B.C. 2000. Mayen – Zentrum der Mühlsteinherstellung in der Römerzeit, in: *Steinbruch und Bergwerk. Denkmäler Römischer Technikgeschichte zwischen Eifel und Rhein.* Vulkanpark-Forschungen Band 2. Mainz: Verlag des Römisch-Germanischen Zentralmuseums, 33-57.

Pruissen, C. van 2008. Natuursteen en keramisch bouwmateriaal, in: Prangsma, N.M. (red.), *Lomm Hoogwatergeul Fase I (Arcen en Velden).* ADC Rapport 1344. Amersfoort: ADC ArcheoProjecten, 90-95.

Pruissen, C. van 2009. Natuursteen, in: Lohof, E. en Wyns, S. (red.), *Beek-Kerkeveld, de periferie van een Bandkeramische nederzetting.* ADC Rapport 1292. Amersfoort: ADC ArcheoProjecten, 68 – 92.

Pruissen, C. van en Kars, E.A.K. 2010. Natuursteen. In: Veldman, H.A.P. en Blom, E. (red.), *Onder de zoden van Zaltbommel. Een rurale nederzetting en een grafveld uit de Romeinse tijd in het plangebied De Wildeman.* ADC Monografie 8. Amersfoort: ADC ArcheoProjecten, 159 – 170.

Roymans, N. 1991. Late Urnfield Societies in the Northwest European Plain and the expanding networks of Central European Hallstatt Groups, in: Roymans, N. en Theuws, F. (red.), *Images of the past. Studies on ancient societies in Northwestern Europe*. Studies in Pre- en Protohistorie 7. Amsterdam: Universiteit van Amsterdam, 9-89.

Sanden, W.A.B. van der 1998. Zware gaven – maalstenen uit natte context in Drenthe. *Nieuwe Drentse Volksalmanak* 115, 107-130.

Stuart, P. en Grooth, M.E.Th. de (red.), 1987. *Langs de weg: de Romeinse weg van Boulogne-sur-Mer naar Keulen, verkeersader voor industrie en handel.* Heerlen: Thermenmuseum / Maastricht: Bonnefantenmuseum.

Talon, M. 2012. Uitwisselingen in het gebied Kanaal en Noordzee, in: Lehoërff, A. (red.), *Voorbij de horizon. Samenlevingen in Kanaal en Noordzee 3500 jaar geleden. Catalogus van de tentoonstelling van het project Interreg IVa 2 Mers Seas Zeeën 'Boat 1550 BC'.* Parijs: Somogy Art Publishers, 74-81.

Verbaas, A. en Gijn, A. van 2007. Querns and other hard stone tools, in: Velde, P. van de (red.), *Excavations at Geleen-Janskamperveld 1990/1991,* Leiden, (=*Analecta Praehistorica Leidensia* 39), 191-204.

Verbaas, A., Gijn, A.L. van, Knippenberg, S. en Woerdekom, P.C. van 2011. Natuursteen, in: Lohof, E. Hamburg, T. en Flamman, J (red.). *Steentijd opgespoord. Archeologisch onderzoek in het tracé van de Hanzelijn-Oude Land.* Archol Rapport 138/ADC Rapport 2576. Leiden: Archol bv / Amersfoort: ADC ArcheoProjecten, 395-422.

Weiner, J. en Schalich, J. 2006. On Potential Bandkeramik Millstone Quarries In The Rhineland, in: Körlin, G. en Weisgerber G (red.). *Stone Age – Mining Age.* (Der Anschnitt, Beiheft 19), 202-212.

Wentink, K. 2007. Neolithische bijldeposities in Noord-Nederland. *Nieuwe Drentse Volksalmanak* 124, 113-129.

Het verlatingsritueel

Een poging tot reconstructie

Peter van den Broeke

Trefwoorden: verlatingsritueel, verlatingsdepot, aardewerk, ijzertijd

Keywords: abandonment ritual, closing deposit, pottery, Iron Age

Verlatingsrituelen met tussenkomst van vuur zijn in Nederland al minstens vanaf de late bronstijd aanwijsbaar (Van den Broeke 2002, 52). Het zwaartepunt ligt in de ijzertijd, maar omdat deze traditie tot in de Romeinse tijd te volgen is, wordt de grens met die periode in deze bijdrage bewust overschreden. Ook de geografische aanduiding mag niet te strikt genomen worden, nu ook duidelijke voorbeelden aanwijsbaar zijn in België en westelijk Westfalen (D) (bijvoorbeeld Van de Staey 2012 en Gaffrey 2014). Met de kennis die in de afgelopen jaren is verkregen, wordt de variatie in de uitvoering van dit ritueel overzien, en een aanzet gegeven om de praktijken wat specifieker te kunnen reconstrueren.

De archeologische aanwijzingen

Toen ruim een decennium geleden de eerste beschouwingen over laat-prehistorische verlatingsrituelen in het Nederrijnse gebied verschenen (Gerritsen 2001, 106-113; Van den Broeke 2002) waren de voorbeelden hiervan beperkt in aantal. Dat gold zeker voor de onbetwistbare gevallen, namelijk die waarbij een directe relatie met het afbreken van een constructie kon worden aangetoond, door de vondst van depots met secundair verhit aardewerk en/of leem in paalkuilen waaruit de paal verwijderd was. Door de auteur zijn toen enkele criteria gesteld om ervan verzekerd te zijn dat het hier het resultaat van een opzettelijke handeling bij het opgeven van een constructie betreft, en daarmee uit te sluiten dat we te maken hebben met bijvoorbeeld het eindresultaat van een formatieproces. Brand in een huis of voorraadschuur kon immers eindigen met een verbrande inventaris, die na het wegrotten van de onverbrande paalstompen gedeeltelijk terechtkwam in paalkuilen. Bovendien kon een soortgelijke situatie ontstaan wanneer na een dergelijke brand het resterende constructiehout werd verwijderd en de paalkuilen werden dichtgeschoven met de brandresten, om aldus opnieuw op het erf te kunnen bouwen. In totaal zijn vijf criteria geformuleerd waaraan een depot diende te voldoen om te worden toegeschreven aan een verlatingsritueel waarbij vuur in het spel was (Van den Broeke 2002, 54):

1. de min of meer volledige opvulling van (het paalgatgedeelte van) de paalkuil;
2. een beperking tot één of twee sporen per constructie;
3. een dominantie van secundair gebrand aardewerk en/of gebrande leem onder het vondstmateriaal;
4. de aanwezigheid van forse delen van een of meer grote objecten, zoals potten;
5. een gering aandeel van houtskool.

Criteria onder de loep

Nu het aantal bekende depots van deze aard intussen minstens verdubbeld is, worden bovengenoemde criteria hierna nog eens kritisch beschouwd.

Ad 1. Een min of meer volledige opvulling van een paalkuil vormt een redelijke garantie dat het vondstmateriaal, of althans de meerderheid ervan, daar pas ingekomen is na verwijdering van de paal. Toch mag dit niet als een cruciale voorwaarde worden beschouwd, zoals het volgende voorbeeld uit een bijna vondstloze paalkuil suggereert. Deze behoort tot een groot tweebeukig gebouw van de vindplaats Elst-Vierslag, daterend uit de vroege ijzertijd (Afb. 1). Gezien de afmetingen van de constructie (15,2 x 5,4 m) en de aanwezigheid van belendende spiekers mag het vrijwel zeker als een hoofdgebouw worden beschouwd, overigens van een zeer zuidelijk aandoend type (vergelijk Van Hoof 2007, fig. 16/10). De site als geheel bleek zeer arm aan vondstmateriaal, met als hoofdcomponent 78 laat-prehistorische scherven van maximaal 42 potten, waarvan 11 uit de grondsporen van het grote gebouw (Ball 2013). Opvallend is de veruit grootste scherf. Het is een

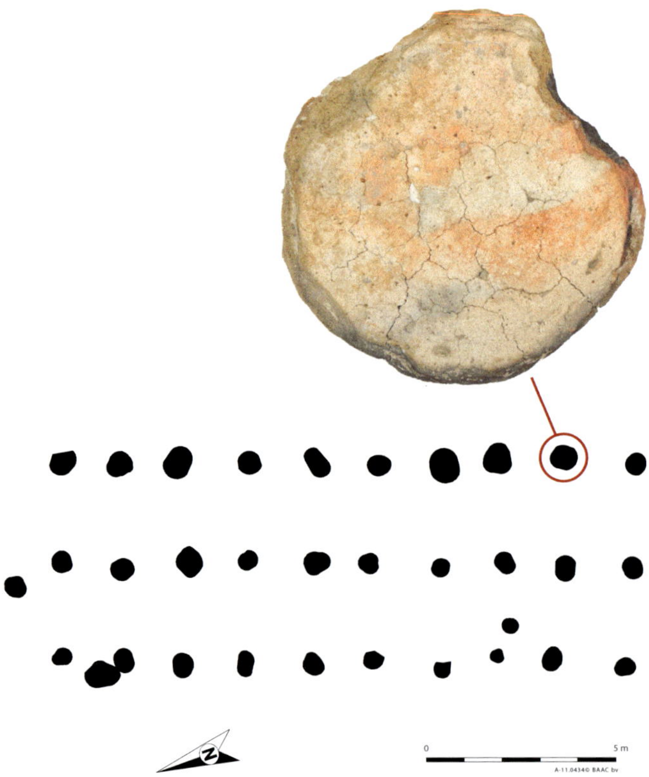

Afbeelding 1 Gebouwplattegrond uit de vroege ijzertijd te Elst-Vierslag met bodemscherf (doorsnede 14 cm) uit paalkuil. Gebouw schaal 1:200 (naar: Veenstra 2013).

Figure 1 Early Iron Age building from Elst-Vierslag with base sherd (diameter 14 cm) from postpipe. Building scale 1:200 (after: Veenstra 2013).

secundair verhitte bodemschijf met een doorsnede van 14 cm, kennelijk afkomstig van een forse pot. Dit potfragment is als (bewust bijgewerkte?) schijf in het vuur terechtgekomen, gezien de verhittingssporen op de breuk. Wellicht riep hij bij de toenmalige bewoners door zijn kleur en vorm een associatie met zon of maan op. Deze scherf werd onder in een paalkuil van de grote structuur gevonden. Ook gezien de barstjes in de scherf is het onwaarschijnlijk dat hier bovenop een paal heeft kunnen staan zonder dat de schijf in stukken brak. Dit wijst op een intentionele depositie achteraf.

Een soortgelijk en zelfs nog overtuigender voorbeeld betreft een vondst uit een spiekerplattegrond in Hijken-Hijkerveld, daterend uit de ijzertijd. In een van de paalkuilen stond hoog in de vulling een groot deel van een kommetje met secundaire brandsporen (Arnoldussen & De Vries 2013/2014, 99).[1] Gezien de positie van het aardewerk kon op het moment van depositie geen paal meer aanwezig geweest zijn. Van datzelfde kommetje lag in een andere paalkuil van dezelfde structuur een forse passende scherf met andere verhittingskenmerken. Blijkbaar was het kommetje al gebroken ten tijde van de herverhitting. Hier is duidelijk geen bouwoffer aan de orde, maar een verlatingsritueel met een bescheiden materiële expressie.

Ad 2. De beperking van de depositie tot één of twee (volle) paalkuilen per gebouw is wel een duidelijke extra indicatie van het intentionele karakter. Dit kenmerk was min of meer standaard bij de duidelijke gevallen van verlatingsdeposities die ruim een decennium geleden bekend waren (Van den Broeke 2002). Na de publicatie van onderzoek in het Limburgse Ittervoort-Santfort kon dit criterium echter niet meer standhouden. Van een achtpalig bijgebouwtje uit de vroege ijzertijd bleek een hele rij van vier paalsporen volgestapeld te zijn met voornamelijk grote fragmenten van secundair gebrand aardewerk, waarbij delen van sommige potten over meer dan één paalkuil verspreid waren. Daarnaast figureerde alleen nog een noemenswaardige component gebroken steenmateriaal, inclusief enig vuursteen (Drenth, Heijmans & Keijers [2007], structuur 2).

In een overeenkomstig gebouwtje uit dezelfde periode in het gebied van de Waalsprong (Nijmegen-Noord) is het materiaal eveneens in meer dan twee paalsporen gedeponeerd, in dit geval een meerderheid van secundair verhit – inclusief schuimig en blazig geworden – aardewerk in combinatie met een aanzienlijke hoeveelheid zachtgebakken leem zonder afdrukken (Afb. 2).[2] Vermeldenswaard is dat de scherven in spoor 20 zorgvuldig gestapeld leken en dat zich onder in spoor 18 slechts een enkel groot potfragment bevond (Afb. 3). Het aardewerkspectrum is divers van samenstelling (Afb. 4), zoals gebruikelijk bij materiaalrijke depots van deze aard uit de vroege ijzertijd. Daarin zijn zowel kleine potten als vermoede kookpotten en voorraadpotten vertegenwoordigd. Schalen zijn zeldzamer, zeker in vergelijking met de frequentie waarmee deze voorkomen in de gewone nederzettingscomplexen van die tijd. De lobbenschaal of parasolschaal van Ittervoort-Santfort (Drenth, Heijmans & Keijers [2007], afb. 33) is morfologisch weliswaar een schaal, maar

1 Tevens vondstdocumentatie, verkregen van de auteurs, waarvoor dank.

2 Hierbij moet aangetekend worden dat de sporen 32 en 39 in recente tijd afgetopt zijn en dus meer materiaal bevat kunnen hebben. Zie Van den Broeke & Tunker 2013 voor deze site.

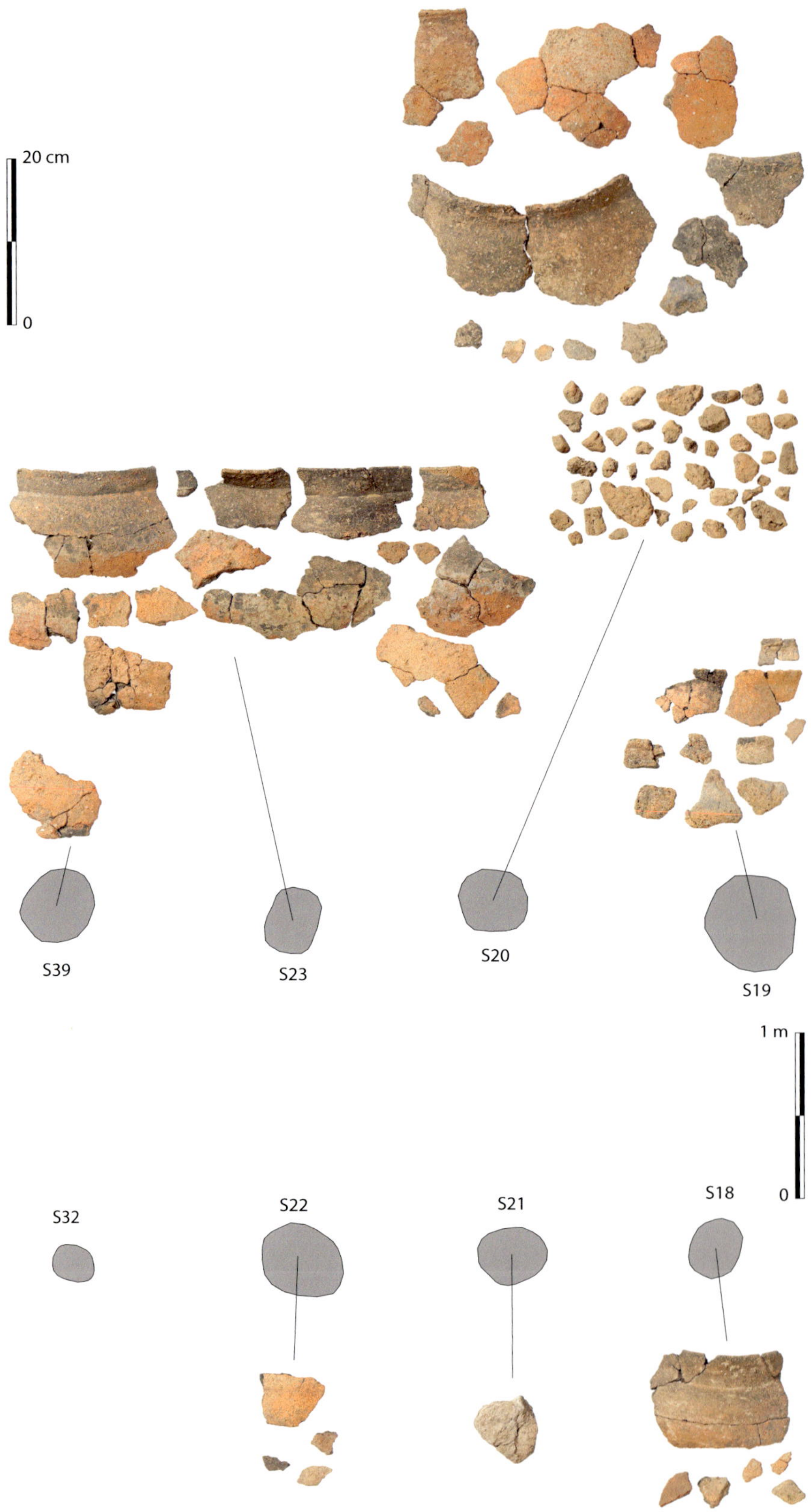
20 cm
0
S39
S23
S20
S19
1 m
0
S32
S22
S21
S18

Afbeelding 2 (vorige pagina) De keramische vondsten van een bijgebouw uit de vroege ijzertijd te Lent-Laauwik (uit: Van den Broeke & Tunker 2013).

Figure 2 (previous page) The ceramics from an Early Iron Age outbuilding at Lent-Laauwik (from: Van den Broeke & Tunker 2013).

Afbeelding 3 Coupe over spoor 20 (links) en spoor 18 (rechts) van bijgebouw te Lent-Laauwik (uit: Van den Broeke & Tunker 2013).

Figure 3 Section through feature 20 (left) and feature 18 (right) from outbuilding at Lent-Laauwik (from: Van den Broeke & Tunker 2013).

kan – gezien de zeldzaamheid van dit type en vanwege de vrijwel altijd aanwezige wandversiering – niet tot de gewone huisinventaris worden gerekend.

Ad 3. De dominantie van verbrand materiaal is een gebruikelijk kenmerk van depots in paalkuilen, al kan men in geval van de voornoemde individuele stukken in een paalkuil bezwaarlijk spreken van 'dominantie'. Overigens is ook de aanduiding 'verbrand' niet altijd toepasselijk, omdat het keramische materiaal gewoonlijk in open vuur alleen een kleurverandering heeft ondergaan, dus feitelijk opnieuw gebakken is (secundair gebrand). Maar omdat daarnaast herhaaldelijk ook werkelijk verbrande ('gepofte' of gesinterde) stukken aardewerk voorkomen, wordt hier gemakshalve de term 'verbrand' gebruikt.

Ad 4. Het criterium dat onder meer grote delen van objecten – of uiteraard ook complete objecten – in het spel moeten zijn, is niet dwingend, maar vooral van aanvullend belang. In het geval van de eerdergenoemde vondst van Elst-Vierslag zou de mogelijkheid van bewuste depositie niet geopperd zijn als het slechts een klein verbrand fragment betrof in plaats van een grote bodemscherf, die tevens de grootste vondst van de hele opgraving vormde.

Ad 5. Een gering aandeel van houtskool blijft een belangrijk criterium, omdat het – in combinatie met verbrand aardewerk of leem – aangeeft dat de uit het vuur afkomstige mobilia van elders zijn aangevoerd, en niet als restant van een

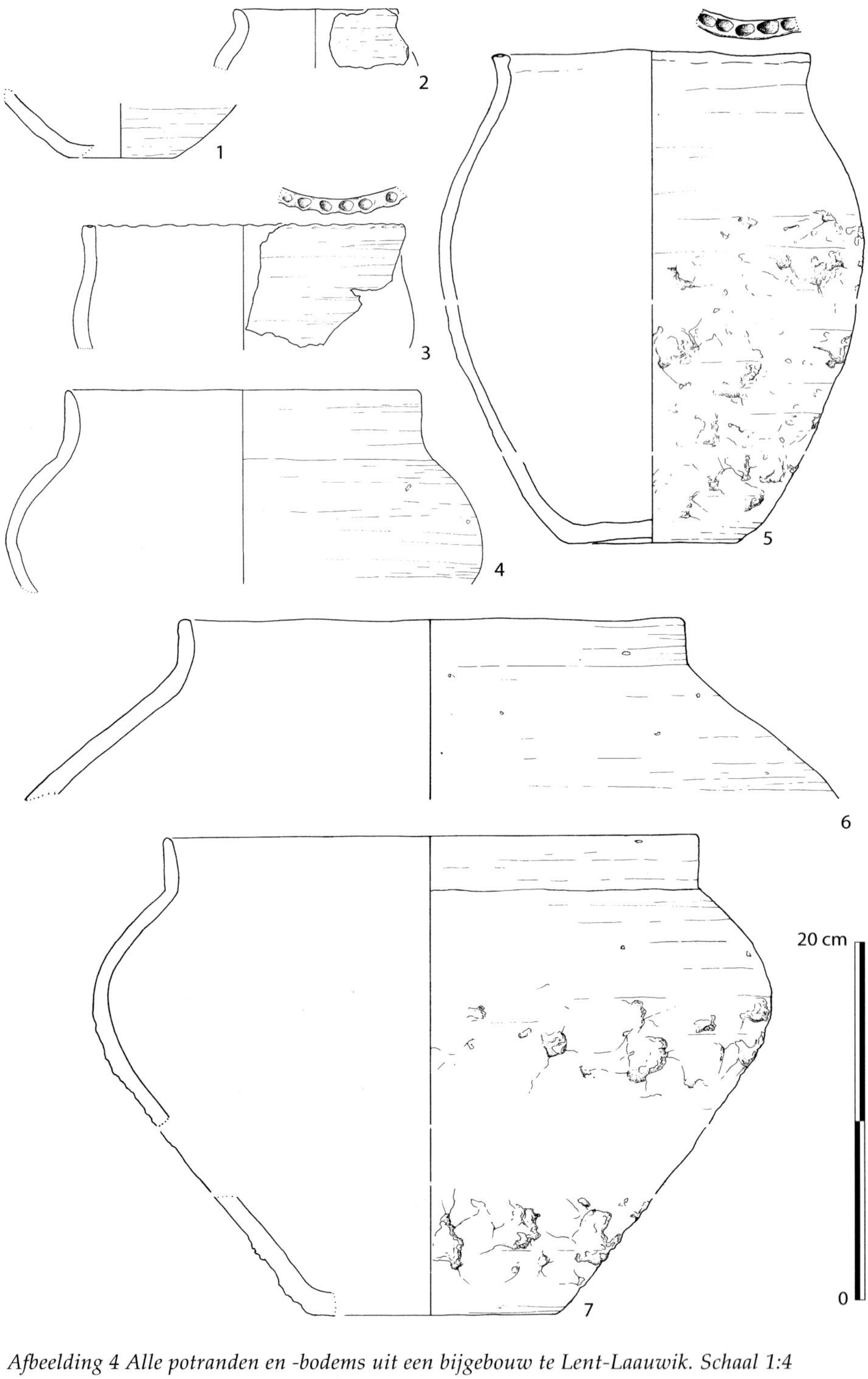

Afbeelding 4 Alle potranden en -bodems uit een bijgebouw te Lent-Laauwik. Schaal 1:4 (uit: Van den Broeke & Tunker 2013).

Figure 4 All rim and base sherds from an outbuilding at Lent-Laauwik. Scale 1:4 (from: Van den Broeke & Tunker 2013).

brand ter plaatse zijn achtergebleven. Hoewel houtskoolarmoede een kenmerk is van de duidelijkste voorbeelden van verlatingsrituelen, kan dit criterium toch niet als een voorwaarde worden beschouwd. Ook andere aanwijzingen kunnen het intentionele, rituele karakter bevestigen, zoals de zorgvuldigheid die af en toe betracht blijkt, wanneer gestapelde scherven in een paalkuil worden aangetroffen.

De conclusie uit de voorgaande beschouwing is dat er in feite al van een verlatingsdepot gesproken kan worden als de vondstsituatie aangeeft dat geen paal meer aanwezig was toen er in een of meer paalkuilen materiaal van bijzondere aard werd gedeponeerd. Elk van de bovenstaande genoemde kenmerken kan daarbij iets toevoegen aan de argumentatie. Maar hoewel hier specifiek de aandacht gericht is op materiaal dat door vuur is aangetast, is zelfs dát geen voorwaarde, zoals hierna nog betoogd zal worden.

Een depot in een of meer paalkuilen van een bijgebouw – al dan niet op het erf gelegen – is feitelijk nog geen bewijs van het opgeven van een woonplaats, aangezien een bijgebouw doorgaans een kortere levensduur gehad zal hebben dan een hoofdgebouw. Een depot in een of meer paalkuilen van een hoofdgebouw kan uiteraard eerder als een indicatie van de opgave van een onderkomen of woonplaats beschouwd worden. Zo is een volgestouwde middenstaanderkuil met vermoedelijk restanten van een haardkraag of haardkom, aangetroffen in een boerderij uit de 4e-3e eeuw v.Chr. in Nijmegen-Noord (Van den Broeke 2002, 49-51) veelzeggender dan de eerdergenoemde voorbeelden uit spiekerplattegronden.

Gezien de aard van het vondstmateriaal is het bepaald niet zeker dat we te maken hebben met verlatings*offers*, waarbij een hogere macht in het spel is. Om die reden wordt hier de neutrale term verlatings*depot* gebruikt, al worden daarbij wel rituele handelingen verondersteld (vgl. Van den Broeke 2002, 57).

Verwante vondstsituaties

Mogen we complexen met verhittingssporen zoals hierboven vermeld, maar *niet* afkomstig uit de paalkuilen van constructies, eveneens beschouwen als de restanten van verlatingsrituelen? Daarover worden hierna enkele gedachten geformuleerd voor drie verschillende contexten: (paal)kuilen, huisplaatsen en crematiegraven.

Paalkuilen en kuilen

Herhaaldelijk worden geïsoleerde grondsporen van het formaat paalkuil ontdekt met een inhoud die overeenkomt met die uit de bovengenoemde constructiesporen. Een treffend voorbeeld naast al langer bekende gevallen (zie bv. Van den Broeke 2002, 55) is een grondspoor in Nijmegen-Noord met een soortgelijke samenstelling als S20 uit het bijgebouw van afbeelding 2. Deze ogenschijnlijke paalkuil bevatte 7,3 kg aardewerk en brokken zachtgebakken leem (Van den Broeke 2014b, 33-34). Maar hoewel losse paalkuilen de meest weerbarstige grondspoorcategorie vormen, mogen we bepaald niet uitsluiten dat het daarbij wel eens om eenpalige structuren gaat, zoals de kennelijke hooioppers die al op de zuil van Trajanus in Rome zijn afgebeeld en de nog steeds gangbare hooimijten met een rond dakje (eenroeders) die vooral in Oost-Nederland bekend zijn.[3] Dit spoor lag nabij een rij van drie paalkuilen, het meest voorkomende structuurtype uit de (late bronstijd en) vroege ijzertijd in Nijmegen-Noord. Daarbij betreft het mogelijk droogrekken.[4]

In het geval van grotere kuilen op nederzettingsterreinen gaat het soms om inventarissen met tientallen kilo's verhit materiaal, inclusief een of meer weefgewichten, spinklosjes en/of maalstenen. Voorbeelden daarvan zijn vooral uit de vroege en midden-ijzertijd bekend,[5] maar jongere voorbeelden ontbreken evenmin.[6] Zulke depots worden eveneens vaak als verlatingsdepots bestempeld, maar van die interpretatie kunnen we bepaald niet zeker zijn. Er is weinig verbeelding voor nodig om alternatieve interpretaties aan te dragen. Wie zou de hypothese kunnen verwerpen dat een huisinventaris het vuur in ging bij een zonsverduistering, om daarmee de zon weer op gang te helpen? Dat is natuurlijk wel minder waarschijnlijk in de gevallen waarbij binnenshuis kuilen zijn gegraven en gevuld op plekken die duidelijk maken dat dragende constructiedelen verwijderd zijn, zoals in Riethoven en Someren (resp. Slofstra 1991 en Kortlang 1999, 173-176). Maar het is evenmin uit te sluiten dat het hier de restanten van grootschalige festiviteiten of rituelen van andere aard dan verlatingsceremonies betreft, zoals herdenkingsbijeenkomsten voor de voorouders, zeker wanneer het teruggevonden verbrande materiaal de inventaris van een huishouden ver te boven gaat (Gerritsen 2001, 109-112).[7] Wat dat betreft voldoen de rijkelijk met verbrand materiaal gevulde kuilen direct buiten de wand van zes huizen en twee bijgebouwen uit de vroege en midden-ijzertijd bij Hijken beter aan de verwachtingen, met name omdat ook een enkel passend potfragment in een paalkuil van het naastgelegen huis is aangetroffen (Arnoldussen & De Vries 2013/2014, 95-99).

Het voert dus te ver om alle nederzettingskuilen met een grotendeels verbrande inventaris toe te schrijven aan verlatingsrituelen. Per geval moet men zich afvragen of er ook andere verklaringen denkbaar zijn, al dan niet in de rituele sfeer. Of anders gesteld: hoe vaak heeft men de overblijfselen van een in brand geraakte boerderij opgeruimd? Er zijn weinig bewijzen van brand in ijzertijdhuizen (vgl. Gerritsen 2001, 109), maar het is de vraag hoe vaak boerderijen – waarvan de wanden met leem bestreken waren – tot aan de grond afbrandden[8] en ook op de pleistocene, geploegde zandgronden archeologisch als zodanig herkenbaar bleven. Dit laatste zou met name moeten berusten op de aanwezigheid van verkoolde paalstompen of forse hoeveelheden houtskool in het paalspoor.

---

3 Zie met name http://www.hooiberg.info/?page=hooibergtypen.

4 Het is overigens niet geheel uit te sluiten dat het grondspoor met depot toch onderdeel uitmaakte van een grotere structuur.

5 Vgl. Gerritsen 2001, tabel 3.14. Daarin figureren overigens ook paalkuilvondsten uit de hierboven behandelde serie, evenals kuilinhouden zonder veel verhittingssporen, zoals die uit Geleen (-Haesselderveld). Zie voor enkele andere gevallen bv. Van Beek 2009, 545-547; Bloo & Van Mousch 2014; Van Hoof 2002, 84-90; De Jong 2008, 45-47; Scholte Lubberink 2003, 35-36.

6 Bv. Scholte Lubberink 2007, 59 (vroeg-Romeinse tijd).

7 De aanwezigheid van een fors aantal spinklosjes en weefgewichten (Slofstra 1991, 145) valt daar echter minder goed mee te rijmen.

8 Voor delen van Jutland wordt een getal van 43 verbrande huizen gegeven op een totaal van ca. 277 huizen in relatief goed bewaarde nederzettingen uit de ijzertijd en de Romeinse tijd. Daarbij wordt verondersteld dat er geen traditie is geweest van het ritueel afbranden van huizen (Webley 2008, 73-74).

Huisplaatsen

De voorgaande passage is zeker relevant wanneer we de vondstgegevens beschouwen van enkele huisplaatsen uit de vroege ijzertijd (fase B/C).[9] Het eerste voorbeeld betreft een boerderij te Zijderveld. Door kleiafdekking was zowel de haard als een vondststrooiing in een laag boven de grondsporen bewaard gebleven. De haard was midden in het woongedeelte op vloerniveau opgebouwd uit een laag stenen, met daar bovenop grote potfragmenten (Hulst 1973; Theunissen & Hulst 1999). Deze potfragmenten tonen in hoogstens de helft van de gevallen sporen van secundaire brand en zijn zelden oververhit geraakt, maar van de ca. 1000 aardewerkvondsten uit het kennelijke vloerniveau is vrijwel alles secundair gebrand tot gesinterd of gepoft.[10] Behalve scherven van minstens tientallen stuks vaatwerk behoren tot de vondsten een weefgewicht en een deel van een vuurbok. Het is dus niet aannemelijk dat het vaatwerk in de vloerlaag afkomstig is uit een herhaaldelijk uitgeruimde haard. Veeleer mag men denken aan brand, met de mogelijkheid dat die aangestoken is bij het afscheid van het huis. Maar met hetgeen we inmiddels van de verlatingspraktijken weten, mogen we ons tevens serieus afvragen of hier wellicht buitenshuis de huisinventaris aan het vuur is prijsgegeven en de overblijfselen binnenshuis zijn uitgestrooid. Die veronderstelling dringt zich met name op door de samenstelling van het complex: net als bij grote complexen uit nederzettingskuilen en waterputten gebruikelijk is, zijn slechts *delen* van potten aanwezig; hele potprofielen komen niet voor. Het lijkt er dus niet op dat de inventaris ter plekke door een neerstortend brandend dak is geveld.

De voorgaande situatie, waarin een ruime hoeveelheid aardewerkfragmenten vrijwel zonder uitzondering aan vuur blootgesteld is geweest, is ook bekend uit huis 3 op de vindplaats Parijsch-Zuid te Culemborg. Een andere huisplattegrond uit de vroege ijzertijd (huis 5) bevatte nauwelijks vondstmateriaal.[11]

Omdat deze twee voorbeelden het resultaat zijn van een nog niet systematisch uitgevoerd onderzoek is het mogelijk toeval dat beide uit de vroege ijzertijd dateren en de vindplaatsen slechts enkele kilometers uit elkaar liggen.[12] Dit is echter tevens de periode waaruit ook secundair gebrand materiaal in grondsporen buitenshuis het best bekend is, op zijn minst in Midden- en Zuid-Nederland.

Er zijn bovendien nog enkele latere huisplaatsen die vanuit hetzelfde perspectief bekeken mogen worden. In een boerderij in het veengebied ten noorden van de Maasmond (Maasland-Duifpolder) werd een tweede woonfase, in het begin van de late ijzertijd, gemarkeerd door de aanleg van een kleilaag over de oudere woonlagen. Deze kleilaag is verhard door verhitting, maar dat verklaart niet de aanwezigheid van enkele honderden gepofte en gesinterde aardewerkscherven in deze laag. Ze zullen al in de genoemde toestand met de kleilaag vermengd zijn toen

9 Zie voor de fasering Van den Broeke 2012, 35.

10 Documentatie van de auteur in de jaren '80 bij de toenmalige ROB. Het betreft met name de vondstnummers 90 (haard) en 27 (vlak) die dankzij de medewerking van R.S. Hulst konden worden bestudeerd.

11 De auteur kon de collectie van huis 3 bestuderen dankzij medewerking van L. Meurkens (ARCHOL bv) en E. Verhelst (RAAP Archeologisch Adviesbureau). De overige informatie dank ik aan E. Verhelst. Het standaardrapport betreffende het onderzoek zal in 2015 verschijnen (Verhelst, Willemse en Porreij-Lyklema in voorb.).

12 Zie echter ook Prangsma 2005 voor een huisplaats uit dezelfde periode te Elst-Parklaan met een groot aandeel secundair gebrand materiaal, zowel binnen als direct buiten het hoofdgebouw.

deze over de oudere riet- en mestlagen werd uitgespreid, wellicht na een afscheidsritueel op een andere locatie.[13]

Een soortgelijke situatie is beschreven voor twee locaties in Schagen-Muggenburg uit de laat-Romeinse tijd. Hier is de vloer, inclusief haard, na afbraak van de twee boerderijen afgedekt met een pakket klei en veen, met daarin volop aardewerkscherven, kleine voorwerpen en botmateriaal. De turfas en gebakken klei duiden erop dat dit pakket aan vuur is blootgesteld (Therkorn 2004, 16, 44-45 en 55).

Crematiegraven

In het hierboven vaker aangehaalde Betuwse deel van de gemeente Nijmegen was de depositie van verbrand aardewerk in paalkuilen van (bij)gebouwen op zijn hoogtepunt in de loop van de vroege ijzertijd. In diezelfde periode kwam aardewerk in crematiegraven zelden of nooit voor in de vorm van een urn, maar wel als fragmenten van secundair gebrand aardewerk. Wanneer het om bodems gaat, dan zijn die nog wel eens als container voor de beenderas gebruikt (Van den Broeke 2008, fig. 11; Van den Broeke, Den Braven & Daniël 2011, fig. 4.25). Maar vaker zijn het losse fragmenten van een pot die kennelijk naast of op de brandstapel heeft gestaan (Afb. 5). Of was het extra verhitte aardewerk uit de crematiegraven wellicht afkomstig van de brandstapel van het verlatingsritueel, een bijgift aan de dode van een stuk vaatwerk uit zijn of haar huis? Het overlijden van bijvoorbeeld de laatste bewoner van een huis is immers bij uitstek de situatie waarin we een verlatingsritueel mogen verwachten, in dat geval uitgevoerd door de nabestaanden.[14]

Het enige aangrijpingspunt om voornoemde hypothese te kunnen toetsen, is dat zowel in een crematiegraf als in een verlatingsdepot gewoonlijk alleen *delen* van potten zijn terechtgekomen. Theoretisch zouden dus in beide contexten, alsook op de vuurplaats, fragmenten van dezelfde pot kunnen liggen. Vanuit deze gedachte heeft de auteur het grafveld met inhumatie- en crematiegraven uit de vroege ijzertijd van Lent-Lentseveld (Van den Broeke, Den Braven & Daniël 2011) als uitgangspunt genomen. De scherven uit de zes crematiegraven met secundair gebrand aardewerk zijn vergeleken met en gepast aan het aardewerk van het ongeveer gelijktijdige verlatingsdepot van afbeelding 2-4, op slechts 100 m noordwestelijk van het grafveld. Dit leverde echter niet het gehoopte resultaat op. De trefkans van een dergelijke exercitie moet evenwel niet hoog worden ingeschat, en de hypothese kan er ook niet door verworpen worden. Maar vooral omdat het bij secundair gebrand aardewerk in crematiegraven steeds om een enkele pot gaat, is het waarschijnlijker dat een eerdere hypothese hier beter van toepassing is, namelijk dat het op deze wijze meegeven van grafaardewerk een fase vertegenwoordigt in de ontwikkeling van het crematieritueel in het oostelijke rivierengebied. Die ontwikkeling begon met crematiegraven waarin veelal een onverbrande urn meeging. Maar voordat de crematiegraven in de midden- of late ijzertijd brandrestengraven werden, is er een stadium geweest waarin grote fragmenten secundair gebrand aardewerk in het graf

13 Vriendelijke mededeling C.W. Koot. Zie voor de site voorlopig Koot 1993.

14 Er zijn verschillende etnografische voorbeelden bekend van het afbranden van een huis na de dood van een bewoner (Webley 2008, 73).

Afbeelding 5 Pot (hoogte 19 cm) met sporen van secundaire brand uit een crematiegraf te Lent-Lentseveld (uit: Van den Broeke, Den Braven & Daniël 2011).

Figure 5 Pot (height 19 cm) with traces of secondary burning from a cremation grave at Lent-Lentseveld (from: Van den Broeke, Den Braven & Daniël 2011).

meegingen, en soms ook nog wel als container voor de beenderas werden gebruikt (Van den Broeke 2014a, 172-173; Van den Broeke, Den Braven & Daniël 2011, 43).

Hoewel er dus niet direct een relatie gezocht hoeft te worden tussen grafaardewerk en het verlatingsdepot, worden we bij het beschouwen van het crematieritueel wel geattendeerd op de analogie met het verlatingsritueel, voor zover dat eindigt met het deponeren van verbrande resten in (paal)kuilen: in beide gevallen komt er vuur aan te pas, de restanten worden uit de brandstapel geselecteerd en vervolgens in een kuil gedeponeerd. Het is goed denkbaar dat het verlatingsritueel in de voorstellingswereld van de laat-prehistorische gemeenschappen neerkwam op het cremeren van (het huis en) de huisinventaris.

Een hypothese

Dat het bij vondsten uit paalkuilen van een constructie om een deel van een huisinventaris gaat, in plaats van bijvoorbeeld de resten van een offermaaltijd bij het verlaten van de nederzetting, is waarschijnlijker geworden sinds ook wel eens voorwerpen zoals weefgewichten tussen het keramische materiaal zijn aangetroffen.[15] In strijd hiermee lijkt dan weer het depot in paalkuilen van een bijgebouw in Ittervoort-Santfort. Daarin is niet alleen een weefgewicht en divers nederzettingsaardewerk terechtgekomen, maar tevens een pot waarvan het gebruik bij rituelen voor de hand ligt, namelijk situlavormig, met aanhangend(e) bakje(s), versierd door middel van ringafrolling, en in verband te brengen met de – exotische – consumptie van wijn (Arnoldussen 2011; Drenth, Heijmans & Keijers [2007],

15 Zie bv. Van Renswoude & Van Kerckhove 2009, 195 en 565 voor vier stuks in de kern van een paalkuil van een achtpalige spieker uit de late ijzertijd (of vroeg-Romeinse tijd) in Geldermalsen-Hondsgemet; Drenth, Heijmans & Keijers [2007], afb. 24:11. Dit laatste stuk is afkomstig uit structuur 1 te Ittervoort-Santfort, een ander bijgebouw uit de vroege ijzertijd dan hierboven genoemd is.

afb. 25). Van deze opvallende pot werden ook fragmenten getraceerd in een kuil met overwegend secundair gebrand aardewerk op 35 m afstand van de andere stukken (Drenth, Heijmans & Keijers [2007], 119; zie ook Nieuwhof 2014, 124).

De voornoemde casus mag de opmaat zijn tot een werkhypothese waarmee het verlatingsritueel wat gerichter kan worden gereconstrueerd. Bij de depots in paalkuilen valt op dat het herhaaldelijk *bij*gebouwen betreft, zonder een gelijktijdige huisplaats in de buurt. Dat is een van de redenen om te veronderstellen dat het opgeven van een woonplaats gepaard kan zijn gegaan met een centrale verbranding van een huisinventaris, waarna de verhitte resten – om redenen die ons nog ontgaan – verdeeld werden over de verschillende locaties en elementen die op dat moment bij het huishouden in gebruik waren: de boerderij, bijgebouwen, kuilen en (afgedankte) waterputten. Om deze hypothese te verifiëren is *refitting* het sleutelwoord. Want het feit blijft dat in de paalkuilen van een gebouw maar een deel van de verbrande potscherven ligt, en dat de rest dus ergens anders is beland.

Een vuurvrij afscheid

Het is met de huidige omvang van het nederzettingsonderzoek wel duidelijk dat de depositie van mobilia met verhittingssporen in paalkuilen van gebouwen geen standaardpraktijk was. Waarschijnlijk was een 'vurig afscheid' slechts in bepaalde omstandigheden aan de orde, bijvoorbeeld wanneer de laatste bewoner van een huis overleden was of na de verbanning van een familie uit de gemeenschap. Maar wel kunnen verlatingsrituelen nog in andere vorm zijn uitgevoerd, zonder de tussenkomst van vuur.[16] Er is voldoende aanleiding om nog eens met andere ogen te kijken naar omvangrijke depots van merendeels *on*verbrand aardewerk en andere huishoudelijke attributen in kuilen en waterputten. Ze liggen nogal eens op ruime afstand van de hoofdgebouwen (vgl. Van den Broeke 2012, 21; Kok 2002, 111). Mogen we deze complexen beschouwen als gelijkwaardige tegenhangers van de bovengenoemde depots in kuilen met een overmaat aan verbrand materiaal? Deze vraag geldt ook voor individuele paalkuilen. Zo is een middenstaanderkuil van een boerderij uit de late ijzertijd op de Belgische vindplaats Meer-Zwaluwstraat bijna volledig opgevuld met grote onverbrande delen van vier potten (Delaruelle & Verbeek [2004], 135 en 160). Een soortgelijk depot werd aangetroffen in de middenstaanderkuil van een boerderij uit de overgang midden-/late ijzertijd in Malden (Schurmans 2011, 36 en106). In dit laatste geval wordt echter uitdrukkelijk rekening gehouden met een opvulling in het kader van een verbouwing. Die verklaring kan ook bij andere huisplattegronden van toepassing zijn. Het is echter al opvallend dat depots met veel keramisch materiaal, verbrand dan wel onverbrand, uit de gevorderde midden-ijzertijd en de late ijzertijd vooral te vinden zijn in middenstaanderkuilen van huisplattegronden.

16 Bovendien mogen we de blik nog verruimen ten gunste van andere voorwerpen dan die van gebakken klei. Hier volstaat een verwijzing naar het bronsdepot van twee kokerbijlen en delen van holle ringen in een kleine paalkuil van een achtpalig bijgebouw uit het begin van de vroege ijzertijd in het Belgische Beerse (Van Impe e.a. 2011).

Tevens lijken er deposities van individuele onaangetaste stukken aardewerk uitgevoerd te zijn. In twee driebeukige boerderijen uit de overgangsperiode van late bronstijd naar vroege ijzertijd te Goirle-Huzarenwei is een min of meer compleet stuk aardewerk boven in de vulling van een paalkuil van de kernconstructie gevonden, waaronder een dunwandig kommetje met oor in een gebintstijlkuil (Bink 2005, spec. fig. 12 en 13; Dyselinck 2006). In de nederzetting te Geldermalsen-Hondsgemet is een – kennelijk onaangetaste – kom met vergietbodem, op grond van de positie in de kern van een hoekpaalkuil van een zespalige spieker uit de vroeg-Romeinse tijd, toegeschreven aan een verlatingsdepositie (Van Renswoude & Van Kerckhove 2009, 157, 490 en 570).[17] Het is pas bij zulke individuele objecten dat we term verlatings*offer* in gedachten mogen nemen. Daarbij zal dan de veronderstelde inhoud de feitelijke offergave geweest zijn, net als we voor de meeste bouwoffers mogen veronderstellen.[18]

Besluit

Voordat ruim een decennium geleden het verschijnsel verlatingsdepot bekendheid kreeg, werden complete potten, kruiken en andere gave, onverbrande voorwerpen in paalkuilen doorgaans zonder voorbehoud als bouwoffers geduid. Maar vooral hetgeen hierboven te berde is gebracht aangaande onverbrande individuele depotvondsten geeft alle aanleiding om de bestaande documentatie van de vondstomstandigheden van vermeende bouwoffers – ook van andere objecten dan aardewerk – nog eens kritisch door te nemen (zie ook Van Beek 2009, 545). Zo is ook voor het bekende bouwoffer van Wijster door de auteur daarvan in tweede instantie de rol van verlatingsoffer geopperd (Van Es 2012, 22-24). Met de kennis van nu valt op dat de twee stukken aardewerk – een handgevormde kom met schuin daar bovenop een laat-Romeinse kom van *terra sigillata* – zodanig in een paalkuil van huis 38 neergezet zijn dat vrijwel uitgesloten is dat daarin ook nog een paal heeft gestaan. Bovendien ontbreekt aan de Romeinse kom, de keramische topvondst uit de nederzetting, het centrale bodemdeel met voet (Van Es 1967, 177), wat beter te rijmen valt met het eindstadium van de kom (en de boerderij) dan met de beginfase.[19]

Zo blijkt uit dit voorbeeld wederom dat het oorspronkelijke beeld van het verlatingsritueel bij opgave van een gebouw of woonplaats inmiddels aanzienlijk gevarieerder en gecompliceerder is geworden dan een decennium geleden. Paalkuilen met een grote dichtheid aan vondsten die aan het vuur zijn blootgesteld, blijken niet de exclusieve correlaten van het verlatingsritueel te zijn. Ook individuele potten en zelfs individuele fragmenten in paalkuilen verdienen de aandacht, en niet alleen degene die door verhitting zijn aangetast. En bevatten veel van de potten die

17 Julie Van Kerckhove dank ik voor aanvullende informatie.

18 De vondst van een miniatuurpotje met druivenpitten als bouwoffer in een paalkuil van een inheems-Romeinse boerderij in het Wateringseveld te Den Haag (Siemons & Lanzing 2009, 65 en 238) is een zeldzame uitzondering op de regel dat de vermoede spijs- en drankoffers geen sporen nalaten.

19 Afgaande op de tekening van de kom van het type Chenet 325 (Van Es 1967, fig. 88:137; idem 2012, afb. 14 linksboven) is de bodem niet doorgesleten, maar verwijderd, een interpretatie die tevens gebaseerd is op het gegeven dat in de nederzetting te Wijster verscheidene bijgewerkte losse voeten met bodemdeel geborgen zijn.

we tot voor kort als (containers voor) bouwoffers beschouwden niet de dankoffers die de bewoners achterlieten bij afscheid van de boerderij?

Welke schakeringen het verlatingsritueel in de loop der eeuwen heeft gekend, is een kwestie die nog met veel vraagtekens omgeven is. Zijn boerderijen in hun geheel aan de vlammen prijsgegeven? Zijn huisinventarissen buitenshuis op de brandstapel gegaan en de restanten vervolgens binnenshuis uitgestrooid? Welke grote vondstcomplexen in kuilen en waterputten mogen we eveneens aan verlatingsceremonies toeschrijven? *Refitting* van aardewerk uit verschillende gelijktijdige contexten van een nederzettingsterrein kan de sleutel zijn om vast te stellen of een huisinventaris bij het afscheid in de uiteenlopende onderdelen (hoofdgebouw, bijgebouwen, kuilen, waterputten) van een woonplaats werden verspreid, zoals hier als mogelijkheid geopperd is. Met behulp van het vondstmateriaal dat in de gemeentelijke en provinciale bodemvondstendepots voorhanden is, en de vele rapportages die sinds de Malta-wetgeving verschenen zijn, valt op zijn minst een begin te maken met de aanpak van deze smeulende kwesties.

Abstract

The set of criteria that has been defined, a decade ago, to identify closing deposits, appears to be too rigid on the one hand and too restricted on the other hand. Not only should it comprise deposits of secondarily burnt pottery filling-up post-pipes (Fig. 2-4), in some contexts even a single sherd with such firing characteristics may be considered 'suspect' (Fig. 1). Moreover, 'rubbish-pits' with a dominance of secondarily burnt inventories and also house floors peppered with burnt artifacts deserve more attention in this respect. Here, the provisional hypothesis is proposed that after the burning of a house inventory on a central pyre or in the house itself, items were distributed among several features that were in use at the time of abandonment of a house-site. Refitting of pottery between features should provide evidence thereof. As current data suggest that even single pots, unaffected by fire, have been deposited in post-pipes after removal of the post, it is time for a reappraisal of the data set of objects for which a role as a building deposit was formerly taken for granted, such as the two vessels standing in a post-pipe of a native-Roman house at Wijster.

Literatuur

Arnoldussen, S. 2011. Een Olla a coppetta uit de Vroege IJzertijd in Limburg. *De Maasgouw* 130, 65-69.

Arnoldussen, S. en Vries, K.M. de 2013/2014. Of farms and fields: The Bronze Age and Iron Age settlement and Celtic field at Hijken-Hijkerveld. *Palaeohistoria* 55/56, 85-104.

Ball, E.A.G. 2013. Handgevormd aardewerk uit de late bronstijd-vroege ijzertijd, in: Veenstra, M.E., *Gemeente Overbetuwe, Elst, Plangebied Vierslag. Opgraving en archeologische begeleiding*. BAAC-rapport A-11.0434. 's-Hertogenbosch: BAAC bv, 33-35.

Beek, R. van 2009. *Reliëf in Tijd en Ruimte. Interdisciplinair onderzoek naar bewoning en landschap van Oost-Nederland tussen vroege prehistorie en middeleeuwen*. Wageningen (proefschrift).

Bink, M. 2005. *Goirle Huzarenwei. Definitief Onderzoek*. BAAC-rapport 04.134. 's-Hertogenbosch: BAAC bv.

Bloo, S. en Mousch, R. van 2014. Samengesmolten en onbruikbaar. Een depositie van de resten van een productieproces te Deventer-Brinkgreven?, in: Theunissen, E.M. en Arnoldussen, S. (red.). *Metaaltijden 1. Bijdragen in de studie van de metaaltijden*. Leiden: Sidestone Press, 109-119.

Broeke, P.W. van den 2002. Een vurig afscheid? Aanwijzingen voor verlatingsrituelen in ijzertijdnederzettingen, in: Fokkens, H. en Jansen, R. (red.), *2000 Jaar bewoningsdynamiek – Brons- en ijzertijdbewoning in het Maas-Demer-Scheldegebied*. Leiden: Universiteit Leiden, 45-61.

Broeke, P.W. van den 2008. *Crematiegraven uit de vroege ijzertijd in Nijmegen-Lent. Archeologisch onderzoek aan de Steltsestraat*. Archeologische Berichten Nijmegen – Rapport, 8. Nijmegen: Bureau Archeologie en Monumenten gemeente Nijmegen.

Broeke, P.W. van den 2012. *Het handgevormde aardewerk uit de ijzertijd en de Romeinse tijd van Oss-Ussen. Studies naar typochronologie, technologie en herkomst*. Leiden: Sidestone Press (= proefschrift Universiteit Leiden).

Broeke, P.W. van den 2014a. Inhumation burials: new elements in Iron Age funerary ritual in the southern Netherlands, in: Cahen-Delhaye, A. en Mulder, G. De (red.), *Des espaces aux esprits. L'organisation de la mort aux* âges *des Métaux dans le nord-ouest de l'Europe*. Études et Documents, Archéologie, 32. Namur: Département du Patrimoine, 161-183.

Broeke, P.W. van den 2014b. *Archeologisch onderzoek in plangebied Lentse Plas. Proefsleuven en begeleiding in de Landschapszone te Nijmegen-Noord*. Archeologische Berichten Nijmegen – Rapport, 34. Nijmegen: Bureau Archeologie en Monumenten gemeente Nijmegen.

Broeke, P.W. van den, Braven, J.A. den en Daniël, A.A.W.J. 2011. *Een ijzertijdgrafveld en een erf uit de Ottoonse tijd in het Lentseveld. Archeologisch onderzoek in Nijmegen-Lent*. Archeologische Berichten Nijmegen – Rapport, 24. Nijmegen: Bureau Archeologie en Monumenten gemeente Nijmegen.

Broeke, P.W. van den en Tunker, B.C. 2013. *Sporen uit de bronstijd en vroege ijzertijd te Nijmegen-Noord. Archeologisch onderzoek in plangebied Lent-Laauwik; projecten Nla3 en Nla15*. Archeologische Berichten Nijmegen – Rapport, 43. Nijmegen: Bureau Archeologie en Monumenten gemeente Nijmegen.

Delaruelle, S. en Verbeek, C. z.j. [2004]. De metaaltijden op het HSL-traject, in: Verbeek, C., Delaruelle, S. en Bungeneers, J. (red.), *Verloren voorwerpen – Archeologisch onderzoek op het HSL-traject in de provincie Antwerpen*. Antwerpen: Provincie Antwerpen, 115-174.

Drenth, E., Heijmans, H. en Keijers, D. z.j. [2007]. Van Mesolithicum tot en met IJzertijd. Sporen uit de prehistorie te Ittervoort – industrieterrein Santfort, fase 3, gem. Leidal (Li.), in: Heijmans, H., Drenth, E., Keijers, D. en Schreurs, J. (red.), *Archeologisch onderzoek te Ittervoort. Oude bedrijvigheid op het industrieterrein Santfort ontsloten*. Ittervoort: Stichting Streekarcheologie Peel, Maas & Kempen, 97-237.

Dyselinck, T. 2006. Late Bronstijd – Vroege IJzertijdbewoning op de Huzarenwei te Goirle (NL). *Lunula. Archaeologia Protohistorica* 14, 93-103.

Es, W.A. van 1967. *Wijster; a native village beyond the imperial frontier, 150-425 A.D.* Groningen (proefschrift; = *Palaeohistoria* 11 (1965)).

Es, W.A. van 2012. *Van Wijster naar Ede en over de Rijn.* C.J.C. Reuvenslezing, 24. Leiden: Stichting Reuvens.

Gaffrey, J. 2014. Keramikdeponierungen in Pfostengruben. Beobachtungen im westlichen Westfalen, in: Pollmann, H.-O. (Hrsg.), *Archäologische Rückblicke – Festschrift für Daniel Bérenger.* Bonn: Rudolf Habelt, 127-137.

Gerritsen, F. 2001. *Local identities – Landscape and community in the late prehistoric Meuse-Demer-Scheldt region.* Amsterdam: Vrije Universiteit (proefschrift).

Hoof, L.G.L. van 2002. 'En zij begroeven zich een huis' – Structuur en levensloop van een ijzertijderf in de Zuid-Limburgse lösszone, in: Fokkens, H. en Jansen, R. (red.), *2000 Jaar bewoningsdynamiek – Brons- en ijzertijdbewoning in het Maas-Demer-Scheldegebied.* Leiden: Universiteit Leiden, 73-93.

Hoof, L.G.L. van 2007. The Iron Age habitation, in: Velde P. van de (red.), *Excavations at Geleen-Janskamperveld 1990/1991*, Leiden (= *Analecta Praehistorica Leidensia* 39), 245-278.

Hulst, R.S. 1973. A contribution to the study of Bronze Age and Iron Age house plans: Zijderveld. *Berichten van de Rijksdienst voor het Oudheidkundig Bodemonderzoek 23*, 103-107.

Impe, L. Van, Delaruelle, S., Hertoghs, S., Scheltjens, S. en Bervoets, G. 2011. Een bronsdepot uit de vroege ijzertijd aan de Beekakker in Beerse (prov. Antwerpen, België). *Lunula. Archaeologia Protohistorica* 19, 61-67.

Jong, T. de 2008. *Archeologisch onderzoek Boekel, Parkweg (N-B). Nederzetting uit de midden bronstijd en vroege ijzertijd.* Archeologisch Centrum Eindhoven, rapport, 29, Eindhoven: Bureau Archeologie gemeente Eindhoven.

Kok, M. 2002. Wonen in Oss-Ussen in de IJzertijd, in: Fokkens, H. en Jansen, R. (red.), *2000 Jaar bewoningsdynamiek – Brons- en ijzertijdbewoning in het Maas-Demer-Scheldegebied.* Leiden: Universiteit Leiden, 109-121.

Kortlang, F. 1999. The Iron Age urnfield and settlement from Someren-'Waterdael', in: Theuws, F. en Roymans, N. (red.), *Land and ancestors – Cultural dynamics in the Urnfield period and the Middle Ages in the Southern Netherlands.* Amsterdam Archaeological Studies, 4. Amsterdam: Amsterdam University Press, 133-197.

Koot, C.W. 1993. Midden-Delfland 2: Maasland, Duifpolder (vindplaatsen 11.17 en 11.07), in: Hessing, W.A.M. (red.), Archeologische kroniek van Holland over 1992, II Zuid-Holland, *Holland* 24, 368-369.

Nieuwhof, A. (red.). 2014. *En dan in hun geheel. De vondsten uit de opgravingen in de wierde Ezinge.* Groningen: Vereniging voor Terpenonderzoek (= *Jaarverslagen Vereniging voor Terpenonderzoek* 96).

Prangsma, N.M. 2005. *Elst Westeraam, Parklaan (gem. Overbetuwe). Een archeologische opgraving.* ADC Rapport, 468. Amersfoort: ADC ArcheoProjecten.

Renswoude, J. van en Kerckhove, J. Van (red.). 2009. *Opgravingen in Geldermalsen-Hondsgemet. Een inheemse nederzetting uit de Late IJzertijd en Romeinse tijd.* Zuidnederlandse Archeologische Rapporten, 35. Amsterdam: ACVU-HBS.

Scholte Lubberink, H.B.G. 2003. *Bedrijventerrein Wijnbergen (fase 2). Gemeente Doetichem. Een archeologische begeleiding.* RAAP-rapport, 933. Amsterdam: RAAP Archeologisch Adviesbureau.

Scholte Lubberink, H.B.G. 2007. *Bornsche Maten-Zuid Esch, gemeente Borne. Een nederzetting uit de Late IJzertijd en Vroeg Romeinse tijd.* RAAP-rapport, 1432. Weesp: RAAP Archeologisch Adviesbureau.

Schurmans, M.D.R. (red.). 2011. *Opgraving Heumen-Malden-Broeksingel. Een grafheuvel uit de Midden-Bronstijd en bewoningssporen uit de IJzertijd en de Middeleeuwen.* Zuidnederlandse Archeologische Notities, 255. Amsterdam: ACVU-HBS.

Siemons, H. en Lanzing, J. (red.). 2009. *Bewoningssporen uit de Romeinse tijd in het Wateringse Veld, Den Haag.* Haagse Oudheidkundige Publicaties, 11. Den Haag: Afdeling Archeologie gemeente Den Haag.

Slofstra, J. 1991. Een nederzetting uit de vroege ijzertijd op de Heesmortel bij Riethoven; in: Fokkens, H. en Roymans, N. (red.), *Nederzettingen uit de bronstijd en de vroege ijzertijd in de Lage Landen.* Nederlandse Archeologische Rapporten, 13. Amersfoort: Rijksdienst voor het Oudheidkundig Bodemonderzoek, 141-151.

Staey, I. Van de. 2012. De Gildenstraat te Rotselaar. Archeologische opgraving van 2 erven, in: *Archeologie 2012. Recent archeologisch onderzoek in Vlaams-Brabant.* Leuven: Provincie Vlaams-Brabant, 13-15.

Therkorn, L.L. 2004. *Landscaping the powers of darkness & light. 600 BC – 350 AD settlement concerns of Noord-Holland in a wider perspective.* Amsterdam (proefschrift Universiteit van Amsterdam).

Theunissen, E.M. en Hulst, R.S. 1999. De opgraving te Zijderveld, in: Theunissen, E.M., *Midden-bronstijdsamenlevingen in het zuiden van de Lage Landen. Een evaluatie van het begrip 'Hilversum-cultuur'.* Leiden (proefschrift), 156-180.

Verhelst, E.M.P., T.E. Porreij-Lyklema en N.W. Willemse 2015. *Prehistorie onder de Prijs; bewoningssporen uit de Vroege en Midden IJzertijd te Culemborg-Hoge Prijs. Archeologisch onderzoek: een opgraving* (werktitel). RAAP-rapport, 2991. Weesp: RAAP Archeologisch Adviesbureau.

Webley, L. 2008. *Iron Age households. Structure and practice in western Denmark, 500 BC-AD 200.* Jutland Archaeological Society Publications, 62. Aarhus: Jutland Archaeological Society.

Barrows and burials of the Late Neolithic and Bronze Age from Velsen (Noord-Holland, the Netherlands)

Jos Kleijne

Keywords: Bell Beaker Period, Bronze Age, barrows, Velsen, cultural landscape

Introduction

In 2014 a project was conducted to study the cultural landscape of Bronze Age Kennemerland. Main focus was the analysis of the old excavations at Velserbroek, which produced evidence for both farmyards and burial monuments. Finally, an opportunity to study the unique relationship between Bronze Age burials and settlements in this area presented itself. In this paper the characteristics of the various burial monuments in the Velsen region are addressed.[1] The barrows date from the Bell Beaker Period onwards and present an extraordinary assemblage, with regard to their spatial relationships, preservation and variety of burial types.

Since the late 1970s extensive professional archaeological research has been conducted between the modern cities of Alkmaar and Haarlem, in the Western Netherlands coastal area. Many Bronze Age features were recorded during these excavations, along with Late Neolithic, Iron Age, Roman and Medieval traces of intensive use of the dynamic coastal dune landscape. However, until now, publications of the results of these excavations have been nearly absent, due to a lack of time and funding.

In this paper I will present an overview of Late Neolithic and Bronze Age barrows and burials, mainly from the large-scale excavations in the municipality of Velsen, but also from earlier findings. Firstly, an overview of different relevant sites is presented, and their grave monuments, graves and dating evidence will be reviewed in more detail. Secondly, the burial evidence will be viewed in a wider regional context, that of the Bronze Age cultural landscape in present-day Kennemerland.

---

1 This paper is part of a research project carried out in 2014, funded by the Province of North Holland (R.A. van Eerden) in order to inventory and synthesise the Bronze Age archaeology of Kennemerland. The report of this research project will be published soon (Kleijne *in press*).

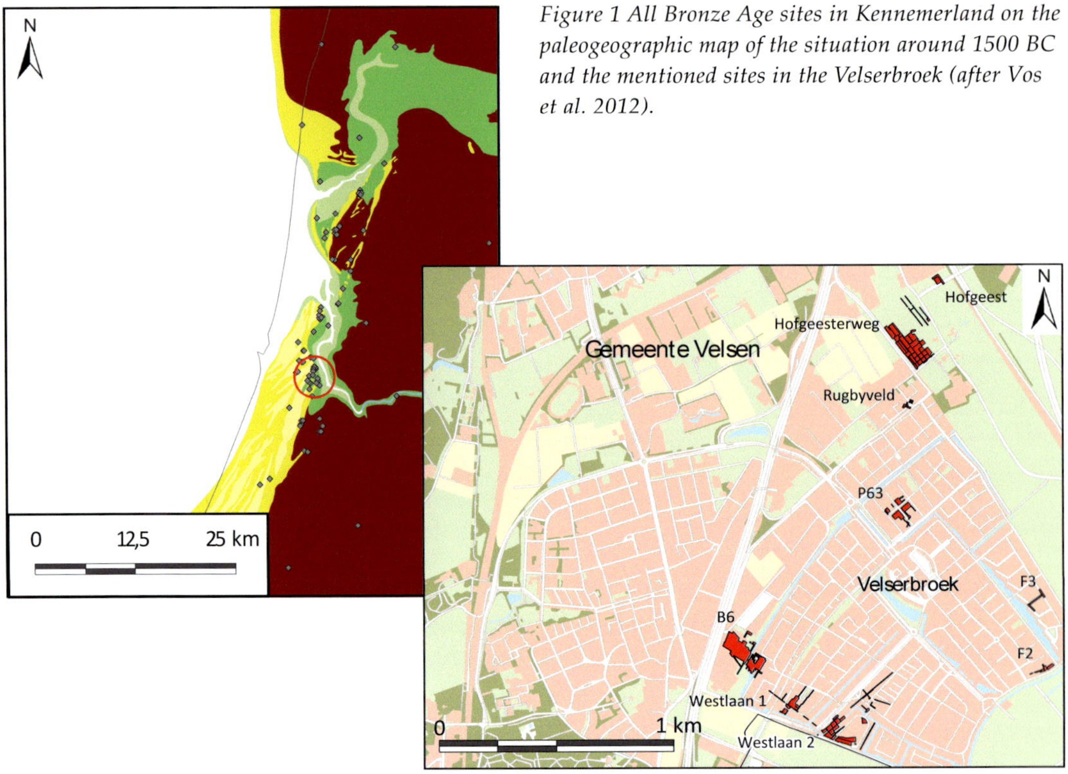

Figure 1 All Bronze Age sites in Kennemerland on the paleogeographic map of the situation around 1500 BC and the mentioned sites in the Velserbroek (after Vos et al. 2012).

The sites

Velsen: before 1959

The first find of a prehistoric burial in Kennemerland was recorded by B.J. Wieland Los jr. (Wieland Los 1961). He created a 'geo-archaeological' map of the municipality of Velsen on which he plotted both the local geomorphology and all of his archaeological findings until then. One of the most noteworthy features on this map, published in 1959 for the first time (Wieland Los 1959), is point 10: "Bronze Age inhumation graves (?)". As it is unclear where the notes of Mr. Wieland Los are, we cannot be sure what the basis for this remark is.[2]

Velsen-Hofgeest: 1972/1978

In the early 1970s work on a gas pipeline was carried out in the municipality of Velsen, between the Noordzeekanaal and the municipality of Haarlem. Before construction works the ROB (P.J. Woltering) was able to excavate large parts of several burial monuments (barrows A, B and C), of which traces had been found by local amateur-archaeologists a few years before (Woltering 1973, 1979). The excavation

2 It might be that he reviewed the aerial-photographical work of Mr. Von Frijtag Drabbe (http://www.kaartopmaat.wur.nl/hydro/) and considered some elevations to be barrows. An indication to this is given in the comments of De Boone (1954, 5) while working on the excavation of Santpoort-Spanjaardsberg. This however would not explain the Bronze Age date he suggests for these (note also the plural) graves.

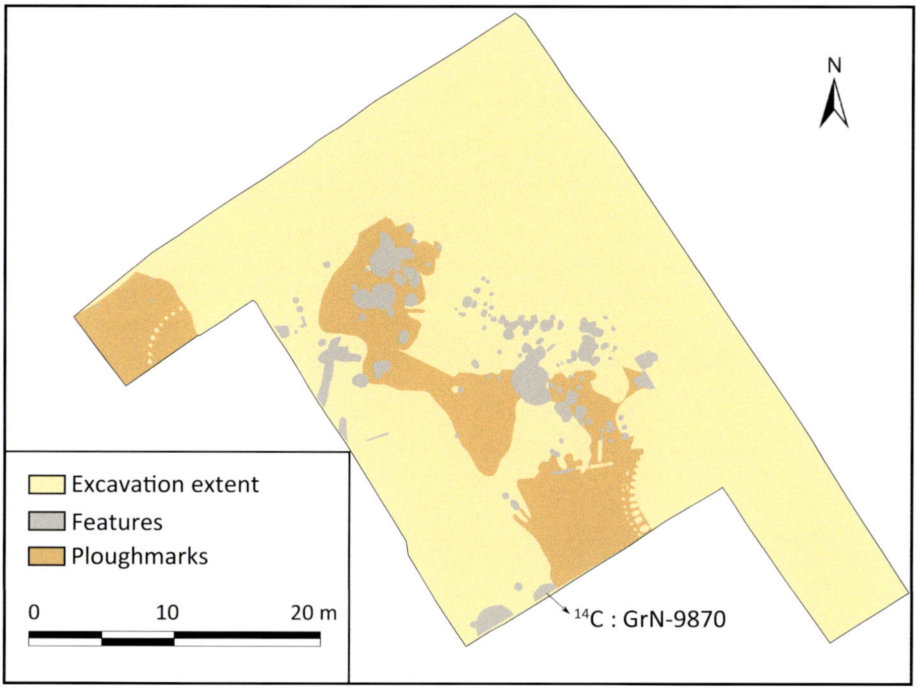

Figure 2 Excavation plan of Velsen-Hofgeest. Plough marks and oldest features (phase 1).

of Velsen-Hofgeest consisted of two trenches. After the excavation, several reports were written on human bone material, but most categories of finds remain unstudied up to the present day.

The site is situated in a relatively dry part of the tidal landscape of the former Oer-IJ estuary that became covered by dune sands and peat from the Bronze Age onwards. The oldest features are several pits and ditches dug into the tidal sediments. A ^{14}C date from one of the features ascribes this earliest phase to the Early Bronze Age (table 2, number 1).

After this phase the landscape was turned into arable land, and a cultural layer developed on the southern parts of the site. In this layer both ploughmarks and pits were found. It also contained sherds of Barbed Wire Beaker pottery. During this period a circular structure of posts was erected. This structure, which measures 6.5 metres in diameter was probably not a burial monument and was only present for a short while, as no indications for a mound covering this structure were found and the plough marks (Fig. 2) – thought to date from more or less the same period – do not respect the structure.

In the following period, two burial monuments were constructed (barrows A and C, Fig. 3). The remains of barrow A consist of several pits, a ring ditch of 17.5 metres in diameter and large parts of a post circle (consisting of 18 posts) which measured 9.2 metres in diameter. Due to heavy erosion of the top of the burial mound and medieval and modern disturbances, the internal structure of the barrow remains largely elusive and a central grave is absent. All graves excavated, seven inhumations and three cremations, were later additions to the burial monument

Barrow	Number	Type	Position	Orientation	Sexe	Age	^{14}C calibrated date	Remarks
A	1	inhumation	streched	nw-se	male	adult	1310-1157 cal BC	brandskelettgrab?
A	2	inhumation	streched	e-w	?	adult		only a body stain
A	3	inhumation	streched	ne-sw	female	?	1395-971 cal BC	
A	4	inhumation	streched	ne-sw	male?	child		
A	5	inhumation	crouched	se-nw	male	18-20 years old		
A	6	inhumation	crouched	e-w	male	adult		
A	7	inhumation	not anatomical	nvt	?	child		
A	C1	cremation	n.a.	n.a.	male?	23-40 years old		
A	Cx1	cremation	n.a.	n.a.	?	>20 years old		not enough material
A	Cx2	cremation	n.a.	n.a.	?	?		not enough material
B	C2	cremation	n.a.	n.a.	female	30-60 years old		
C	C3	cremation	n.a.	n.a.	?	20-40 years old		
C	C4	cremation	n.a.	n.a.	female	30-60 years old		
C	C5	cremation	n.a.	n.a.	female	19-28 years old	1412-1258 cal BC	bone tool; bronze bracelet

Table 1 Graves from the Velsen-Hofgeest, barrows A, B and C.

as these were found higher in the mound.[3] Grave 1 was discovered earlier by the amateur-archaeologists. This partially burned inhumation burial (Dutch: *brand-skeletgraf*), was that of an adult male, lying on his back. Beneath the skeleton traces of an organic mat were discovered. A ^{14}C date on charcoal dates the burial of this individual in the Middle Bronze Age B (table 2, number 2). Inhumation grave 3 is of an individual of unknown age, probably a woman lying on her back. This grave was also ^{14}C-dated to the Middle Bronze Age B (table 2, number 3). Other inhumation graves include the body stain (Dutch: *lijksilhouet*) of an adult lying on its back (grave 2), a child lying on its back (grave 4), a young adult (18-20 years old), possibly male, lying on his back (grave 5), an adult male lying in crouched position on his left side (grave 6) and a child buried not in anatomical position (grave 7). The cremation burials include an adult (23-40 years old) possible male (Smits 1990, C1), and two adult individuals of unknown gender (named Cx1 and Cx2 in the present study).

Barrow C tells a different story. Here, features surrounding the barrow include two post circles and three ring ditches. From the inside outwards a ring ditch of 6.4 metres in diameter, a triple post circle of 8 metres in diameter, a ring ditch of 9.8 metres in diameter (which on a deeper level contained oblong pits or posts and thus might have been a palisaded ditch)and a single post circle of 11 metres in diameter were constructed. The barrow mound itself consists of three stratigraphi-

3 The inhumation graves were preliminary scanned (but not properly studied) by R. Perizonius (letter in 1979 to P.J. Woltering). Cremation graves were analysed by L. Smits in 1990 (Smits 1990). A full physical anthropological analysis of the inhumation graves is still needed, and a new analysis of the cremated remains might also be worthwhile, as this field of study has developed over the last 25 years.

cally distinct phases, all associated with cremation graves, which were centrally positioned in the mound.

The first phase of barrow construction consisted of the digging of the inner ring ditch and the construction of the triple post circle, associated with the burial of a cremated adult woman (19-28 years old). This grave (Smits 1990, C5) was associated with a bone tool and a bronze bracelet. On top of this grave a low mound was constructed consisting of sods. A ^{14}C date on charcoal from this cremation grave dates the burial, and the first phase of this barrow, in the Middle Bronze Age B (table 2, number 4), possibly a century or so earlier than barrow A.

The second phase of this burial monument again consists of a cremation grave, the grave pit was dug into the top of the earliest barrow phase. The cremation grave is that of a woman of around 30-60 years of age that was buried without traceable grave goods (Smits 1990, C4). On top of this burial, a second barrow phase was constructed.

A third grave was dug into the second barrow phase. This pit contained the cremated remains of a 20-40 year old individual of unknown sex (Smits 1990, C3) and was without traceable grave goods. This grave was again covered by a mound of sods. Due to modern disturbance, it is unclear whether the outer ring ditches and post circle relate to the second or third phase.

Between barrows A and C, another concentration of features and distinctive barrow sods were recognised and interpreted as a third burial monument, barrow B (Fig. 3). As several of these features and the associated barrow mound cut and

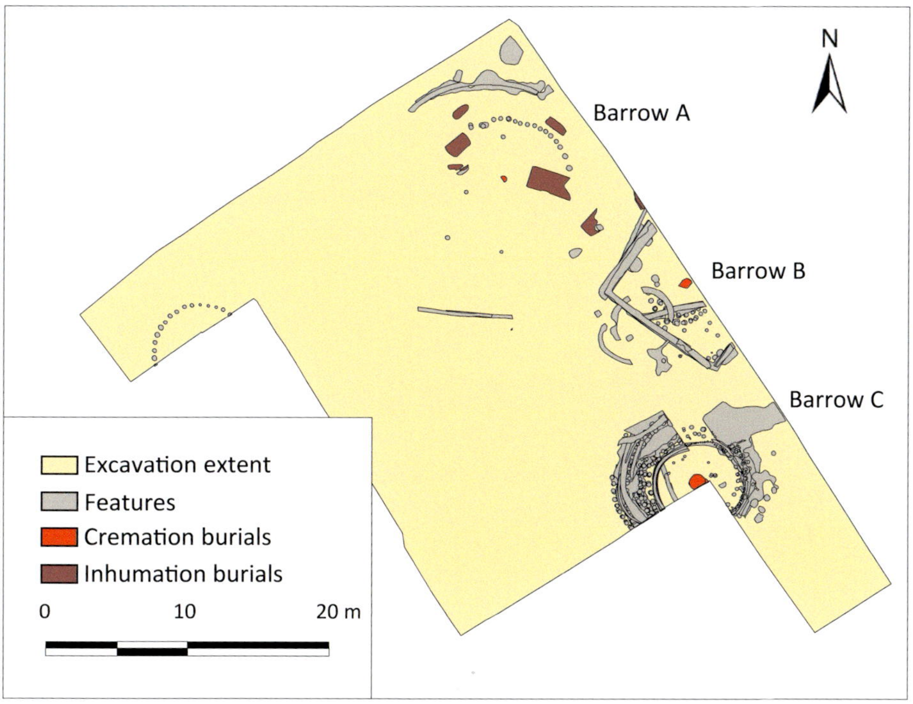

Figure 3 Excavation plan of Velsen-Hofgeest. Graves and features of barrow A, B and C and the post circle.

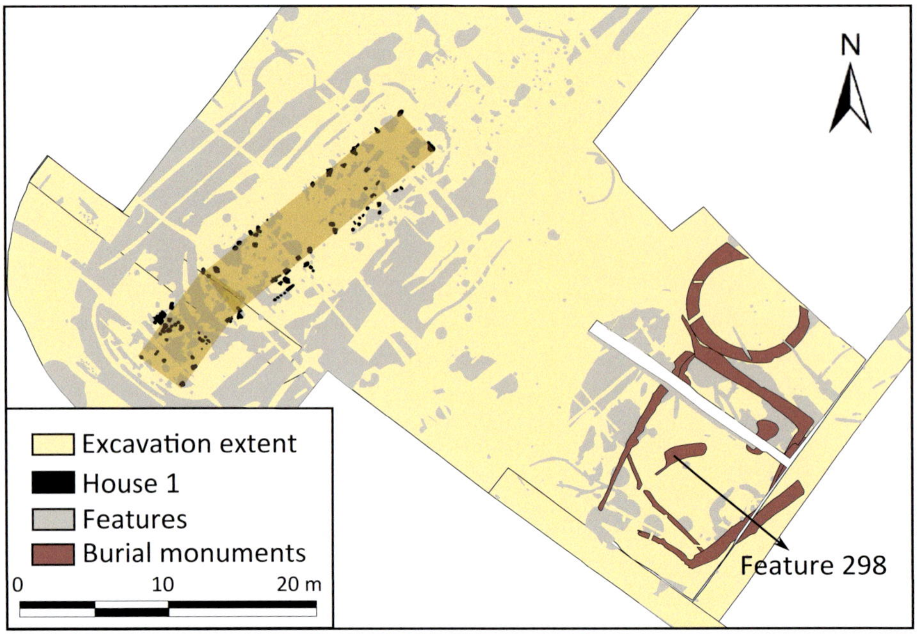

Figure 4 Excavation plan of Velsen-Westlaan 1. Features dating to the Bronze Age, specifically house 1 and the burial monuments.

cover barrow A, we can ascribe this third burial monument to a later phase of this barrow landscape. The first phase of barrow B, based solely on stratigraphy, consist of an oval shaped double post setting and possible parts of an oval ring ditch. No burial mound or graves could be related to this first phase. This oval outline resembles part of a Late Bronze Age *langbed* (long barrow, *cf.* Valentijn 2012), but as it was only partially uncovered, this can be nothing more than a suggestion. A second phase consists of a rectangular ditch, possibly aligned with three posts outside it. From the filling of this ditch, remains of upright wooden planks were uncovered. This second phase is associated with a barrow mound and a (possibly central) cremation grave of a 30-60 year old woman (Smits 1990, C2). No ^{14}C dates are available for this burial monument.

Velsen-Westlaan 1: 1988-1989

A second important excavation regarding Bronze Age burial monuments in Kennemerland, is that of Velsen-Westlaan 1 (Bosman & Soonius 1990). This site was excavated by the IPP and AWN in the south of the Velserbroekpolder in the winter of 1988/1989. The central area of the site is situated on a dune, with peat bogs on both the western and eastern ends. Here, a large amount of settlement features (postholes, pits, ditches and plough marks) were uncovered. Two multi-phased Middle Bronze Age houses (house 1 and house 2) were recognised. 20 metres southeast of House 1 the traces of burial monuments are present (Fig. 4): a concentration of features consisting of a big oval pit, a rectangular ditch (10x12.5 metres) and a large rectangular pit (2x0.6 metres).

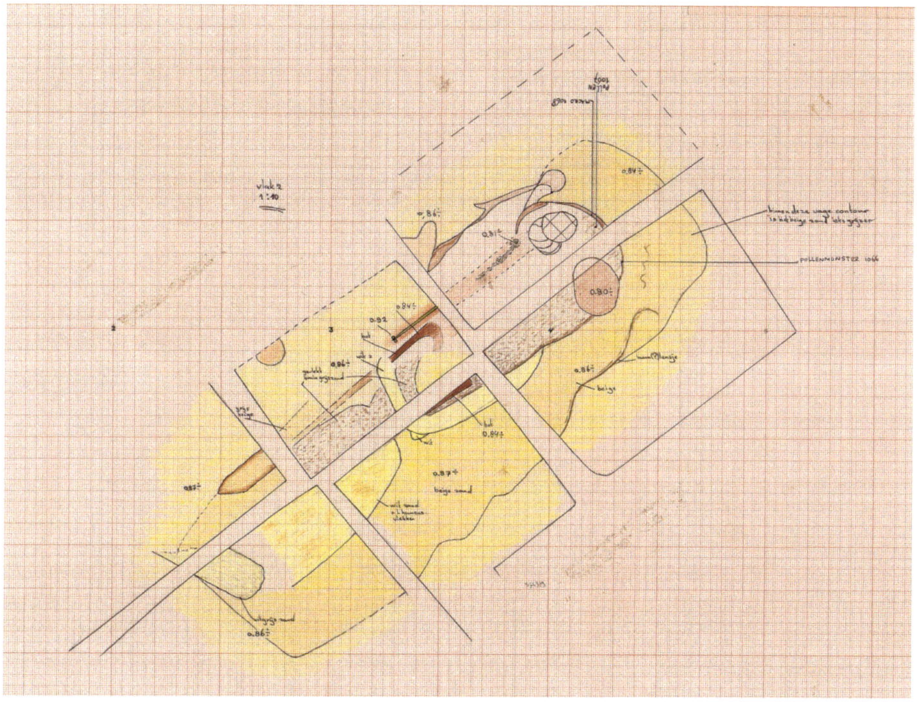

Figure 5 Detail of the excavation drawing of feature 298 (drawing by A.M. Numan, IPP).

The oval pit contained a large amount of charcoal, pottery, bone and stone and might have been a fireplace.[4] The rectangular ditch was not recognised as such during the excavation but is clearly visible in the excavation plan and the sections. Most remarkable however is the large rectangular pit (feature 298). In this feature a body stain was recognised, belonging to an individual buried lying on its back. It was associated with several remarkable artefacts. Additionally, the burial pit was lined with upward standing wooden planks. Within the grave, bone had degraded almost completely and only several teeth were preserved. On the left side of the body stain, fragments of a bronze rapier were discovered. Near the head of the person, a bronze axe and several golden hair rings were found (Bosman & Soonius 1990, 3-4; see fig. 5). Typologically, these objects can be ascribed to Montelius Period II (1475-1325 BC) which also dates the grave to this period (Lanting & Van Der Plicht 2002, 186-187; Fontijn 2009, 161).

Another ring ditch was discovered close to the 'warrior grave'. This ring ditch was 18 metres in diameter. No finds were recorded from this structure, nor from the area it enclosed. A mound was not visible during the excavation. However, due to the particular size of the feature, an interpretation as a possible second barrow is suggested here.

4 Unfortunately the material has not been analysed yet.

Velsen-Westlaan 2: 1989

Another excavation was conducted a few hundred metres east of the Velsen-Westlaan 1988-1989 site. Here, at the top of a dune, features mostly dating to the Late Neolithic were observed (Therkorn 2008, 153-154). Among these was a multi-phased burial monument. The earliest phase of this burial monument consisted of a central inhumation grave with a NNE-SSW orientation. The construction of the grave pit is remarkable. It was constructed by using sods, clay and wooden planks for the pit walls, bark or hide on the bottom and bark on top. The interred individual, placed on this bark or hide mat, was an adult male (30-40 years old), lying on his left side in crouched position with his head facing east. A ^{14}C date from the bark on top of the grave pit, dates it to the Late Neolithic/Early Bronze Age (table 2, number 5). Above this grave, a mound was constructed. A pit was dug in this mound in which the skull of a child (5-7 years old) was deposited. Following the first phase, several consecutive mounds were erected on top. From both the mound material and the grave pit, a significant number of Bell Beaker sherds were recovered, belonging to an atypical Veluwe-type Bell Beaker (Lanting 2008, 54).[5]

On top of the burial monument and in a marshy zone in the vicinity, pits were dug in the Late Bronze Age and Iron Age. In these pits loose cremated human remains and other material (charcoal, pottery, bone, stone and wood) were deposited (Besselsen 1996, 27).

Burial monuments and settlements in Bronze Age Kennemerland

As we have seen, a significant number of burial monuments have been excavated in the research area. Next to these burial monuments, several settlements have also been excavated on the narrow north-south running dune ridge of Velsen, between the Oer-IJ estuary and the North Sea (Fig. 1). Most prominently, settlement features have been uncovered at the sites of Rugbyveld, P63, Westlaan 1 and A9-Zuidelijke Calamiteitenboog.

It is clear from these excavations that the Bronze Age cultural landscape of Velsen consisted of several clusters of farmsteads (*cf.* Therkorn 2008; Kleijne in press). Burial monuments were, in some instances, situated close by. At Westlaan 1, the most striking example, two multi-phased houses and one (possibly two) burial monument(s), dating roughly to the same period[6], were situated only 20 metres apart. At the recent excavation of A9-Zuidelijke Calamiteitenboog, two Middle Bronze Age house plans were found (Van Heeringen, Hessing & Schrijvers 2014). This settlement is only a few hundred metres away from the possible contempo-

5 It is unclear where the Bell Beaker sherds were found in the barrow.

6 Two ^{14}C dates are available for house 1. The first one, taken from a settlement pit associated with the house, dates to the Middle Bronze Age B (table 2, number 6). The second one, taken from a house ditch, dates to the transition between the Middle and the Late Bronze Age (table 2, number 7). This difference might be due to the more open nature of the ditch fill, leading to the possibility of a later intrusion. On the other hand the dates also overlap significantly and also with the typological date for the burial monument nearby. House 2, which bears typological resemblance to house 1, remains undated for now. This contradicts with what Lanting & Van Der Plicht 2002, 186-187 state.

Number	Site	Lab code	BP	SD	Calibrated	Probability	Material
1	Hofgeest	GrN-9870	3575	40	2032-1869 cal BC	83,5	charcoal
2	Hofgeest	GrN-9867	3010	10	1310-1157 cal BC	78,9	charcoal
3	Hofgeest	GrN-9868	2950	80	1395-971 cal BC	93,4	charcoal
4	Hofgeest	GrN-9869	3065	30	1412-1258 cal BC	93,4	charcoal
5	Westlaan 2	GrN-16893	3635	30	2051-1912 cal BC	83,1	bark
6	Westlaan 1	GrN-17781	3020	50	1409-1122 cal BC	95,4	bone
7	Westlaan 1	GrN-17783	2960	70	1395-993 cal BC	95,0	bone

Table 2 Relevant ^{14}C dates of Late Neolithic and Bronze Age burials from Velsen.

raneous barrows A and C at Hofgeest. All in all, the picture emerges of a cultural landscape in which clusters of houses and burial monuments were situated close together. At the recently excavated site of Heiloo-Zuiderloo, a similar picture emerged. Here both a barrow dating to the Middle and Late Bronze Age and several Middle Bronze Age house plans were found in close proximity (Van der Heiden & Lange 2012).[7]

With regard to chronology of the sites, much more research is needed. The occupation history of the settlements such as at P63 and Rugbyveld, and the re-use of burial monuments such as at Hofgeest is still poorly understood. Only at the site of Westlaan 1, thanks to ^{14}C dating of the house ditch and the typological dating of the bronzes, we now have some insight in the chronological relationship between a single house and the burial monument (these probably being contemporaneous). The second house at Westlaan 1 however remains undated.

Concluding remarks

Recently several studies have been published concerning Bronze Age cultural landscapes in the Netherlands and concerning the relationships between burial monuments and settlements (Bourgeois & Arnoldussen 2006; Bourgeois & Fontijn 2008). In these studies the Velserbroek area is mentioned but, as the data were not available at the time, interpretations were absent. Furthermore, other cultural landscapes in the dynamic coastal dune area of the Netherlands dating to the Bronze Age, where both settlements and burials have been found, are nearly absent (Fokkens & Arnoldussen 2008, 21). Thus, by studying the Velserbroek excavations, we can finally get a glimpse of how people in the Middle Bronze Age structured the relationship between the living and the dead in a dynamic landscape of beach barriers, dunes and peat bogs.

7 Also pers. comm. Drs. M. van der Heiden (RCE). Another possible barrow find was observed by the AWN in Bloemendaal in 1995 (Overveen Blekersveld (Poldermans & Numan 1996, 89)) but unfortunately this find could not be studied in detail.

Acknowledgements

This project could only have succeeded thanks to the willing participation of Dr. P.J. Woltering, Dr. L.L. Therkorn and W. Bosman. Documentation from their old excavations was recovered and many important issues were discussed in an amical atmosphere. Also the Provincial Depot of Noord-Holland (M.C. Veen, J. Roefstra, M. Phlippeau and K. Haakmeester) contributed significantly by helping me finding long lost material and documentation. Graduate School colleague M. Biederbick helped me with the drawings. Finally, the Province of Noord-Holland (R.A. van Eerden) is thanked for the financial support given for this research project.

References

Besselsen, E.A. 1996. *...For Pity's Sake... Materiaalpracticum Velserbroek Westlaan 1989.* Amsterdam: Universiteit van Amsterdam (MA thesis).

Boone, W.J. de 1954. Een praehistorische woonplaats aan de Cremerlaan te Santpoort (Gem. Velsen). *Westerheem* 3, 5-9.

Bosman, W.J. and Soonius, C.M. 1990. Bronstijdboeren met hun schaapjes op het droge in Velsen. *Westerheem* 39, 1-6.

Bourgeois, Q.P.J. and Fontijn, D.R. 2008. Houses and barrows in the Low Countries, in: Arnoldussen, S. and Fokkens, H. (eds.), *Bronze Age settlements in the Low Countries*, Oxford: Oxbow Books, 41-58.

Bourgeois, Q.P.J. and Arnoldussen, S. 2006. Expressing monumentality: some observations on the dating of Dutch Bronze Age barrows and houses. *Lunula* 14, 13-25.

Fokkens, H. and Arnoldussen, S. 2008. Bronze Age settlements: an overview, in: Arnoldussen, S. and Fokkens, H. (eds.), *Bronze Age settlements in the Low Countries*, Oxford: Oxbow Books, 17-40.

Fontijn, D.R. 2009. Mittelbronzezeitliche Kriegergräber und Waffendeponierungen in Nordbelgien und den Niederlanden, in: Krenn-Leeb, A., Beier, H.-J. Claßen, E., Falkenstein, F. and Schwenzer, S. (eds.), *Mobilität, Migration und Kommunikation in Europa während des Neolithikums und der Bronzezeit. Beiträge der Sitzungen der Arbeitsgemeinschaften Neolithikum und Bronzezeit während der Jahrestagung Xanten 2006.* Beiträge UFG Mitteleuropa Band 53: Varia Neolithica V. Köln: Verlag Beier and Beran, 161-169.

Heeringen, R.M. van, Hessing, W.A.M. and Schrijvers, R. 2014. *Archeologisch onderzoek zuidelijke calamiteitenboog tussen rijksweg A9 en rijksweg A22, gemeente Velsen. Bewoning uit de Midden-Bronstijd op de overgang van het strandwallenlandschap naar het Oer IJ-estuarium.* Vestigia rapport V1150. Amersfoort: Vestigia.

Heiden, M.J. van der and Lange, S. 2012. Heiloo Zuiderloo. *Archeologische Kroniek Noord Holland over 2011*, 52-54.

Kleijne, J.P. in press. *Kennemerland in de Bronstijd. Inventarisatie en synthese van archeologische vindplaatsen.* Provinciale Archeologische Rapportenreeks Noord Holland. Haarlem: Provincie Noord-Holland.

Lanting, J.N. 2008. De NO-Nederlandse/NW-Duitse Klokbekergroep: Culturele achtergrond, typologie van het aardewerk, datering, verspreiding en grafritueel. *Palaeohistoria* 49/50, 11-326.

Lanting, J.N. and Plicht, J. van der 2002. De ^{14}C Chronologie van de Nederlandse Pre- en Protohistorie IV: Bronstijd en Vroege IJzertijd. *Palaeohistoria* 43/44, 117-246.

Poldermans, M.J and Numan, A.M. 1996. Blekersveld (Overveen) – AWH. *Haarlems Bodemonderzoek* 29, 89.

Smits, E. 1990. *De crematies van Velsen Hofgeest 1978.* Internal report ROB. Amersfoort: ROB.

Therkorn, L.L. 2008. Marking while taking land into use: some indications for long-term traditions from the Early Bronze Age onwards within the Oer-IJ estuarine region, in: Arnoldussen, S. and Fokkens, H. (eds.), *Bronze Age settlements in the Low Countries*, Oxford: Oxbow Books, 151-165.

Valentijn, P.J.C. 2012. "Mound" 6: a post and ditch aligned long barrow, in: Fontijn, D.R., Vaart, S.A. van der and Jansen, R. (eds.), *Transformation through Destruction. A monumental and extraordinary Early Iron Age Hallstatt C barrow from the ritual landscape of Oss-Zevenbergen*, Leiden: Sidestone Press, 47-68.

Vos, P.C., Bazelmans, J.C.A., Weerts, H.J.T. and Meulen, M.J. van der (eds.) 2011. Atlas van Nederland in het Holoceen, Amsterdam: Bert Bakker.

Wieland Los, B.J. 1959. Opgravingen in de Spanjersberg te Santpoort. *De Levende Natuur* 62, 38-44.

Wieland Los, B.J. 1961. Het geo- en bioarcheologisch onderzoek, in: P.J.R. Modderman, De Spanjaardsberg: voor- en vroeghistorische boerenbedrijven te Santpoort. *Berichten van de Rijksdienst voor het Oudheidkundig Bodemonderzoek* 10/11, 251-259.

Woltering, P.J. 1973. Velsen. *Jaarverslag van de ROB over 1972*, 111-112.

Woltering, P.J. 1979. Velsen Hofgeesterweg, in: Woltering, P.J. (ed.), *Archeologische Kroniek van Holland over 1978, I: Noord Holland*, Amersfoort: ROB, 252-256.

Velsen-Zuidelijke Calamiteitenboog

Hoe ver reikte de einder in het Nederlandse kustgebied in de midden-bronstijd?

Robert M. van Heeringen

Trefwoorden: Duin- en standwallenlandschap, bronstijd, leefwereld, einder, onderzoeksperspectief

Keywords: Coastal barrier landscape, Bronze Age, living environment, horizon, research perspective

Inleiding

De aanleiding voor deze bijdrage vormt het verzoek van de Stichting Metaaltijdenonderzoek Nederland voor het houden van een voordracht op de 2e Metaaltijdendag over het recente onderzoek van een deel van een nederzettingslocatie uit de midden-bronstijd in de gemeente Velsen, provincie Noord-Holland. Bij de voorbereiding van de lezing werd inspiratie gevonden in het enige publieksboek dat ooit in Nederland aan de bronstijd is gewijd en dat bovendien nog steeds boeiend is om te lezen. Daarin schrijft bronstijdexpert J.J. Butler in 1969: *Het chronologisch raamwerk, de opeenvolging van perioden, is geen prehistorie, maar alleen het kale skelet ervan. Men zou het graag gestalte willen geven, dat wil zeggen weten wie de mensen van toen waren, wat ze deden en hoe ze leefden* (Butler 1969, 13).[1] Daarnaast speelde ook een artikel door het hoofd dat is verschenen ter gelegenheid van het afscheid van H.T. Waterbolk als hoogleraar te Groningen in 1987 en is geschreven door wijlen R.W. Brandt (Brandt 1988). De titel luidt: *Nieuwe landschappen en de rol van perceptie*. Tot slot mag ook het enthousiasmerende initiatief van het bestuur van de Stichting zelf niet onvermeld blijven voor het leven inblazen van een gastvrij platform voor metaaltijdenonderzoek in het huidige Malta-tijdperk.

De eerste bundel *Metaaltijden 1* bevat maar liefst vier bijdragen over de Bronstijd in West-Nederland en vormt het bewijs dat het onderzoek naar bronstijdsamenlevingen in het kustgebied weer vol in de aandacht staat (Lohof 2014; Bulten & Opbroek 2014; Roessingh 2014; Van Amerongen 2014). Uiteraard heeft de bronstijdstudie in Nederland sinds het midden van de vorige eeuw niet stilgestaan. Reizende bronssmeden, al dan niet Engelse invloeden, grafgebruiken, huis en erf, alle uitingen die onder het begrip 'Hilversum-cultuur' konden worden

1 Jay Butler is onlangs op 13 november 2014 op 93-jarige leeftijd overleden.

geschaard, zijn inmiddels samengevat en geëvalueerd (Theunissen 1999; Kuijpers 2008; Arnoldussen 2014). Maar dat neemt niet weg dat de archeoloog steeds opnieuw zal moeten proberen de mens achter de scherven en de paalgaten nieuw leven in te blazen. Tijdens het schrijven van deze tekst kwam mij het nieuwe boek onder ogen van Francis Pryor, een archeoloog die zijn leven lang in de wetlands van de Fenlands van East Anglia aan de andere kant van de Noordzee heeft gewerkt. Hierdoor ben ik er eens te meer overtuigd geraakt dat vanuit een meer holistisch perspectief voor het West-Nederlandse strandwallenlandschap *in zijn geheel* moet worden nagedacht over het begrip *home* in de periode 1500-1000 v. Chr., een periode die Pryor beschrijft als de periode van de *New Order* (Pryor 2014, 185-222).

In deze bijdrage wordt in lijn met de gedachtegang van bovengenoemde auteurs de simpele vraag gesteld wat we nu eigenlijk weten over de leefwereld van de bronstijdmensen omstreeks 1300-1100 v. Chr. in het duingebied van Velsen. Voor de opgravingsdetails van het onderzoek Velsen-Zuidelijke Calamiteitenboog wordt verwezen naar het desbetreffende rapport (van Heeringen, Hessing & Schrijvers 2014).

Strandwallen

Dankzij de kaartenserie van Peter Vos *et al.* uit 2011, kunnen we ons beter dan ooit een beeld vormen van de dynamische woonomgeving in het kustgebied (*cf.* Vos *et al.* 2010; Vos 2015). De paleogeografische reconstructie rond 3850 v. Chr. toont een deels gesloten kust met twee zeegaten; het Zeegat van Haarlem en het Zeegat van Bergen. De kustlijn had destijds zijn meest oostelijke ligging bereikt. Aldaar vormde zich de eerste rij strandwallen en ontwikkelden zich lage duinen, die niet veel hoger waren dan enkele meters. Tussen 3500 en 2500 v. Chr. nam de stijging van de zeespiegel af en door aanvoer van zand bouwde de kust zich in reeksen strandwallen en strandvlaktes zeewaarts uit. Door de afname van het getijvolume werden de geulen en de zeegaten kleiner waardoor de kust zich meer sloot. Door opslibbing raakte het bekken van Haarlem dicht. Ten noorden daarvan ontstond het Oer IJ-estuarium en breidde het areaal aan kweldergebied zich uit. Door de gesloten kust verzoette het achterland en trad op zeer grote schaal veenvorming op. Vlak voor de aanvang van de bronstijd was de breedte van het strandwallenlandschap ter hoogte van Haarlem al vele kilometers (Afb. 1).

Landschap

Gegevens over de vegetatie op de strandwallen ter hoogte van Velsen in de midden-bronstijd zijn schaars doordat weinig onderzoek aan veenprofielen met de juiste tijddiepte is gedaan. Vrijwel de enige bron vormt tot op heden het onderzoek aan een 900 meter lang profiel dat in 1969 is opgenomen tijdens de verbreding van het Noordzeekanaal, drie kilometer ten noordwesten van Velsen-Calamiteitenboog (Zagwijn 1997, 103; Vink & Bosman 2012). In dit profiel zijn afwisselend duinzand en venige lagen aanwezig met ^{14}C-dateringen die ruwweg liggen tussen 2000-1500 v. Chr. De laag met hoge kruidenwaarden voorafgaande aan de bewoning van Velsen-Calamiteitenboog wijst op een open duinvegetatie waarin pionierstruweel van duindoorn aanwezig was. Van de spaarzaam voorkomende bomen werd in

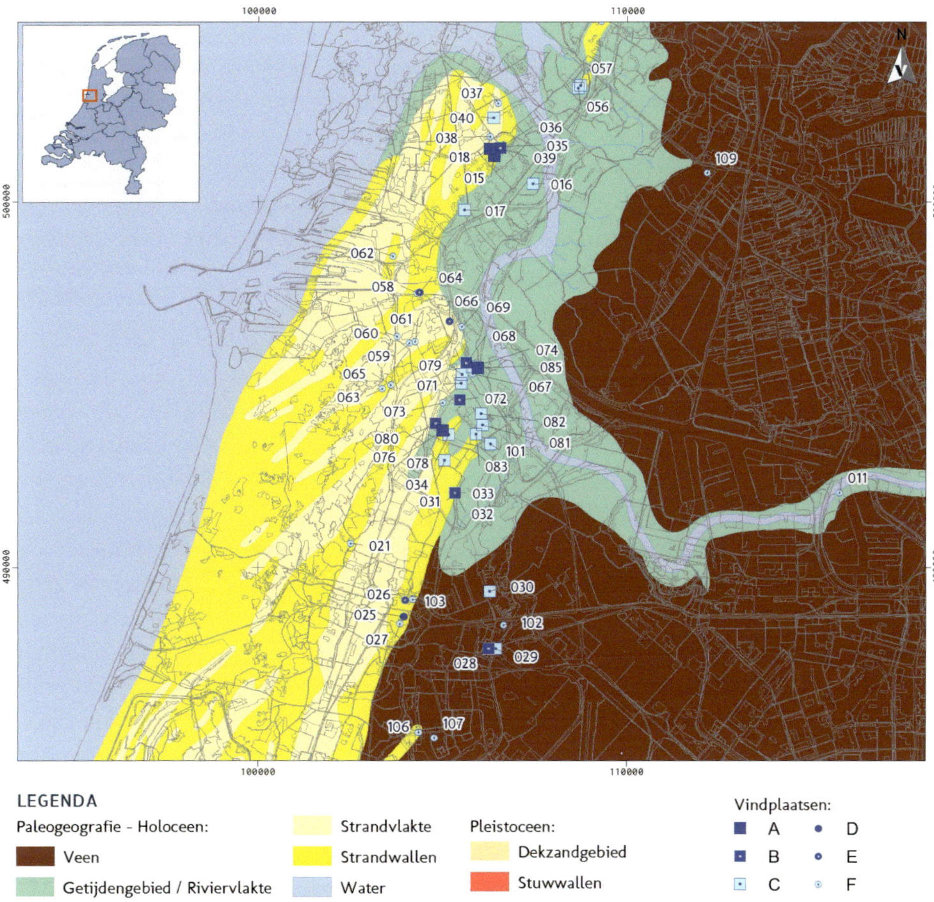

Afbeelding 1 Paleogeografie van het kustgebied omstreeks 2750 v. Chr. (Vos et al. 2011; geactualiseerd: www.archeologieinnederland.nl). Vindplaatsen naar Kleijne in druk. Vindplaatslocatie 85 betreft Velsen-Calamiteitenboog. Legenda: gravend onderzoek: A. midden-bronstijd, B. midden-bronstijd in combinatie met laat-neolithicum/vroege bronstijd en/of late bronstijd, C. bronstijd overig; Overig niet gravend onderzoek (losse vondsten, waarnemingen, begeleidingen, e.d.): D. midden-bronstijd, E. midden-bronstijd in combinatie met laat-neolithicum/vroege bronstijd en/of late bronstijd, F. bronstijd overig (Kaartbeeld: R. Schrijvers, Vestigia Archeologie & Cultuurhistorie).

Figure 1 Palaeogeographic map of the coastal zone around 2750 BC (Vos et al. 2011; updated version www.archeologieinnederland.nl). Sites based on Kleijne in press. Site 85 is Velsen-Calamiteitenboog. Legend: excavations: A. Middle Bronze Age, B. Middle Bronze Age with Late Neolithic/Early Bronze Age or Late Bronze Age, C. Bronze Age other; finds beyond excavations proper (stray finds, watching briefs et cetera): D. Middle Bronze Age, E. Middle Bronze Age with Late Neolithic/Early Bronze Age or Late Bronze Age, F. Bronze Age other (map: R. Schrijvers, Vestigia Archeologie & Cultuurhistorie).

twee paalgaten van Velsen-Calamiteitenboog resten/hout gevonden (eik en els). Een duidelijk verband tussen de mate van menselijke invloed en het mate van openheid van het landschap kon niet worden aangetoond.

Huis, haard en erf

De recente inventarisaties in het kader van de rapportage over Velsen-Calamiteitenboog, het werk van J. Kleijne in opdracht van de provincie Noord-Holland (Kleijne in druk) en de synthese voor het Oogst voor Malta-onderzoek (Van Heeringen & Van der Velde, in voorb.) voor de Rijksdienst voor het Cultureel Erfgoed werpen enig licht op het nu toe slecht ontsloten oude onderzoek. De oudst bekende bewoning rond Velsen voltrok zich in dit hierboven kort beschreven nieuw gevormde landschap (Velserbroek-Westbroek vnp 3; Ten Anscher & Bosman 2010). Het gaat om korte momenten van bewoning van de Vlaardingencultuur (ca. 2800 v. Chr.) en de Enkelgrafcultuur (ca. 2500-2400 v. Chr.; *op. cit.*).

Gegevens over de bewoning in de vroege bronstijd zijn voor Velsen en omgeving zijn vooralsnog schaars. Velsen-Calamiteitenboog voegt zich in een reeks vindplaatslocaties uit de midden-bronstijd langs de binnenrand van de strandwallen langs de linkeroever van het Oer-IJ estuarium. De huizen zijn van het bekende drieschepige type (*cf.* Arnoldussen & Theunissen 2014). Opmerkelijk is dat van de twee locaties met sporen van huisplattegronden van Velsen-Calamiteitenboog op de ene locatie sprake lijkt te zijn van één huis en op de andere van twee of zelfs meer huizen. Hoe moet dit fenomeen – dat ook in de nabij gelegen Velserbroek is vastgesteld – verklaard worden? Een andere vraag is of het open kustlandschap invloed gehad op de vormgeving van de constructie en op het materiaalgebruik van de huizen? Ook over de feitelijke inrichting van de huizen tasten we in het duister; het oorspronkelijk loopoppervlak is niet bewaard gebleven. Over de erven in Velsen en omgeving valt in zijn algemeenheid weinig te zeggen vanwege het meestal geringe onderzochte oppervlak rondom de huizen. Wel vraagt de fragmentaire informatie uit verschillende deels gepubliceerde opgravingen nog om een goede analyse van (water) kuilen, palissades, omheiningen, bijgebouwen, kringgreppels.

Nederzettingsstructuur

Een prangende vraag is of, en zo ja *hoe*, het nieuwe westelijke 'strandwal-land' dat vanaf de late middeleeuwen onder hoge jonge duinen verscholen ligt, tijdens de bronstijd in gebruik was. Was het bijvoorbeeld ook bewoond of was het alleen als begrazingsgebied in gebruik? Bovenal, hoe werd de kilometers brede 'openheid' met zijn 'ruggen'en 'dalen' tot aan de zee ervaren? Het huidige bekende lineaire patroon van vindplaatsen, zoals dat uit het kaartbeeld van afbeelding 1 naar voren komt, zou namelijk wel eens een artefact van de onderzoeksmogelijkheden in de periode 1950 tot 1990 kunnen zijn, toen sprake was van grootschalige uitbreiding van woonwijken. In het Haagse duingebied in Zuid-Holland is eenzelfde fenomeen waarneembaar (Van Heeringen & Van der Velde, in voorbereiding). Maar dat laat onverlet dat bewoning op enkele honderden meters afstand van het Oer IJ met zijn logistieke mogelijkheden (zie hierna) gunstig was gezien het aantal nu bekende vindplaatsen.

Landbouw en veeteelt

Op de meeste onderzoekslocaties te Velsen en omgeving zijn eergetouwkrassen aanwezig die duiden op akkers (o.a. Therkorn 2008, 162). Maar over de omvang van deze akkers, of de ligging ten opzichte van de huizen kan weinig in detail worden gezegd. Wat zegt verder het aantreffen van een locatie met eergetouwkrassen in één of twee richtingen over de intensiteit van de landbouw als we bedenken dat de midden-bronstijd een periode van 400 jaar beslaat? Daarbij vraagt de vaak geconstateerde afwisseling van bewoningsactiviteit en akkerlagen om een verklaringsmodel.

Het is door archeobotanisch onderzoek van de vulling van paalgaten mogelijk gebleken meer inzicht te krijgen in de lokale voedseleconomie van de bronstijdbewoners van Velsen-Zuidelijke Calamiteitenboog. Zo verbouwden en consumeerden zij zowel naakte als bedekte gerst en mogelijk ook emmertarwe. Mogelijk gebruikten zij zaden van raapzaad voor oliewinning en verzamelden zij selderij als eetbare groente in de omgeving (Verbruggen 2014). De akkers waar de granen werden verbouwd bevonden zich naar alle waarschijnlijkheid deels op de hoge kwelder langs het Oer IJ, hetgeen past binnen het algemene beeld op basis van eerdere bevindingen in West-Nederland (Brinkkemper 2006).

Uit het archeozoölogisch onderzoek van Velsen-Calamiteitenboog komt verder naar voren dat in de bronstijd het vlees van rund, schaap/geit en varken is gegeten. Als metgezel van de mens is ook de hond aanwezig. Veestalling in de huizen laat zich lastig uit de sporen afleiden, maar zal ongetwijfeld de norm zijn geweest. Dit beeld zal ongetwijfeld op soortniveau onvolledig zijn, maar de rangorde van huisdieren is algemeen voor de midden-bronstijd (Clason 1999; Arnoldussen & Fontijn 2006, 316). Naast zoutwatervis (diklipharder) zijn te Velsen in de bronstijd zoetwatervissen geconsumeerd. Dit patroon komt overeen met dat in westelijk West-Friesland (Van Amerongen 2014). Cruciaal daarbij is dan natuurlijk de vraag of, en in welke mate, er contact was tussen de bevolking aan de kust en die in het 'achterland' van West-Friesland.

Dodenbestel

Door de aanwezig duinstratigrafie is gedetailleerde informatie aanwezigheid over enkele grafheuvels uit de midden-bronstijd in de omgeving van Velsen (opbouw, randstructuren, primaire begravingen, crematies, nabijzettingen en grafgiften). Helaas is het onderzoek slechts summier in voorlopige vorm gepubliceerd (zie voor overzichten van Heeringen, Hessing & Schrijvers 2014; Kleijne in druk en Kleijne in deze bundel). Vermeldenswaardig zijn een cluster grafheuvels aan de Hofgeesterweg in Velsen (Woltering 1979) waar vier (deels meerfasige heuvels met inhumatiegraven, crematies en randstructuren) zijn onderzocht (oudste fase: midden bronstijd). Bij een inhumatiegraf met eenzelfde ^{14}C-datering als Velsen-Calamiteitenboog zijn sporen van een soort mat aangetroffen.

Een andere voor het kustgebied bijzondere begraving betreft een lijksilhouet in een grafkuil in de nabijheid van omgreppelde, waarschijnlijk gelijktijdige huisplattegronden (Velsen-Westlaan 1; o.a. Bosman & Soonius 1990). Het silhouet met een zichtbaar rechterbeen en het hoofd alleen herkenbaar aan de tandkapsels, gaf aan dat de dode van waarschijnlijk het mannelijke geslacht was, en op de rug met het gezicht naar het oosten heeft gelegen. Als bijgift was een hielbijl van Scandinavische makelij aanwezig. Naast het hoofd bevonden zich ook twee van gouddraad gemaakt haarsieraden ('noppenringen'), te dateren in de midden-bronstijd (ca. 1400-1300 v. Chr.). De dode lag op een verhoogd plateau ('baar') dat rondom voorzien was van planken met messing en groef. Het graf was afgedekt met plaggen en er was geen randstructuur aanwezig (Bosman & Soonius 1990; Fontijn 2003, 228-229; Kok 2008, 129). Beide voorbeelden (Hofgeesterweg, Westlaan 1) onderstrepen dat in Velsen en omgeving in de midden-bronstijd sprake moet zijn geweest van een samenleving, die – gezien de bijgiften – contact met de 'buitenwereld' had.

Transport en logistiek

Van de opgravingslocatie naar de locatie van de zee was vijf kilometer lopen in de bronstijd: dwars door het duinstruweel, en lopend langs de binnenrand van de strandwallen naar de monding van het Oer IJ duurde dit ongeveer het dubbele (twee uur gaans). Naar het oosten toe had men onmiddellijk toegang tot de noordelijk tak van de Rijn die via een stelsel van meren in het Oer IJ-estuarium uitkwam. De rivier stroomde door een immens veengebied. Het ligt voor de hand dat vervoer over water aantrekkelijk moet zijn geweest. Ongetwijfeld maakten de bewoners dus gebruik van kano's en boten. Onlangs is bij het onderzoek van bronstijdsporen in West-Friesland het blad van een peddel aangetroffen (Roessingh 2015b). Ook uit vroeger en later tijd zijn kano's en peddels uit Noord-Holland bekend: een kano uit de periode van de trechterbekercultuur van de locatie Dijkgatsweide in de Wieringermeerpolder (Kruidhof *et al.* 2011), een negen meter lange eikenhouten boomstamkano uit de vroege ijzertijd die bij toeval ontdekt is bij het graven van een tunnel bij Uitgeest (Vermeeren & Brinkkemper 2004; De Koning & Vos 2007) en eenzelfde type vaartuig dat in 1987 is aangetroffen in de Vecht bij Nigtevecht (Van Heeringen 1992a-b). Tot slot kan een complete peddel uit de vroege ijzertijd die is aangetroffen in huis Q in Assendelft niet onvermeld blijven (Therkorn *et al.* 1984). Het wachten is dus op een kano uit de midden-bronstijd, een huidenboot of zelfs een zeewaardig vaartuig van ingekapt en aan elkaar genaaid hout zoals in 1992 bij Dover aan de Engelse zuidkust is aangetroffen (Clark 2004; Maarleveld 2004).

Maar hoe zit het met het transport over land? In het genoemde huis Q zijn ook vier fragmenten van wagenwielen aangetroffen (Therkorn *et al.* 1984). Onlangs zijn bij onderzoek in West-Friesland ronde aardewerken schijfobjecten uit de bronstijd aangetroffen met een centrale doorboring met verdikte rand (Roessingh 2015a). Hebben we hier wellicht met een schaalmodel van een wagenwiel uit de bronstijd te maken, vergelijkbaar met de miniatuur kleidieren van Bovenkarspel (Van Regteren Altena, Van Mensch & IJzereef 1977; zie voor een breder perspectief ook Uckelmann 2013)?

Kijken we naar de oriëntatie van de langgerekte zuidwest-noordoost lopende strandwallen, dan is een weg in dezelfde richting langs Velsen-Calamiteitenboog zeer aannemelijk. De locaties van de vindplaatsen en een mogelijk aangetroffen 'landweg' lijken dit te bevestigen (Therkorn 2008). Maar of hier frequent

Afbeelding 2 Voor de gedachtevorming: nieuw zandig kustland in Zuid-Holland (Bron: www. flickr.com, zandmotor 27 maart 2014-345).

Figure 2 To feed interpretation: newly formed coastal land in the province of Zuid-Holland (source: www.flickr.com, zandmotor 27 maart 2014-345).

boerenkarren overheen reden blijft de vraag. Ook moeten we hier er weer op bedacht zijn dat de wens de vader van de gedachte kan zijn, dus dat wij naar een lineaire beeld kijken dat primair veroorzaakt is door de onderzoeksgeschiedenis en de lokale duintopografie.

Relatie met het strand en de zee

Hoe moeten we de impact duiden van de zich relatief snel zeewaarts uitbreidende 'kale' strandwallen en strandvlakten (Afb. 2)? Dat de bewoners via de visvangst bekend waren met de kustwateren, lijkt wel vast te staan (zie bijvoorbeeld ook de discussie m.b.t. de Vlaardingencultuur: Beerenhout 2010; voor de EGK (schelvis): Kleijne *et al.* 2013; m.b.t. de bronstijd: Van Amerongen 2014). In de cultuurlaag te Velsen-Calamiteitenboog is een botfragment aangetroffen dat kan worden toegeschreven aan de familie der walvissen (*Catacea*). Werd er betekenis gehecht aan walvisstrandingen? In historische tijd, getuige gravures uit de 17^e^ eeuw, en ook tegenwoordig is een stranding een gebeurtenis die zeer tot de verbeelding spreekt. In 2014 werd aan de Nederlandse kust melding gemaakt van 581 strandingen.[2] Het moet ook in de bronstijd een algemeen verschijnsel zijn geweest. Ook in andere West-Nederlandse prehistorische vondstcontexten is botmateriaal van zeezoogdieren aanwezig (o.a. Clason 1977, tabel 10 en 14). Betrof het bij Velsen dieren die het estuarium inzwommen en daar strandden? Werd het vlees gegeten? Was het (oorspronkelijk complete) bot in de nederzetting als 'trofee of

2 www.walvistrandingen.nl.

Afbeelding 3 Velsen-Zuidelijke Calamiteitenboog. Scherf uit de midden-bronstijd met magering bestaande uit grove fragmenten schelp (foto: Vestigia Archeologie & Cultuurhistorie).

Figure 3 Velsen-Zuidelijke Calamiteitenboog. Sherd from the Middle Bronze Age tempered with coarse shell fragments (photo: Vestigia Archeologie & Cultuurhistorie).

ornament'[3] aanwezig? Dat 'zee-gerelateerde' grondstoffen niet werden geschuwd, toont in ieder geval het aardewerk aan waarin grove schelpfragmenten als verschralingsmiddel zijn gebruikt (Afb. 3). Ook bij de opgravingen van Velserbroek P63 en Velsen-Noordzeekanaal is schelp als aardewerkverschraling aangetroffen (o.a. Van Regteren Altena 1980, 58). Barnsteen is ook een materiaalcategorie die vraagt om nadere duiding. Kan de fabricage van kralen in Velsen (Vons 1970) berusten op aan het strand gevonden ruwe grondstof en maakte het wellicht onderdeel uit van een uitwisselingsnetwerk?

Slotoverweging

Na het kort doornemen van bovenstaande thema's is duidelijk dat aan de toenmalige binnenrand van het strandwallenlandschap bij Velsen een voor Nederlandse begrippen – qua archeologisch correlaat – 'volwaardige' midden-bronstijdsamenleving aanwezig moet zijn geweest. Maar feitelijk weten we eigenlijk nog heel weinig over het leven in Velsen in de bronstijd, ruim 1100 jaar v. Chr. Het blijven de bekende algemeenheden, dat de mensen in een boerderij woonden, vee hielden, graan verbouwden, honden hadden en begraven werden. Er is nog weinig nagedacht over hoe ze hun toch wel speciale kustlandschap waardeerden en hoe ze relaties onderhielden met andere bewoningsgebieden, zoals die verder achter de kust in het huidige West-Friesland, aan de andere kant van de Rijnmonding verder naar het zuiden, naar het oosten achter het immense veengebied. Was er een regelmatige kanoveerdienst richting West-Friesland, een tocht van circa 40 km? Reden er karren over de strandwal naar het zuiden? Werd er frequent gevist op de Noordzee? Meerden er boten van of naar Engeland af in het Oer IJ of was dat iets

3 Voor inspiratie zie de kaakpoort op Texel; www.ecomare.nl.

dat alleen aan de Oude Rijn was voorbehouden? Hoe ver reikte de einder? Het zijn vragen die ook in Europees verband spelen (Fokkens & Harding 2013, 8-9). Mogelijk kan een breder onderzoeksperspectief worden geformuleerd met als vertrekpunt het *hele* Nederlandse kustgebied waarmee mogelijk beter grip kan worden gekregen op het functioneren van de bronstijdsamenleving van Velsen-Zuidelijke Calamiteitenboog en omgeving.

Abstract

Recent results of an excavation near Velsen in the province of North-Holland, Velsen-Zuidelijke Calamiteitenboog, lead to some thoughts on the living conditions of people near the coast in the Bronze Age, *c.* 1100 cal BC. The dynamics of the coastal barrier landscape from the backdrop to brief discussions of different aspects of society. Houses, settlement structure, farming, burial mounds, transport and logistics are all discussed, as are the relationships to the sea and the nearby former tidal Oer IJ inlet. It is argued that although a lot is known about the archaeological features in a strict sense of the word, the wider understanding of the Bronze Age societies of the Western Netherlands in relation to their hinterland cross-channel contacts is very limited. A plea is made to compile new research questions from a more holistic perspective, encompassing the entire coastal region of the Netherlands.

Literatuur

Amerongen, Y.F. van 2014. Het wilde West-Friesland: jacht en visserij in de bronstijd, in: Theunissen, E.M. en Arnoldussen, S. (red.), *Metaaltijden 1. Bijdragen in de studie van de Metaaltijden.* Leiden: Sidestone press, 81-96.

Anscher, T.J. ten en Bosman, W.J. 2010. Vlaardingen en Enkelgrafcultuur in Velserbroek, gemeente Velsen. *Westerheem* special nr. 2, 134-146.

Arnoldussen, S. 2014. If only Hilversum could have been a coastal town. The atypical type-site for a typical Dutch Bronze Age ceramic tradition. *Archeologica Naerdincklant. Archeologisch Tijdschrift voor het Gooi en omstreken* 2014-2, 18-26.

Arnoldussen, S. en Fontijn, D.R. 2006. Towards familiar landscapes. On the nature and origin of Middle Bronze Age landscapes in the Netherlands. Proceedings of the Prehistoric Society 72, 289-317.

Arnoldussen, S. en Theunissen, E.M. 2014. Huisplattegronden uit de late prehistorie in het rivierengebied, in: Lange, A.G., Theunissen, E.M., Deeben, J.H.C., Doesburg, J. van, Bouwmeester, J. en Groot, T. de, Huisplattegronden in Nederland. Archeologische sporen van het huis. Amersfoort: Barkhuis/Rijksdienst voor het Cultureel Erfgoed, 115-142.

Beerenhout, B. 2010. Het bleef niet bij steur alleen; de exploitatie van de visgemeenschap. *Westerheem* special nr. 2, 57-66.

Bosman, W.J. en Soonius, C. 1990. Bronstijd boeren met hun schaapjes op het droge in Velsen. *Westerheem* 39, 1-6.

Brandt, R.W. 1988. Nieuwe landschappen en de rol van perceptie, in: Bierma, M., Harsema, O.H. en Zeist, W. van (red.). *Archeologie en landschap.* Groningen: BAI, 59-77.

Brinkkemper, O., 2006. Wetlands en menselijke bestaansmogelijkheden in de late prehistorie, in: Brinkkemper, O., Deeben, J.H.C., Doesburg, J. van, Hallewas, D.P., Theunissen, E.M. en Verlinde, A.D. (red.), *Vakken in vlakken. Archeologische kennis in lagen.* Nederlandse Archeologische Rapporten 32. Amersfoort: Rijksdienst voor het Oudheidkundig Bodemonderzoek, 21-40.

Bulten, E.E.B en Opbroek, M. 2014. Een crematiegrafveld in de duinen van Den Haag, in: Theunissen, E.M. en Arnoldussen, S. (red.), *Metaaltijden 1. Bijdragen in de studie van de Metaaltijden.* Leiden: Sidestone press, 57-66.

Butler, J.J. 1969. *Nederland in de Bronstijd.* Fibulareeks 31. Bussum: Fibula-Van Dishoeck.

Clark, P. 2004. The Dover boat ten years after its discovery, in: Clark, P. (red.), *The Dover Bronze Age Boat in Context. Society and water transport in prehistoric Europe.* Oxford: Oxbow Books, 1-12.

Clason, A.T. 1977. Jacht en veeteelt van prehistorie tot middeleeuwen. Haarlem: Fibula-Van Dishoeck.

Clason, A.T., 1999. What's New in the Bronze Age? The Livestock and Gamebag of the Bronze Age Famers in the Western Netherlands and Central Netherlands, in: Sarfatij, H., Verwers, W.J.H. en Woltering, P.J. (red.), *In Discussion with the Past. Archaeological studies presented to W.A. van Es.* Zwolle: Stichting Promotie Archeologie, 35-40.

Fokkens, H. en Harding, A. 2013. Introduction: The Bronze Age of Europe, in: Fokkens, H. en Harding, A. (red.), *The Oxford Handbook of European Bronze Age.* Oxford: Oxford University Press, 1-13.

Fontijn, D.R. 2003. *Sacrificial Landscapes. Cultural biographies of persons, objects and 'natural' places in the Bronze Age of the southern Netherlands, c. 2300-600BC.* Analecta Praehistorica Leidensia 33/34. Leiden: Universiteit Leiden (proefschrift).

Heeringen, R.M. van 1992a. The Iron Age in the Western Netherlands IV: Site Catalogue and Pottery Description, Map Sheet 3. *Berichten van de Rijksdienst voor het Oudheidkundig Bodemonderzoek* 39, 69-155.

Heeringen, R.M. van 1992b. The Iron Age in the Western Netherlands V: Synthesis. *Berichten van de Rijksdienst voor het Oudheidkundig Bodemonderzoek 39*, 157-267.

Heeringen, R.M. van, Hessing, W.A.M. en Schrijvers, R. 2014. *Archeologisch onderzoek zuidelijke calamiteitenboog tussen rijksweg A9 en rijksweg A22, gemeente Velsen. Bewoning uit de Midden-Bronstijd op de overgang van het strandwallenlandschap naar het Oer IJ-estuarium.* Vestigia-rapport V1150. Amersfoort: Vestigia Archeologie & Cultuurhistorie.

Heeringen, R.M. van en Velde, H.M. van der, in voorb., Oogst voor Malta-onderzoek Hollands duingebied. Amersfoort: ADC/Vestigia.

Kleijne, J.P., Brinkkemper, O., Lauwerier, R.C.G.M., Smit, B.I. en Theunissen, E.M. (red.) 2013. *A matter of Life and Death at Mienakker (the Netherlands). Late Neolithic Behavioural Variability in a Dynamic Landscape.* Nederlandse Archeologische Rapporten 45. Amersfoort: Rijksdienst voor het Cultureel Erfgoed.

Kleijne, J.P., in druk. *Kennemerland in de Bronstijd. Inventarisatie en synthese van archeologische vindplaatsen.* Haarlem: Provincie Noord-Holland.

Kok, M.S.M. 2008. *The homecoming of religious practise. An analysis of offering sites in the wet low-lying parts of the landscape in the Oer-IJ area (2500 BC – AD 450).* Amsterdam: Universiteit van Amsterdam (proefschrift).

Koning, J. de en Vos, P.C. 2007. *De opgraving van een prehistorische boomstamkano in Uitgeest, N-H.* Hollandia-reeks 170. Zaandam: Hollandia.

Kruidhof, C.N., Raczynski Henk, Y., Lyklema, E. en Koehler, L. 2011. *Een boomstamkano in Dijkgatsweide. Een bijzondere vondst uit het Midden-Neolithicum, gemeente Wieringermeer.* RAAP rapport 2161. Weesp: RAAP Archeologisch Adviesbureau.

Kuijpers, M.H.G. 2008. *Bronze Age Metalworking in the Netherlands (c. 2000 – 800 BC). A research into preservation of metallurgy related artefacts and the social position of the smith.* Leiden: Sidestone Press.

Lohof, E. 2014. The wilder shores of geography. Een paar opmerkingen over geografische perceptie in de vroege bronstijd van West-Europa, in: Theunissen, E.M. en Arnoldussen, S. (red.), *Metaaltijden 1. Bijdragen in de studie van de Metaaltijden.* Leiden: Sidestone press, 37-48.

Maarleveld, T. 2004. Finding 'new' boats: enhancing our chances in heritage management, a predictive approach, in: Clark, P. (red.), *The Dover Bronze Age Boat in Context. Society and water transport in prehistoric Europe.* Oxford: Oxbow Books, 138-147.

Pryor, F. 2014. *Home. A time traveller's tales from Britain's prehistory.* London: Allen Lane.

Regteren Altena, J.F. van 1980. Mens en duin, een archeologisch beeld, in: Adriani, M.J., Gonggrijp, G.P., Nijkamp, J.A. en Van Regteren Altena, J.F. van, *Ontdek de duinen (Nederlandse landschappen).* Hilversum: IVN, 49-63.

Regteren Altena, J.F. van, Mensch, P.J.A. van en IJzereef, G.F. 1977. Bronze Age animals from Grootebroek, in: Beek, B.L. van, Brandt, R.W., Groenman-van Waateringe, W. (red.), *Ex Horreo*, 241-254.

Roessingh, W. 2014. Huisplattegronden uit de midden-bronstijd van Bovenkarspel-Het Valkje, in: Theunissen, E.M. en Arnoldussen, S. (red.), *Metaaltijden 1. Bijdragen in de studie van de Metaaltijden.* Leiden: Sidestone press, 67-80.

Roessingh, W. 2015a. *Mysterieuze ronde aardewerk schijven* (www.bronstijdwestfriesland.nl; geplaatst 26-02-2015).

Roessingh, W. 2015b. *Houten peddel gevonden tijdens N23-opgravingen* (www.bronstijdwestfriesland.nl; geplaatst 10-02-2015).

Theunissen, E.M. 1999. *Midden-bronstijdsamenlevingen in het zuiden van de Lage Landen. Een evaluatie van het begrip 'Hilversum-cultuur'.* Leiden: Faculteit Archeologie Leiden (proefschrift).

Therkorn, L.L. 2008. Marking while taking land into use: some indications for long-term traditions within the Oer-IJ estuarine region, in: Arnoldussen, S. en Fokkens, H. (red.), *Bronze Age Settlements in the Low Countries.* Oxford: Oxbow Books, 151-166.

Therkorn, L.L., Brandt, R.W., Pals, J.P. en Taylor, M. 1984. An Early Farmstead: Site Q of te Assendelver Polders Project. *Proceedings of the Prehistoric Society* 50, 351-373.

Uckelmann, M. 2013. Land Transport in the Bronze Age, in: Fokkens, H. en A. Harding (red.). *The Oxford Handbook of European Bronze Age*. Oxford: Oxford University Press, 398-413.

Verbruggen, F. 2014. Botanische macroresten, in: Heeringen, R.M. van, W.A.M. Hessing & R. Schrijvers. 2014. *Archeologisch onderzoek zuidelijke calamiteitenboog tussen rijksweg A9 en rijksweg A22, gemeente Velsen. Bewoning uit de Midden-Bronstijd op de overgang van het strandwallenlandschap naar het Oer IJ-estuarium*. Vestigia-rapport V1150. Amersfoort: Vestigia Archeologie & Cultuurhistorie, 39-62.

Vermeeren, C. en Brinkkemper, O. 2004. *De IJzertijd-kano van Uitgeest: onderzoek van het hout en de bewerkingssporen*. BIAXiaal 209. Zaandam: BIAX.

Vink, J. en Bosman, W.J. 2012. De ontdekking van Velsens Vroege Bronstijd. *Westerheem* 61(6), 338-348.

Vons, P. 1970. De vervaardiging van barnsteen-kralen te Velsen in de Vroege Bronstijd. *Westerheem* 19, 34-34.

Vos, P.C. 2015. *Origin of the Dutch coastal landscape. Long-term landscape evolution of the Netherlands during the Holocene described and visualized in national, regional and local palaeogeographical map series*. Groningen: Barkhuis.

Vos, P.C., Eerden, R.A. van en Koning, J. de (m.m.v. Bunnik, F., Brinkkemper, O. en Bosman, W.J.) 2010. *Paleolandschap en archeologie van het PWN duingebied bij Castricum. Rapportage van een multidisciplinair onderzoeksprogramma, uitgevoerd naar aanleiding van geologische en archeologische veldopnamen in acht bouwputten gelegen binnen het duinwaterwingebied van PWN bij Castricum*. Deltares-rapport 0912-0242. Utrecht: Deltares.

Vos, P.C., Bazelmans, J., Weerts, H.J.T. en Meulen, M.J. van der (red.) 2011. *Atlas van Nederland in het Holoceen,* Amsterdam: Uitgeverij Bert Bakker.

Woltering, P.J. 1979. Velsen: Hofgeesterweg, in: Woltering, P.J. (red.), Archeologische kroniek van Noord-Holland over 1978. *Holland* 11, 252-256.

Zagwijn, W.H. 1997. Een landschap in beweging: De duinen van Holland sinds het Neolithicum, in: Hallewas, D.P., Scheepstra, G.H en Woltering, P.J. (red.). *Dynamisch landschap: Archeologie en geologie van het Nederlandse kustgebied.* Amersfoort: Van Gorkum, 93-129.

Late bronstijdboeren en hun potten in de Oude Duinen bij De Zilk (gemeente Noordwijkerhout)

Simone Bloo & Iris Briels

Trefwoorden: late bronstijd, aardewerk, structuren, Hollands Duingebied

Keywords: Late Bronze Age, ceramics, structures, Dutch Dunes Area

Inleiding

In 2013 is op de locatie De Zilk-Sportlaan in opdracht van gemeente Noordwijkerhout door RAAP archeologisch onderzoek uitgevoerd. Hierbij kwamen sporen en vondsten aan het licht, onder andere uit de late bronstijd.[1] In dit artikel richten we ons op het aardewerk uit deze periode, omdat het een belangrijke aanvulling vormt op een eerdere aardewerkstudie uit de jaren ´90 van de vorige eeuw. Het aardewerk past binnen de Heemskerk-stijlgroep (Van Heeringen 1990), maar de decoratie vertoont ook overeenkomsten met motieven uit Zuid-, Midden-, en Oost-Nederland. Dit lijkt er op te duiden dat er niet alleen sprake was van interactie binnen de regio.

Een nederzetting uit de late bronstijd

Om het aardewerk binnen een context te kunnen plaatsen schetsen we eerst de geologische en archeologische situatie op basis van de voorlopige resultaten van het onderzoek. De vindplaats ligt op de noordoostzijde van een op de strandwal gevormd duin (Afb. 1) die is ontstaan rond 2300-1400 voor Chr. (Salman, Salman & Hekkens 2011; Van der Valk 1992).

Het dynamische duinlandschap wordt gekenmerkt door een afwisselend micro-reliëf. De aanwezigheid van meerdere humeuze vegetatiehorizonten en veenpakketten afgedekt met stuiflagen ter hoogte van de flank van het duin, getuigen van verschillende fasen van rustige en minder rustige milieuomstandigheden. Op de top van het duin is geen stratigrafische scheiding tussen de bewoningssporen uit

---

1 Voor meer informatie over de sporen uit de overige perioden zie Briels in voorbereiding. De gepresenteerde structuren zijn onder voorbehoud. Nog uit te voeren ^{14}C-dateringen en botanisch onderzoek zal nog meer duidelijkheid moeten geven over de relatie tussen structuren, het omgevingsmilieu en de economische bestaansbasis.

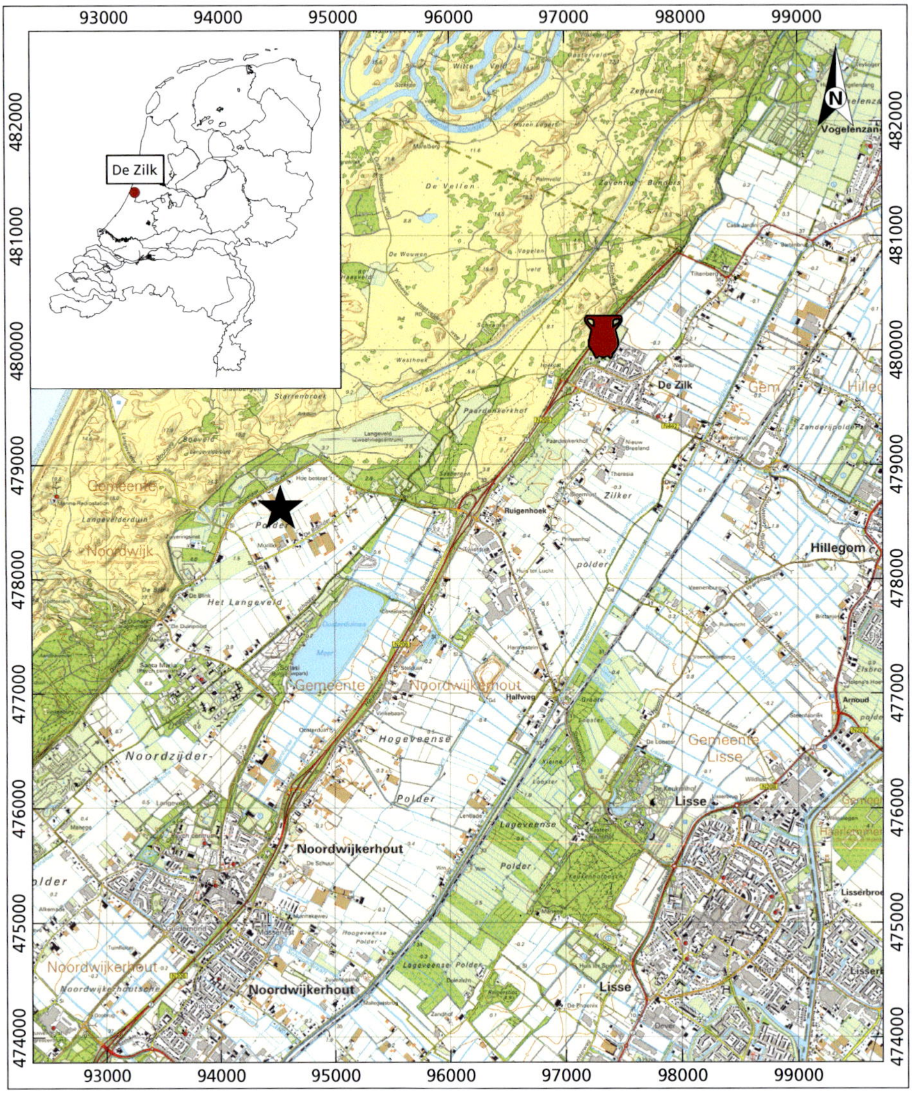

Afbeelding 1 Locatie van het onderzoeksgebied De Zilk-Sportlaan (pot) en Noordwijkerhout-Langeveld (ster) (BAAC).

Figure 1 Location of the research area De Zilk-Sportlaan (pot) and Noordwijkerhout-Langeveld (star) (BAAC).

verschillende periodes te maken, terwijl op de flank de late bronstijd- en een late ijzertijdvindplaats worden gescheiden door minimaal 50 cm veen. Omdat de late bronstijdvindplaats zich met name op de flank bevindt, zijn de met veen afgedekte sporen en vondsten overwegend goed geconserveerd.

Op basis van de voorlopige analyse van de sporen is een aantal structuren herkend (Afb. 2 en 3). Het gaat om een mogelijke huisplattegrond (structuur 7), twee spiekers/bijgebouwtjes (structuur 22 en 23), twee mogelijke gebouwtjes waarvan alleen een rij diep ingegraven palen is aangetroffen (structuur 2A en 21), een constructie bij een (water-)kuil (structuur 1), hekwerkjes (structuur 2B, structuur 25)

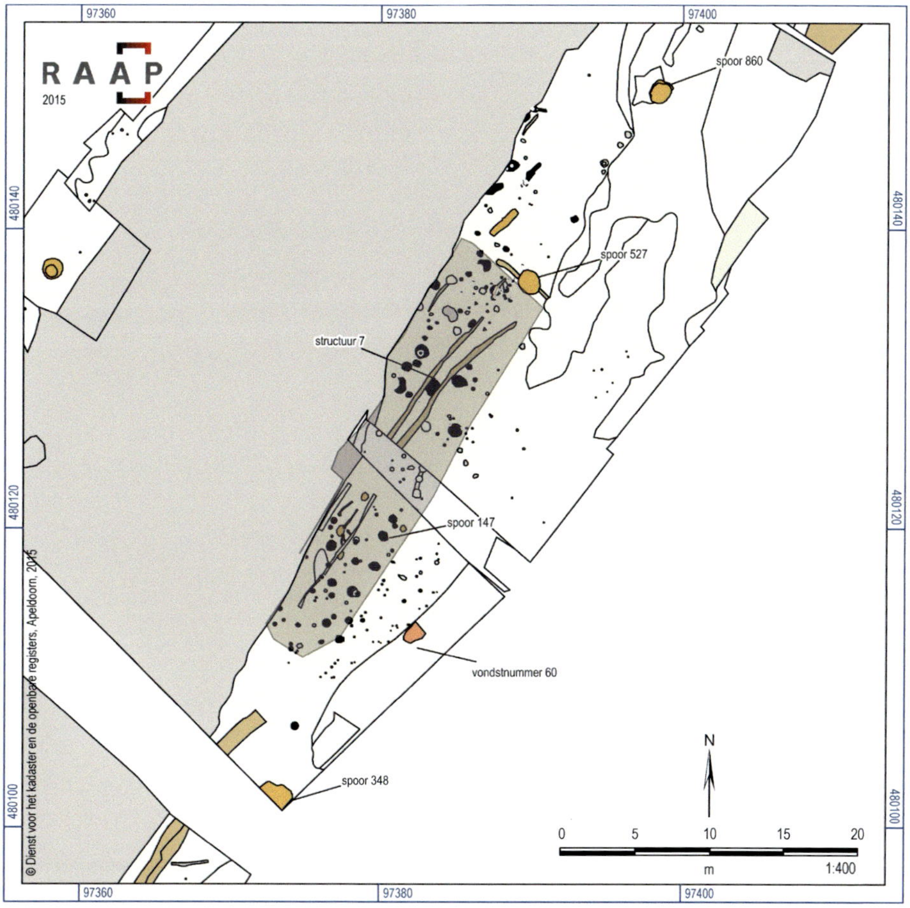

Afbeelding 2 Alle late bronstijdsporen van het zuidelijke deel van de opgraving met in donkergrijs de mogelijke huisplattegrond structuur 7. In zwart zijn paalkuilen aangegeven en in bruin kuilen (RAAP).

Figure 2 Map with all the Late Bronze Age features in the Southern part of the excavation area. The possible house-plan structure 7 is marked in dark grey. Postholes are shown in black, pits in brown (RAAP).

en vier diepe water- of afvalkuilen (spoor 348, 527, 860 en 1145). De structuren vormen een erf waarop enkele artefacten zijn achtergebleven. Het meeste aardewerk is aangetroffen bij de aanleg van het vlak en afkomstig uit een cultuurlaag. Daarnaast is aardewerk geborgen uit paalsporen en kuilen van bovengenoemde structuren en waterkuilen. De aardewerkvondsten komen in de volgende paragraaf uitgebreid aan bod.

Andere noemenswaardige (vlak-)vondsten zijn een gebroken klop-wrijfsteen (vnr. 352), een schrabber gemaakt van een bifaciaal geretoucheerde sikkel en een gebroken slijpsteen (vnr. 60). Eén waterput bevatte geweifragmenten (spoor 348). Ten oosten van spoor 527 zijn in de cultuurlaag een bronzen beiteltje en een loden schijfje gevonden. Het beiteltje is gedateerd in de bronstijd, de datering van het loden schijfje is onbekend. Omdat de ijzertijdsporen zijn ingegraven in de cultuurlaag uit de bronstijd is het onduidelijk waartoe het loden schijfje gerekend moet

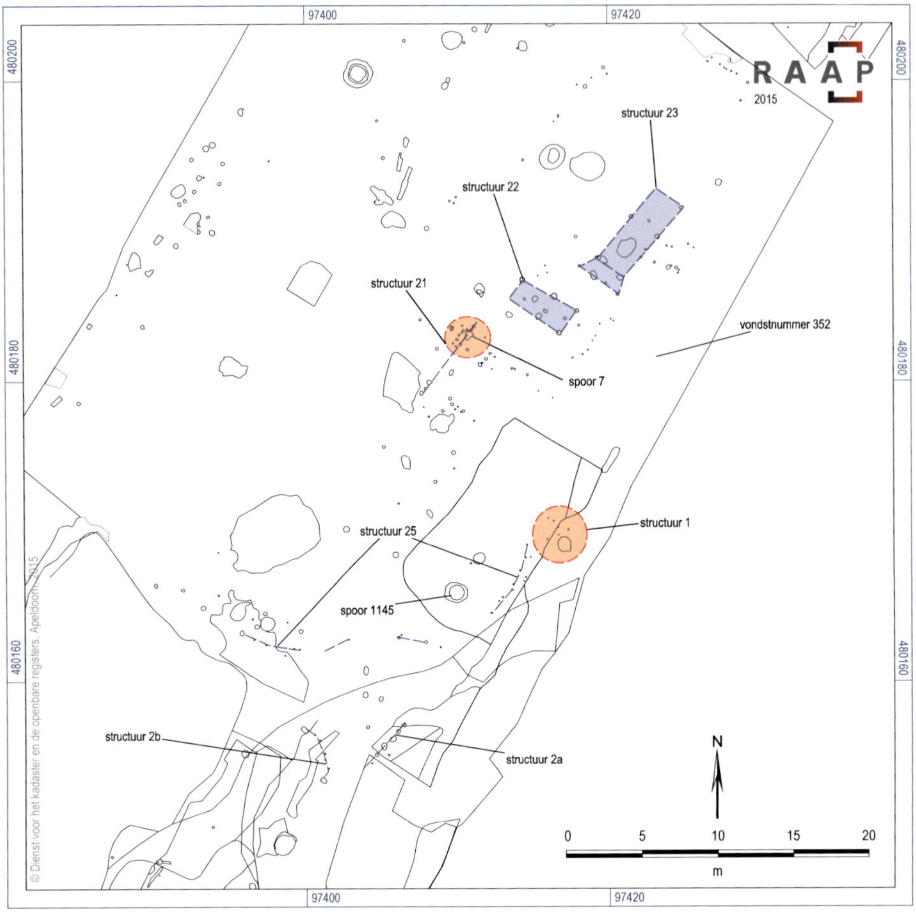

Afbeelding 3 Alle late bronstijdsporen van het noordelijke deel van de opgraving, in rood en blauw zijn de structuren aangegeven (RAAP).

Figure 3 Map with all the Late Bronze Age features in the Northern part of the excavation area. The structures are depicted in red and blue (RAAP).

worden. Het botmateriaal bestaat uit consumptie- en slachtafval en uit afval van geweibewerking. De schaarste aan jachtwild en de samenstelling van de veestapel komen overeen met het algemene beeld uit de brons- en ijzertijd, zij het dat in De Zilk-Sportlaan (gedomesticeerde) paarden ontbreken. Het natuursteen laat net als het aardewerk zien dat op deze locatie sprake is van nederzettingsafval.

Het vaatwerk van de late bronstijdboeren in het Hollands Duingebied

De bewoners van het duin gebruikten in het dagelijks leven onder andere keramisch vaatwerk. Het aardewerk is onderzocht aan de hand van stijlgroepen die Van Heeringen (1992) in het eind van de vorige eeuw heeft opgesteld in zijn proefschrift. Hieruit blijkt dat het aardewerk van De Zilk-Sportlaan past in de Heemskerk-stijlgroep, daterend tussen 1050-800 voor Chr. (Van Heeringen 1992,

192-196). Volgens Van Heeringen kenmerkt het tiende-eeuwse aardewerk zich door verschraling met graniet- en potgruis, door dunwandige vaak biconische potten, de afwezigheid van besmijting en een zeer schaars voorkomen van versiering (hooguit enkele stafbanden). Het materiaal uit de negende eeuw is vergelijkbaar verschraald, maar daarnaast komt dan ook gemengd steengruis voor. De vorm van de pot is in de negende eeuw nog vooral biconisch te noemen, maar de overgang van de schouder naar de buik is aangezet door een scherpe, hoekige overgang. De wandafwerking bestaat soms uit een fijne besmijting. Versiering met stafbanden komt vaker voor dan in de tiende eeuw en ook zijn er fijne nagelindrukken (zowel op als aan de rand en op de schouder) en ringvormige indrukken zichtbaar. Bovengenoemde kenmerken zijn vastgesteld voor aardewerk uit het Hollands Duingebied. Het komt bijvoorbeeld voor op de vindplaatsen Noordwijkerhout-Langeveld en Heemskerk-Duitslandlaan (Van Heeringen 1992, 192-196).

Aardewerk van De Zilk-Sportlaan

Het late bronstijdmateriaal van De Zilk-Sportlaan (Afb. 4) kenmerkt zich door verschraling bestaande uit gebroken kwarts, granietgruis, soms potgruis en steengruis, maar sporadisch ook schelpgruis. Het aardewerk is dunwandig met een gemiddelde wanddikte van 6,9 mm. Het dunste fragment meet 5,5 mm en het dikste 9 mm. Drieledige vormen komen hier het meest voor. Daarnaast heeft het meeste vaatwerk een gegladde buitenzijde en is besmijting niet aangetroffen. De fragmenten hebben een lichte kleur met vaak een donkere kern. Dit is het gevolg van het bakken in een oxiderend of onvolledig oxiderend milieu. In het complex is vooral onversierd, maar ook versierd dunwandig vaatwerk vertegenwoordigd (circa 13,5%). Dit aardewerk kon gebruikt worden voor het serveren en opslaan van voedsel, maar ook voor het koken gezien de aankoeksels op enkele versierde exemplaren. De grotere biconische potten lijken met name geschikt voor het opslaan van voedsel, maar kunnen, eveneens gezien de aankoeksels, ook voor het koken zijn gebruikt.

Versiering bestaat uit ringvormige indrukken (*cf.* Van Heeringen 1992, 195 pot 3), rijen vingertopindrukken en rijen opgeknepen klei met aan weerszijden nagelindrukken. Het aardewerk is ook versierd met vingertopindrukken waarnaast een verdikking is ontstaan (Afb. 4: vnr. 11.4 en vnr. 16.5). Nagelindrukken zijn op meerdere locaties van de pot en in diverse motieven geplaatst (Afb. 4: vnr. 25.3, 59.3, 71.6 en 16.5). Eén fragment is op de overgang van de schouder naar de buik versierd door een liggend stokje in de nog natte klei te drukken (Afb. 4: vnr. 58.1). Er zijn rechthoekige en ovale spatels gebruikt (Afb. 4: vnr. 231.1 en vnr. 58.1). Door een vrij smalle en scherp gevormde spatel dicht op elkaar in de klei te drukken is een pseudo-touwversiering gevormd (Afb. 4: vnr. 231.4). Stafbanden komen in dit complex niet voor.

Een paar aspecten van het aardewerk springen dusdanig in het oog dat ze extra aandacht vragen: op een scherf van de overgang van de schouder naar de buik is een bijzondere versiering zichtbaar (Afb. 4: vnr. 58.1). Deze bestaat uit diagonaal geplaatste langwerpige indrukken van een spatel die vervolgens zijn opgevuld met een witte, kalkhoudende pasta (het reageert op zoutzuur). Deze witte pasta steekt af tegen de lichte achtergrond van de klei van de pot. De pasta kan bestaan uit fijn gemalen verbrand bot of verbrande schelp, hetgeen beide kalkhoudend is.[2] Vaak, met name in Oost- en Zuid-Nederland, is dit type versiering toegepast op zwart aardewerk waardoor het contrast nog groter is (Arnoldussen & Ball 2007, 197). Een ander fragment is versierd met een groef in een driehoekig motief opgevuld met een witte pasta en is vergelijkbaar met een exemplaar aangetroffen op de vindplaats Heemskerk-Duitslandlaan (Van Heeringen 1992, 153 (237), pot 4 19-West-32 I).

In een waterkuil (Afb. 2: spoornummer 860) zijn scherven van minimaal twee potten terecht gekomen. Een kwartsverschraalde drieledige pot is dunwandig en aan de buitenzijde en op de top met spatelindrukken versierd (Afb. 4: vnr. 231.1). De indrukken zijn rechthoekig met een verbreding aan de top. Een spatel is hiervoor diagonaal in de klei gedrukt. Een parallel voor het motief is bekend uit Noordwijkerhout-Langeveld, al komt de techniek niet overeen (Van Heeringen 1992, 142 (226) pot 70). Een tweede pot is drieledig met naar buitenstaande rand (Afb. 4: vnr. 231.4). De scherf is vlakdekkend versierd met pseudo-touwindrukken waarbij met een kleine spatel liggende indrukjes aan elkaar zijn gemaakt. Deze lijnen zijn diagonaal ten opzichte van elkaar gezet waardoor een driehoekig motief ontstaat. Ook dit type versiering is aangetroffen op de vindplaats Noordwijkerhout-Langeveld (Van Heeringen 1992, 142 (226) pot 107) maar is ook bekend in Midden-Nederland zoals uit Tiel-Medel vindplaats 8 (Arnoldussen & Ball 2007, 186-187 figuur 7 en 8).

De scherven van De Zilk-Sportlaan vertonen veel overeenkomsten met de Heemskerk-stijlgroep zoals de verschralingswijze, de gebruikte versieringstechnieken (ronde spatels, nagels) en de wanddikte. Wel zijn er enkele afwijkingen ten opzichte van de Heemskerk-stijlgroep geconstateerd. Het aardewerk is ten dele afwijkend verschraald door het sporadisch gebruik van schelpgruis. Opvallend is het vrij weinig voorkomen van biconische potten. Op De Zilk-Sportlaan zijn ze, waar reconstrueerbaar, vooral drieledig. Ook de hoek in het profiel die zo herkenbaar is voor het negende-eeuwse aardewerk van de Heemskerk-stijlgroep is niet aangetroffen op De Zilk-Sportlaan. Het ontbreken van de besmijting lijkt te wijzen op een datering in de eerste helft van de late bronstijd volgens de kenmerken zoals Van Heeringen heeft opgesteld voor deze periode, maar het regelmatig voorkomen van versiering wijst weer in een iets jongere richting of is afwijkend ten opzichte van de Heemskerk-stijlgroep. Het vormenspectrum en de wijze van versieren zien we ook bij aardewerk uit Zuid- Oost- en Midden-Nederland (zie bijvoorbeeld Van den Broeke 1991; Arnoldussen & Ball 2007; Hermsen 2007; Verlinde & Hulst 2010). Is het aardewerk van De Zilk-Sportlaan nu zo uniek ten opzichte van de voor deze regio kenmerkende Heemskerk-stijlgroep of heeft die stijlgroep juist erg veel raakvlakken met het aardwerk uit de late bronstijd in een veel grotere regio? Gezien de overeenkomsten in versiering en vormen uit de diverse genoemde regio's lijkt het laatste aannemelijk.

---

2 De samenstelling van de pasta is niet nader onderzocht.

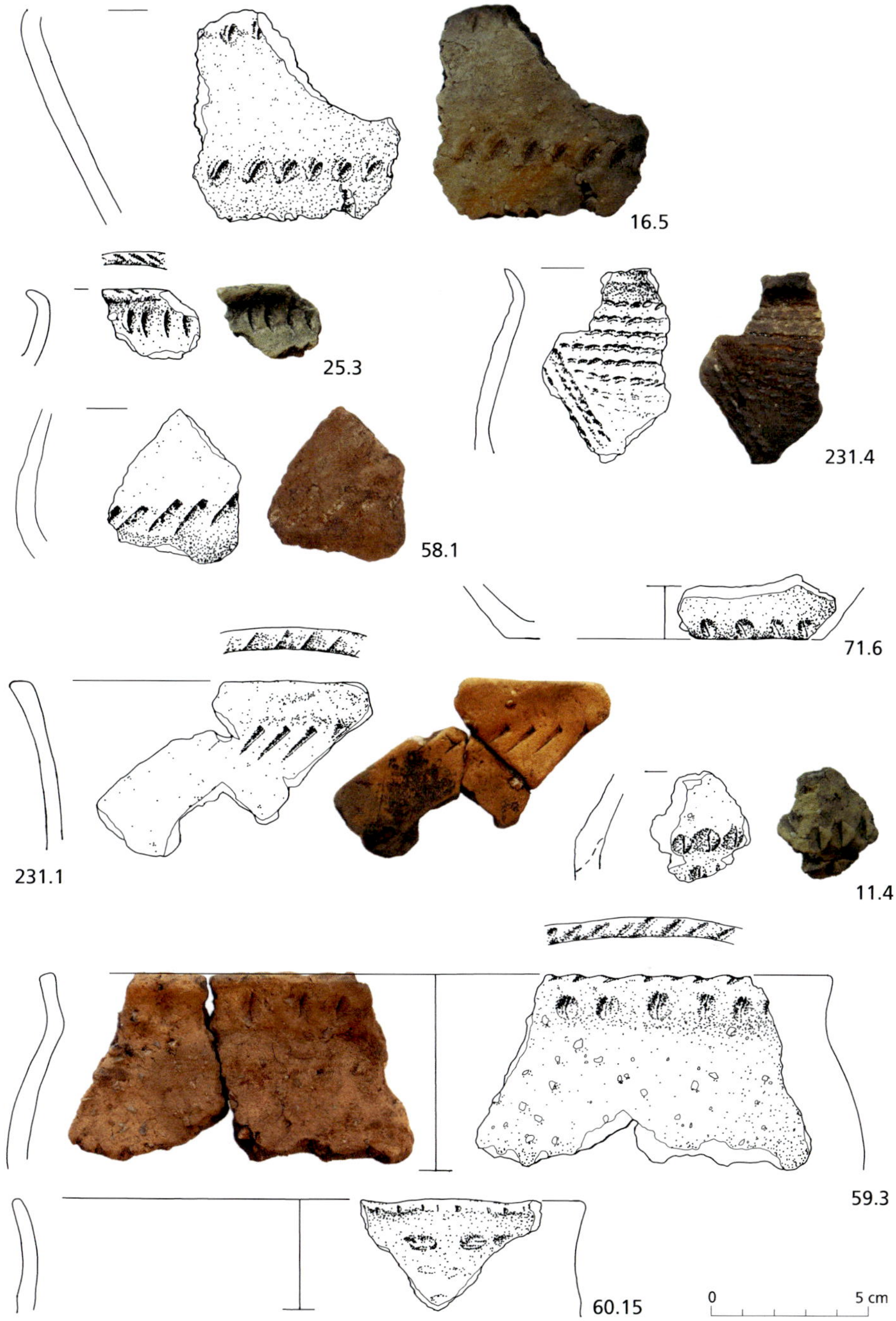

Afbeelding 4 Aardewerk uit de late bronstijd van de vindplaats Noordwijkerhout-De Zilk-Sportlaan (getekend door R. Timmermans).

Figure 4 Late Bronze Age pottery from Noordwijkerhout-De Zilk-Sportlaan (drawings by R. Timmermans).

Eenzame late bronstijdboeren in het Hollands Duingebied?

De kennis over de late bronstijdboeren en hun aardewerk is met name gebaseerd op het uitvoerige onderzoek van Van Heeringen. Een inventarisatie door Van Heeringen, Van der Velde en Amen eind jaren '90 voor het gebied ten Noorden van de Rijn in de provincie Zuid-Holland leverde slechts één vindplaats met aardewerk uit de late bronstijd op, het reeds genoemde Noordwijkerhout-Langeveld (1998, 59-61). Uit de gegevens van Archis en Van Heeringen, Van der Velde en Amen zijn daarnaast nog twee andere late bronstijdvindplaatsen bekend, echter hier is geen aardewerk gevonden, maar alleen andere vondsten zoals een kokerbijl en vuurstenen sikkels (Haarlem-Bloemendaal en -Vogelenzang: Van Heeringen, Van der Velde & Amen 1998, 42 en bijlage 2). Sinds de jaren '90 zijn er ook weinig 'nieuwe' nederzettingen uit de late bronstijd bijgekomen. In proefsleuven- of booronderzoeken wordt nog wel eens melding gemaakt van een mogelijke late bronstijdscherf maar meestal ook met de restrictie dat het ook ijzertijdaardewerk kan betreffen, omdat alleen op basis van de verschraling gedateerd is. Voorbeelden zijn de proefsleuvenonderzoeken op vliegveld Valkenburg-Nieuw Valkenburg (Drenth 2012), Noordwijkerhout-Witte Kerk (Bloo 2012) en Noordwijkerhout-Schippersvaartweg (Tump & De Koning 2007). Bij het onderzoek te Valkenburg zijn op twee vindplaatsen (vindplaats 1 en 2) een paar scherven gevonden waarvan enkele versierd zijn met vingertopindrukken op een rij op de schouder en op de rand. De verschraling betreft vooral kwartsgruis en graniet- of gneisgruis. Vindplaats 2 leverde geen fragmenten van besmeten vaatwerk op. Op basis van zojuist genoemde kenmerken dateert Drenth de vindplaatsen in de late bronstijd, al is ook hier de vroege ijzertijd niet uit te sluiten. Het aardewerk met granietgruis wijst hij toe aan een importstuk uit het Hoogkarspel-jong aardewerk, bekend van West-Friesland, maar uit onder andere het onderzoek van De Zilk-Sportlaan blijkt dat met dergelijk materiaal gemagerd aardewerk ook onderdeel uitmaakt van de Heemskerk-stijlgroep (Drenth 2012, 212). Te Noordwijkerhout-Witte Kerk is een kuil met een aantal onversierde scherven van één pot aangetroffen (Bloo 2012, 55-58). De scherven zijn dunwandig en afkomstig van een pot verschraald met gebroken kwarts. De wanddikte en de verschralingswijze komen overeen met het materiaal van De Zilk-Sportlaan. Opvallend is het gebrek aan versiering. Bij het onderzoek van Noordwijkerhout-Schippersvaartweg zijn uit het profiel in een spoor van eergetouwkrassen vier scherven verzameld (Tump & De Koning 2007), die op basis van de kwartsverschraling overeen komen met het materiaal van De Zilk-Sportlaan.

De late bronstijdboeren van De Zilk-Sportlaan hebben potten geproduceerd die een sterke gelijkenis vertonen met het aardewerk van de dichtbij gelegen vindplaats Noordwijkerhout-Langeveld, die op dezelfde duinrug is gelegen, ongeveer drie kilometer ten zuiden van De Zilk-Sportlaan. Die vindplaats wordt eveneens in de negende eeuw voor Chr. gedateerd. Het is goed mogelijk dat beide vindplaatsen gelijktijdig bewoond waren en het is zeer waarschijnlijk dat de boeren, in ieder geval de pottenmakers, onderling contact hadden gezien de overeenkomsten in versiering en maakwijze van het aardewerk. Het kustgebied binnen de onderzochte regio, en dan met name de strandwal ter hoogte van het huidige Noordwijkerhout, was bewoond door minimaal twee nederzettingsgroepen. Het is zeer waarschijnlijk dat deze bewoners contact of kennis hadden van de werkwijze en versieringstechnieken van tijdgenoten uit andere streken zoals Zuid-, Midden- en Oost-Nederland.

Abstract

In 2013 RAAP excavated a Late Bronze Age settlement site at Noordwijkerhout De Zilk-Sportlaan. This site was located in the Older Dunes close to the sea. The dune on which the site was situated was formed between 2300 and 1400 BC and inhabited in the Neolithic (based on flint and stone artefacts), in the Late Bronze Age and at the end of the Iron Age. The Bronze Age farmers built several houses and outbuildings, dug wells and pits and hunted for animals. They also made pottery that was the norm at other farmsites in the area, like the one at Noordwijkerhout-Langeveld, although some differences could be noted when comparing it to pottery from the regional Heemskerk pottery group. The pottery was made of clay and was grog or stone-grit and sometimes crushed shell tempered. A lot of the pots were decorated with imprints of fingertips and spatulas. Some of the impressions were filled with white paste with a calcareous origin like burnt bone or shell. We see similarities with other sites nearby, but also with pottery of other regions like the south, the middle and the east of the Netherlands.

Literatuur

Arnoldussen, S. en Ball, E.A.G. 2007. Nederzettingsaardewerk uit de late bronstijd in Noord-Brabant en het rivierengebied, in: Louwe Kooijmans, L.P. en Jansen, R. (red.), *Van contract tot wetenschap. Tien jaar archeologisch onderzoek door Archol BV, 1997-2007.* Leiden: Archol, 181-203.

Bloo, S.B.C. 2012. IJzertijd, in: Leijnse, K. (red.), *Wonen bij de Witte Kerk. Plangebied Dorpsstraat, gemeente Noordwijkerhout. Een archeologische begeleiding en opgraving.* RAAP-rapport 2278. Leiden: RAAP, 55-58.

Briels, I.R.P.M. in voorbereiding. *Bewoning op een Oude Duin, gemeente Noordwijkerhout-De Zilk-Sportlaan. Een archeologische opgraving* (werktitel). RAAP-rapport. Leiden: RAAP.

Broeke, P.W. van den 1991. Nederzettingsaardewerk uit de late bronstijd in Zuid-Nederland, in: Fokkens, H. en Roymans, N. (red.), *Nederzettingen uit de bronstijd en de vroege ijzertijd in de Lage Landen.* Nederlandse Archeologische Rapporten 11. Amersfoort: ROB, 193-211.

Drenth, E. 2012. Het handgevormde aardewerk, in: Tol, A.J. en Jansen, B. (red.), *Sleuven door de delta van de Oude Rijn. Plangebied Nieuw Valkenburg, gemeente Katwijk. Inventariserend Veldonderzoek door middel van proefsleuven.* Archol-rapport 172. Leiden: Archol bv, 205-232.

Heeringen, R.M. van. 1992. *The Iron Age in the Western Netherlands.* Amersfoort: Rijksdienst voor Oudheidkundig Bodemonderzoek (proefschrift).

Heeringen, R.M. van, Velde, H.M. van der en Amen, I. 1998. *Een tweeschepige huisplattegrond en akkerland uit de Vroege Bronstijd te Noordwijk, prov. Zuid-Holland,* Rapportage Archeologische Monumentenzorg 55. Amersfoort: ROB.

Hermsen, I. 2007. *Een afdaling in het verleden. Archeologisch onderzoek van bewoningsresten uit de prehistorie en de Romeinse tijd op het terrein Colmschate (gemeente Deventer).* Rapportages Archeologie Deventer 19. Deventer: Archeologie Deventer.

Salman, J., Salman, H. en Hekkens, W. (red.) 2011. *Aan zee en op de geest: een nieuwe geschiedenis van Noordwijk*. Noordwijk: Stichting Geschiedschrijving Noordwijk.

Tump, M. en Koning, M.W.A. de 2007. *Archeologisch onderzoek aan de Schippersvaartweg 17-21 (deellocatie Mossenest II) te Noordwijkerhout*. Archeomedia rapport A05-610-R. Capelle aan de IJssel: Archeomedia bv.

Verlinde, A.D. en Hulst, R.S. 2010. *De grafvelden en grafvondsten op en rond de Veluwe van de Late Bronstijd tot in de Midden-IJzertijd*. Nederlandse Archeologische Rapporten 39. Amersfoort: Rijksdienst voor het Cultureel Erfgoed.

Valk, L. van der 1992. *Mid- en Late-Holocene coastal evolution in the beach-barrier area of the Western Netherlands*. Amsterdam: Vrije Universiteit (proefschrift).

Het crematiegrafveld van Den Haag in het licht van 'Atlantische' funeraire rituelen

Guy De Mulder

Trefwoorden: crematiegrafveld, ^{14}C-dateringen, late bronstijd, Kanaal-Noordzee regio, funeraire gebruiken

Keywords: cremation cemetery, ^{14}C-dates, Late Bronze Age, Channel-North Sea area, funerary rituals

Inleiding

In het eerste volume van 'Metaaltijden' werd het crematiegrafveld van Den Haag belicht (Afb. 1). De vindplaats telde de restanten van een kringgreppel en 16 crematies die niet in urnen waren bijgezet. Op drie graven werd een ^{14}C-datering uitgevoerd die het grafveld plaatste in de overgang van de midden- naar de late bronstijd. De vindplaats behoort tot een van de zeldzame voorbeelden van grafvelden uit die periode in de kustzone van westelijk Nederland (Bulten & Opbroek 2014).

Het crematiegrafveld wordt omschreven als een regionale invulling van de vroege urnenvelden die zich in Nederland beginnen te ontwikkelen. De kenmerken van deze necropool passen echter beter in een funerair landschap uit de late bronstijd dat zich in België en langs de Franse en Engelse Kanaalkust aftekent.

De Nederlandse urnengrafvelden worden in een zuidelijke en een noordelijke zone onderverdeeld. De noordelijke Nederlandse grafvelden worden beïnvloed door grafgebruiken uit de Noord-Duitse vlakte rond Hannover en Munsterland. De zuidelijke urnenvelden behoren tot de traditie van de "*Niederrheinische Grabhügelkultur*". In beide gebieden zijn grafmonumenten frequent aanwezig in de grafvelden. Naargelang de regio komen verschillende types van grafmonumenten voor. Kenmerkend voor het noorden zijn onder andere rechthoekige en sleutelgatvormige monumenten. In de zuidelijke begraafplaatsen zijn eerder kleine grafheuvels omgeven door een cirkelvormige gracht en langbedden populair als funerair monument (Hessing & Kooi 2005, 632-635). In de grafvelden in Zuid-Nederland vormen de urnloze bijzettingen met iets meer dan 50% de grootste groep aan deposities tijdens de late bronstijd, maar verdwijnen ze bijna volledig in het voordeel van de urnengraven tijdens de vroege ijzertijd (Hiddink 2010, 62). De omvang van deze grafvelden bereikt al snel enkele tientallen bijzettingen maar sommige tellen tot meer dan 300 deposities zoals Noordbarge en Vledder in Noord-Nederland.

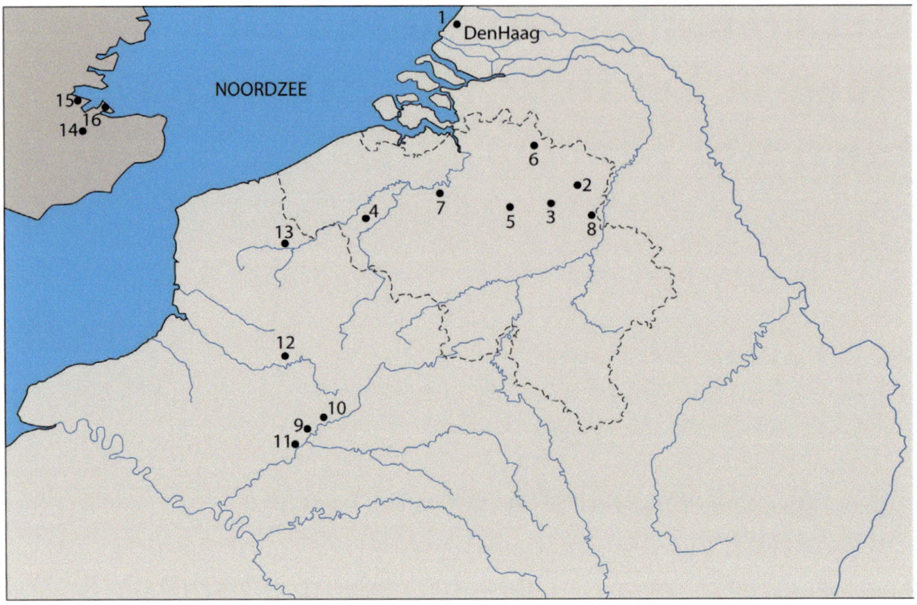

Afbeelding 1 Lokalisatie van de besproken sites. Nederland : 1.Den Haag; België: 2. Meerhout-Zittaart, 3. Lummen-Meldert, 4. Kruishoutem/Moerasstraat, 5. Kampenhout, 6. Beerse/ Mezenveld, 7. Dendermonde/Hoogveld, 8. Bilzen; Noordwest-Frankrijk: 9. La Croix-Saint-Ouen, 10. Thourotte, 11. Verneuil-en-Halatte, 12. Méaulte, 13. Aire-sur-La-Lys; Zuidoost-Engeland (Kent): 14. Burham, 15. Gravesend/A2, 16. Eastchurch.

Figure 1 Localisation of the sites mentioned in the text. The Netherlands : 1.Den Haag; Belgium: 2. Meerhout-Zittaart, 3. Lummen-Meldert, 4. Kruishoutem/Moerasstraat, 5. Kampenhout, 6. Beerse/Mezenveld, 7. Dendermonde/Hoogveld, 8. Bilzen; Northweststst-France: 9. La Croix-Saint-Ouen, 10. Thourotte, 11. Verneuil-en-Halatte, 12. Méaulte, 13. Aire-sur-La-Lys; Southeast-England (Kent): 14. Burham, 15. Gravesend/A2, 16. Eastchurch.

Deze grafvelden worden gemiddeld door een tot vier families bezocht en het langdurig gebruik over enkele eeuwen weerspiegelt zich in het grote aantal bijzettingen (Hessing & Kooi 2001, 645-646; Hiddink 2010). Regionaal kunnen er echter ook kleinere grafveldjes voorkomen. In de regio van Oss zijn bij langdurig en grootschalig onderzoek kleine clusters van graven uit de urnenveldperiode voorgekomen, alsook enkele geïsoleerde voorbeelden (Jansen & Fokkens 1999, 95).

De Kanaal-Noordzee culturele zone

Tijdens de bronstijd ontwikkelde er zich langs de Kanaalkust en de Noordzee een culturele zone die Zuid-Engeland, Noordwest-Frankrijk en westelijk België omvatte. Dit gebied kenmerkte zich door wederzijdse contacten en de uitwisseling van goederen en ideeën (Bourgeois & Talon 2009; Lehoërff *et al.* 2012). Tijdens de midden-bronstijd was de grafheuvel in deze drie regio's het significante monument in het funeraire landschap. Er ontwikkelde zich eveneens een ceramiek aan de Franse en Belgische zijde van deze culturele zone die als continentale Deverel-Rimbury stijl kan omschreven worden (Bourgeois & Talon 2009, Manem *et al.* 2013). Op het einde van de midden-bronstijd verdwijnt de traditie om grafheuvels

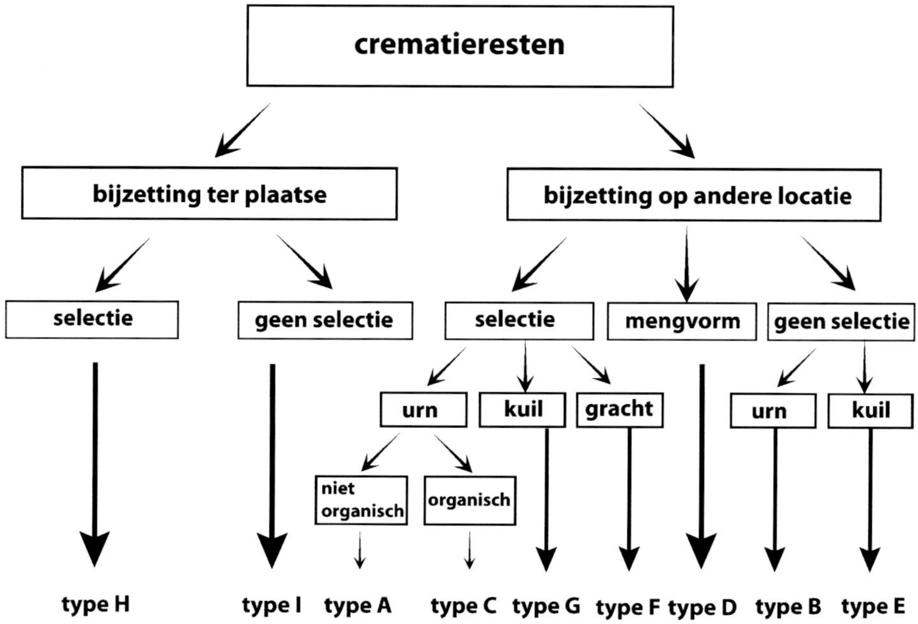

Afbeelding 2 Schema met de depositionele keuzes van gecremeerd bot na de crematie in het Scheldebekken.

Figure 2 Choices made to deposit the cremated bone from the pyre in the Scheldt basin.

op te richten. Wat betreft de late bronstijd lijkt de funeraire informatie langs de Kanaal en Noordzee kusten echter te ontbreken in vergelijking met de voorgaande periode. Grafvelden lijken als het ware archeologisch onzichtbaar te zijn. Recent onderzoek heeft dit beeld echter bijgesteld.

Grafvelden in de Kanaal-Noordzee zone kenmerken zich door hun beperkt aantal crematies, meestal van het urnloze type in plaats van de klassieke urnengraven. Voor het Scheldebekken is een typologie uitgewerkt van crematiegraven (Afb. 2; De Mulder 2011, 210-214; De Mulder 2014, 32-33). Twee types van urnengraven komen voor: het eerste type bevat enkel de geselecteerde gecremeerde beenderen (type A) en het tweede wordt gekenmerkt door de aanwezigheid van brandstapelresten in de urn en de grafkuil (type B). In de groep urnloze graven is de variëteit echter groter. Er is de depositie van op de brandstapel uitgeselecteerde beenderen in een vergane organische container: het beenderpakgraf of beendernest (type C). Daarnaast is er ook de depositie van een pakket van brandstapelresten en gecremeerd bot in de grafkuil zonder dat er sprake is van enige selectie, het zogenaamde brandrestengraf (type E). Tenslotte is er het zogenaamde type Destelbergen (type D) waarbij het gecremeerd bot op de brandstapel was verzameld en bijgezet werd in de grafkuil en daarna werd overdekt met een pakket van brandstapelresten.

Na een crematie blijft gemiddeld 1,5 à 2,3 kg bot over van het verbrande lichaam (McKinley 1993; Duday 2009, 147). Dit bot kan dan worden uitgeselecteerd tussen de overblijfselen van de brandstapel om te worden bijgezet in de grafkuil. Opvallend is dat in de groep van urnloze graven het gewicht aan uitgeselecteerd bot in doorsnede lager ligt dan bij de urnengraven. Selectie van alle gecremeerde resten was blijkbaar geen absolute vereiste in de toenmalige gemeenschappen. In de Atlantische zone ligt het gewicht per gecremeerd bot per depositie heel laag (zoals aangetoond in het voorbeeld van Thourotte waar elk graf maar enkele gram bevatte; Billand 2012, 139).

Het grafveld van Den Haag

De typologie van crematiedepositie, opgesteld voor de zogenaamde urnengrafvelden in het Scheldebekken, kan ook perfect toegepast worden op de cremATIES in het grafveldje van Den Haag. De graven 7, 13 en 16 (type A Den Haag) kunnen omschreven worden als beenderpakgraven (type C in de Scheldevallei). Het type B in Den Haag (acht crematies) kan bestempeld worden als een parallel met het type Destelbergen (type D) in het Scheldebekken. De drie graven het type C in Den Haag zijn in de typologie van het Scheldebekken te catalogiseren als brandrestengraven (type E). Interessant zijn de graven 9 en 15 (type D in Den Haag) die een variant vormen op het type Destelbergen. Het uitgeselecteerde beenderpakket wordt in dit geval niet afgedekt door de brandstapelresten, maar rust op een pakket van brandstapelresten dat eerst op de bodem van de grafkuil is gedeponeerd. In het Scheldebekken is dit enkel vastgesteld bij een centrale crematiedepositie in de grafheuvelnecropool van Ronse/De Stadstuin. Twee ^{14}C-dateringen leverden een ouderdom op aan het einde van de vroege bronstijd – begin van de midden-bronstijd (RICH-20338: 3453±32 BP; KIA-46961: 3405±30 BP; Pede *et al.* 2014, 41). Een tweede voorbeeld is afkomstig uit het centrale graf binnen een kringgreppel in Ardleigh (Essex). Een ^{14}C-datering op houtskool leverde een ouderdom op van 3600±80 BP (HAR-3908), welke het graf in de vroege bronstijd situeert (Brown 1999, 36).

De kringgreppel te Den Haag had slechts een diameter van 6,1 m (Bulten 2007, 66). Een fenomeen dat ook bij andere grafvelden uit de late bronstijd is vastgesteld, in tegenstelling tot de grotere kringgreppelstructuren uit de midden-bronstijd (De

Grafnummer Den Haag	Type Den Haag	Type Scheldebekken (cf. Afbeelding 2)
1	B	D
2	C	E
3	B	D
4	B	D
5	B	D
6	B	D
7	A	C
8	C	E
9	D	D
10	B	D
11	B	D
12	B	D
13	A	C
14	C	E
15	D	D
16	A	C

Tabel 1 Vergelijking van de typologie van de crematiegraven in het grafveld van Den Haag (Bulten 2007) met de typologie van crematies in het Scheldebekken.

Table 1 Comparison of typological types for the cremation graves at Den Haag (Bulten 2007) to the typology used for the Scheldt basin.

Mulder 2011, 459). De diameter van grafmonumenten uit de late bronstijd ligt meestal onder de 10 m (De Mulder 2014, 36 tabel 1). Het grafveld telde ook een zeldzaam voorbeeld van een bronzen speld als grafgift (Bulten & Opbroek 2014, 60-61).

Grafvelden in westelijk België

De crematiegrafvelden in het westen van Vlaanderen bevinden zich in een contactzone van culturele invloeden. In het begin van de late bronstijd manifesteren er zich invloeden vanuit Centraal-Europa, de zogenaamde 'groupe Rhin-Suisse-France orientale' (groupe RSFO), in de grafvelden van dit gebied (Bourgeois 1989). Het zuiden van het Belgische Maasbekken bevindt zich binnen de uitbreidingssfeer van deze groep, geïllustreerd door het sterk RSFO geïnspireerde aardewerk te Han-sur-Lesse (Warmenbol 1988; Leclercq 2014, 216-217). In het Scheldebekken is deze invloed zichtbaar in enkele Oost-Vlaamse grafvelden in een aantal aardewerkvormen, die kunnen toegeschreven worden aan het repertorium van de 'groupe RSFO' (Brun & Mordant 1988). Daarnaast verschijnen de typische decoratiepatronen op andere urnen in deze grafvelden. De overgang buik/schouder en schouder/hals wordt benadrukt door het aanbrengen van groeven. De schou-

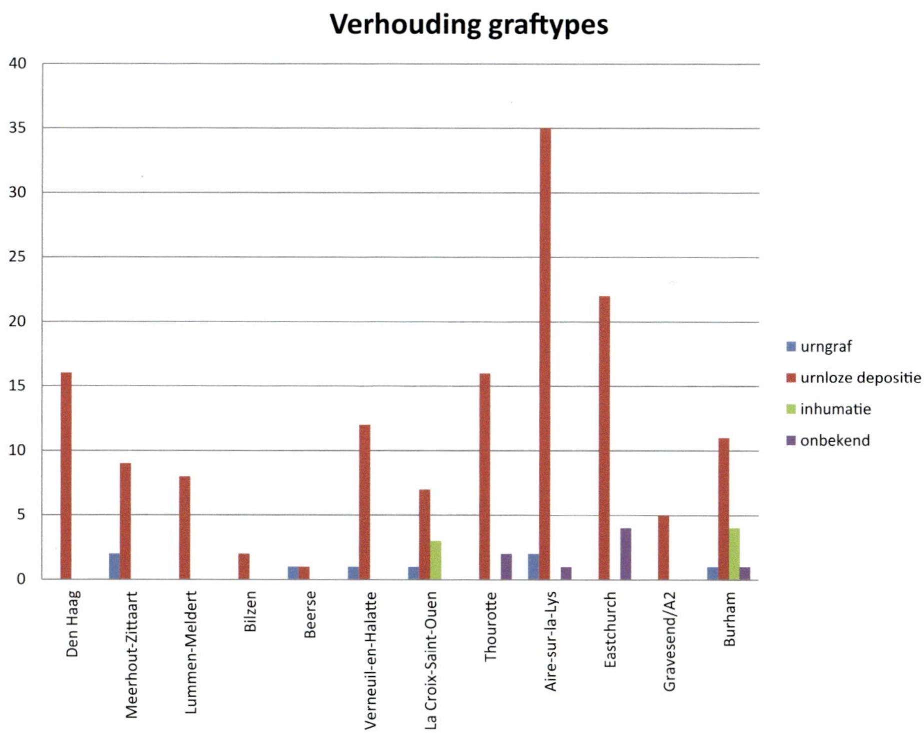

Afbeelding 3 Vereenvoudigd overzicht van de crematiedeposities in een aantal van de grafvelden in het besproken gebied.

Figure 3 Simplified overview of the deposits of cremains in some of the cemeteries in the discussed region.

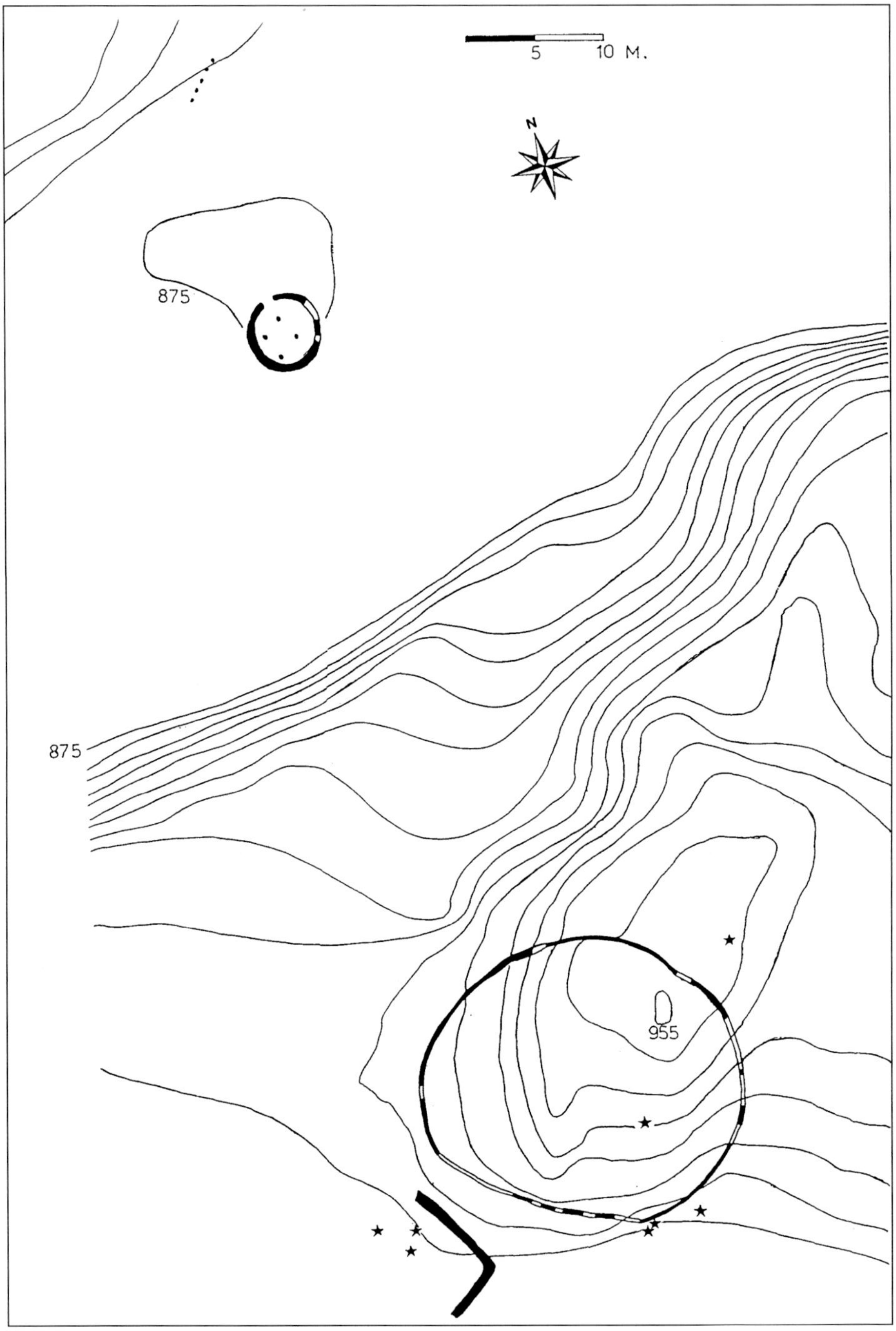

Afbeelding 4 Grondplan van de site van Lummen-Meldert met de beide circulaire structuren en de crematiegraven (sterren).

Figure 4 Plan of the site of Lummen-Meldert with both ringditches and the cremation graves (stars).

derpartij wordt dikwijls opgevuld door diverse driehoeksmotieven. Deze typische RSFO-aardewerktypes komen in Westelijk België maar in beperkte aantallen voor in de grafvelden, in aanvulling op lokale ceramiektypes.

Daarnaast bestaan er in Westelijk België een paar kleinere grafvelden die opvallen door de aanwezigheid van overwegend urnloze crematies (Roosens & Meex 1975). Het grafveld van Meerhout-Zittaart telt 15 crematies. Slechts twee daarvan waren bijgezet in een urn. De andere bijzettingen betreffen urnloze deposities (Afb. 3). Enkele ^{14}C-dateringen plaatsten deze vindplaats in de late bronstijd tussen 1204 en 811 cal BC (De Mulder 2011, 185). Een tweede necropool bevindt zich te Lummen-Meldert (Afb. 4). De vindplaats telde twee circulaire structuren. Van de acht opgegraven crematies konden er zeven als brandrestengraven bestempeld worden en een als een beenderpakgraf (Afbeelding 3; De Mulder *et al.* 2014). De ^{14}C-dateringen leverden eveneens een ouderdom in de late bronstijd op; tussen 1114-804 cal BC (De Mulder *et al.* 2014).

Naast het bestaan van kleine grafvelden met hoofdzakelijk urnloze crematies duikt, vanaf de latere fase van de midden-bronstijd, ook een ander fenomeen op. Crematiegraven komen ook geïsoleerd in het landschap voor. Het kunnen zowel deposities van gecremeerd bot in een urn zijn, als de varianten zonder urn. In Kruishoutem/Moerasstraat is een geïsoleerd urnengraf aan het licht gekomen dat dateerde uit de midden-bronstijd (De Mulder 2011, 62). Recent kwam nog een crematiegraf zonder urn aan het licht in Kampenhout, dat eveneens in de latere fase van de midden-bronstijd thuishoorde (Hazen & Drenth 2014, 89). In Beerse/Mezenstraat was een langbed met palenzetting geassocieerd met een urnengraf en een beenderpakgraf. Deze vindplaats is geplaatst in de transitie van de midden naar late bronstijd (Delaruelle *et al.* 2008). Twee urnloze crematies, daterende uit de eindfase van de late bronstijd- begin van de vroege ijzertijd, kwamen aan het licht in Bilzen/Spelverstraat (Habermehl 2015, 141-142).

Grafvelden in Noordwest-Frankrijk

In Frankrijk is het fenomeen van de klassieke urnengrafvelden heel sterk aanwezig in het oosten en in het centrum tijdens de late bronstijd. Naar het westen neemt de invloed van de zogenaamde "groupe RSFO" af. In de Aisnevallei zijn nog grafvelden aanwezig die daarmee worden geassocieerd (Le Guen & Pinard 2007), maar in Oisevallei is een ander type grafritueel vastgesteld. Het fenomeen van grafvelden met urnloze crematies doet zich in Frankrijk vooral langs de Atlantische kusten voor (Bourgeois & Talon 2009, 42). Kleine grafveldjes met crematies zonder urn zijn dominant aanwezig (Afb. 3). Op de vindplaats van La Croix-Saint-Ouen/Parc Scientifique (Afb. 5) behoort de urnbijzetting in een circulaire structuur tot de oudste fase uit de midden-bronstijd. De fase uit de late bronstijd wordt vertegenwoordigd door zeven urnloze crematiegraven en een inhumatiegraf (Blanchet & Talon 2005, 260).

In het grafveld van Thourotte zijn 16 crematies zonder urn vastgesteld in associatie met een circulaire structuur en een langbed (Blanchet & Talon 2005, 260). De crematiegraven waren gegroepeerd in drie concentraties. Drie ^{14}C-dateringen situeren deze vindplaats eveneens in de late bronstijd (*op. cit.*, 263). Tenslotte is er het grafveld van Verneuil-en-Halatte met 13 crematiegraven, overwegend

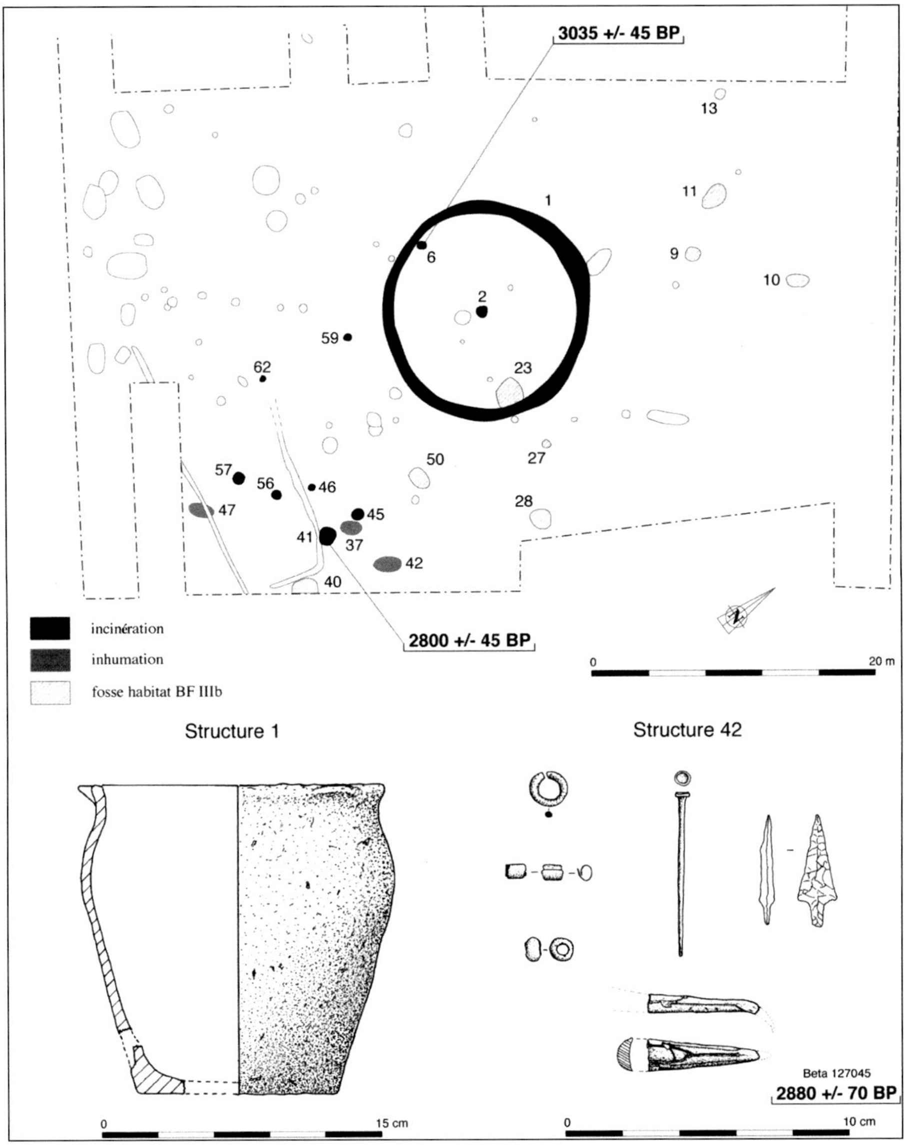

Afbeelding 5 Het grondplan van het grafveld van La Croix-Saint-Ouen in de Oise-vallei (naar Blanchet & Talon 2005, 240 fig. 9).

Figure 5 The cemetery of La Croix-Saint-Ouen in the Oise valley (after Blanchet & Talon 2005, 240 fig. 9).

bijzettingen zonder urn gedateerd in de fase *Bronze final I*, het begin van de late bronstijd (Gaudefroy & Le Goff 2004, 19). Het grafveld van Méaulte in de Somme-regio behoort eveneens tot deze categorie van necropolen. Het telt slechts twaalf deposities van gecremeerd bot vermengd met resten van de brandstapel. Deze vindplaats dateert eveneens uit de late bronstijd (Billand *et al.* 2007).

Een grafveld van een 'grotere' omvang maar met overwegend urnloze depositie is onderzocht te Aire-sur-la-Lys in de Noordfranse Leie-regio. Het opgegraven areaal betrof enkele tientallen hectare waarin verspreid vijf circulaire structuren uit de vroege en midden-bronstijd zijn aangetroffen. Rond een langbed uit de late bronstijd waren 20 crematiegraven geclusterd. Andere bijzettingen lagen als het ware uitgespreid over deze grote 'funeraire zone' in kleine groepjes van acht, vier en twee voorbeelden of waren individueel in dit funeraire landschap bijgezet (Lorin *et al.* in druk). De ^{14}C-dateringen suggereren dat de crematiedeposities allen in de late bronstijd thuishoren.

Crematiegrafvelden in Zuidoost-Engeland

In het zuidoosten van Engeland is het fenomeen van geïsoleerde crematiegraven en kleine grafveldjes frequent vastgesteld, naast de sporadische aanwezigheid van ook grotere necropolen met vlakgraven.[1] De meerderheid van deze graven behoren tot het urnloze type (Afb. 3). In de regio Kent zijn 35 vindplaatsen met depositie van gecremeerd bot zonder urn gedetecteerd. In Sussex zijn eveneens negen vindplaatsen met urnloze crematies aan het licht gekomen. In het totaal gaat het in beide regio's om enkele tientallen crematiegraven. Te Eastchurch/Kingsborough kwamen drie concentraties met graven voor. Een eerste groep van zeven urnloze crematies was gedateerd in de latere periode van de midden-bronstijd. Een grotere groep van 26 urnloze crematies was geclusterd rond 'enclosure E' die in de late bronstijd wordt gesitueerd (Schuster 2010, 90-93). In Burham/Margetts Pit zijn dertien crematies aangetroffen waarvan elf geconcentreerd in een klein grafveldje en twee geïsoleerd (Kent County Council HER-nr TQ76SW474). Twee dateringen plaatsen het grafveld in de late bronstijd (NZA-33223: 2858±25 BP; NZA-33074: 2774±35 BP). De uitbreiding van de A2 autosnelweg te Gravesend leverde daarentegen meer informatie op. Verspreid over de zone waren twee maal een geïsoleerd crematiegraf en een groepje van drie crematies aangetroffen. Vier dateringen uitgevoerd op gecremeerd bot van een beenderpakgraf en drie brandrestengraven leverden allen een datering in de late bronstijd op (Allen *et al.* 2012, 80-81 en 94-95). De talrijke ongedateerde crematies in het zuidoosten van Kent lijken sterk op deze late bronstijd crematiedeposities en kunnen dus vermoedelijk ook tot deze periode behoren.

Conclusie

Het crematiegrafveld van Den Haag lijkt te behoren tot een groep van necropolen die zich uitstrekt langs de Kanaalkust en de Noordzee in Nederland, België, Noordwest-Frankrijk en Zuidoost-Engeland. Grafvelden van deze groep worden gekenmerkt door veelal een klein aantal bijzettingen tot zelfs geïsoleerde voorbeelden. Met 16 onderzochte crematiedeposities past het grafveld van Den Haag in dit beeld van kleine necropolen die slechts gedurende een korte periode werden gebruikt. Deze crematiedeposities zijn meestal van het urnloze type in het

---

1 In het kader van een project gesponsord door FWO-Vlaanderen (FWO-K2.203.12N) konden wij in oktober 2012 aan de University of Kent in Canterbury de gepubliceerde gegevens en de ongepubliceerde opgravingsrapporten bewaard in het archief van Kent County Council raadplegen.

Atlantische gebied. In de vindplaats te Den Haag zijn geen urnengraven vastgesteld. In de besproken crematiegrafvelden in het bestudeerde Atlantisch gebied vormen urnengraven eerder een uitzondering zoals af te lezen is uit afbeelding 3.

Grafgiften zijn een schaars gegeven te Den Haag zoals in de meeste grafvelden uit het Atlantische gebied tijdens de late bronstijd. De aanwezigheid van een bronzen speld mag vermeld worden want standaard wordt aardewerk meegegeven en uitzonderlijk artefacten voor persoonlijke opsmuk (De Mulder 2014, 41). Een laatste aspect is de zeldzaamheid van funeraire monumenten in deze necropolen. Te Den Haag is slechts een enkele kringgreppel vastgesteld, zoals in de grafvelden in de Kanaal-Noordzee regio waar grafmonumenten ontbreken of waar sporadisch een kringgreppel en/of langbed zijn vastgesteld. De crematiebijzettingen worden in de praktijk omschreven als zogenaamde vlakgraven. De ^{14}C-dateringen tonen aan dat dit funeraire fenomeen zich vooral voordoet tijdens de late bronstijd, maar ook nog voorkomt in de vroege ijzertijd. We kunnen deze kleine grafvelden typeren als een Atlantisch funerair ritueel, in tegenstelling tot de klassiekere urnenvelden die Centraal-Europese invloeden weerspiegelen. Tot voor kort waren necropolen uit de Noordzee- en Kanaalkustzone nauwelijks bekend. Langs de Franse en Engelse kust is dit funeraire beeld heel duidelijk. In België is de situatie iets gecompliceerder. Naast het voorkomen van dit type grafvelden zijn er tijdens de fase Ha A2-B1, de etappe 2 in het model van Brun (Brun & Mordant 1988), invloeden van de groep RSFO merkbaar naast Atlantische culturele kenmerken in Centraal-België. In de laatste jaren zijn onze inzichten veranderd, maar er is nog veel werk aan de winkel voor we deze funeraire gebruiken volledig kunnen duiden, vooral vanwege hun efemeer karakter. Wegens het gebrek aan grafgiften is deze groep van urnloze bijzettingen meestal ook moeilijk te dateren. Daarom is het aan te bevelen om in de toekomst meer ^{14}C-dateringen uit te voeren op gecremeerd bot op geïsoleerde graven en bijzettingen in kleine grafvelden om dit fenomeen beter te kunnen plaatsen in de funeraire tradities van de bronstijd en de ijzertijd.

Abstract

A small cemetery excavated at Den Haag counted 16 urnless cremations and one circular structure. This cemetery was dated to the Late Bronze Age. The characteristics of this cemetery seem to fit in with funerary practices during the Late Bronze Age along the North Sea-Channel area from southern England and northern France to western Belgium. Small cemeteries with a few urnless cremations and a scarce funerary monument are typical for those funerary practices. Some graves are even situated isolated in the landscape. This pattern has only recently been ascertained by the archaeologists. Further research is needed to support this hypothesis, especially radiocarbon dating of the numerous urnless cremations.

Literatuur

Allen, T., Donnelley, M, Hardy, A. en Powell, K. 2012. *A Road through the Past: Archaeological discoveries on the A2 Pepperhill to Cobham road-scheme in Kent.* Oxford Archaeology Monograph Series 16. Oxford: Oxford University Press.

Billand, G. 2012. Thourotte (Oise). Een grafveld uit de late bronstijd, in: Lehoërff, A., Bourgeois, J., Clark, P. en Talon, M. 2012. *Voorbij de horizon. Samenlevingen in Kanaal en Noordzee 3500 jaar geleden.* Paris: Somogy Editions, 139.

Billand, G., Blondiau, L., Descheyer, N., Duvette, L., Joseph, F., Le Goff, I., Rougier, R. en Soupart N. 2007. *Méaulte (Somme): la plate-forme aero-industrielle de Haute Picardie.* Amiens: DRAC-Picardie.

Blanchet, J.-C. en Talon, M. 2005. L'âge du Bronze dans la moyenne vallée de l'Oise: apport récents, in: Bourgeois, J. en Talon, M. (red.), *L'âge du bronze du nord de la France dans son contexte européen.* Paris: Editions du CTHS/APRAB, 227-268.

Bourgeois, J. 1989. De ontdekking van nieuwe grondstoffen en de eerste metaalbewerkers in Temse en het Waasland, in: Thoen, H. (ed.), *Temse en de Schelde. Van IJstijd tot Romeinen.* Brussel: Gemeentekrediet, 44-68.

Bourgeois, J. en Talon, M. 2009. From Picardy to Flanders: Transmanche connections in the Bronze Age, in: Clark, P. (ed.), *Bronze Age Connections. Cultural Contact in Prehistoric Europe.* Oxford/Oakville: Oxbow Books, 38-59.

Brun, P. en Mordant, C. (red.) 1988. *Le groupe Rhin-Suisse-France orientale et la notion de civilisation des Champs d'Urnes. Actes du colloque international de Nemours, 1986.* Mémoires du musée de Préhistoire d'Île-de-France 1. Nemours: A.P.R.A.I.F.

Brown, N.R. 1999. *The archaeology of Ardleigh, Essex: excavations 1955-1980.* East Anglian Archaeology 90. Chelmsford: Essex Count Council.

Bulten, E. 2007. *Definitief archeologisch onderzoek bij de Oude Waalsdorperweg 37 en 38 in Den Haag. Bronstijd, ijzertijd en middeleeuwen in het tracé van de Hubertustunnel.* Haagse Oudheidkundige Publicaties 9. Den Haag: Afdeling Archeologie Dienst Stadsbeheer.

Bulten, E. en Opbroek, M. 2014. Een crematiegrafveld in de duinen van den Haag, in: Theunissen, E.M. en Arnoldussen, S. (red.), *Metaaltijden 1. Bijdragen in de studie van de Metaaltijden.* Leiden: Sidestone press, 57-65.

Delaruelle, S., De Smaele, B. en Van Doninck, J. 2008. Ovalen voor de doden. Opgraving van een grafmonument uit de bronstijd aan de Mezenstraat in Beerse (provincie Antwerpen, België). *Lunula. Archaeologia protohistorica* XVI, 31-38.

Duday, H. 2009. *The archaeology of the dead. Lectures in archaeothanatology.* Oxford/ Oakville: Oxbow Books.

Gaudefroy, S. en le Goff, I. 2004. La nécropole du début du Bronze final de Verneuil-en – Halatte (Oise). *Revue Archéologique de Picardie* 1/2, 19-32.

Habermehl, D. 2015. Een nederzetting uit de IJzertijd aan de Spelverstraat te Bilzen (prov. Limburg, België). *Lunula. Archaeologia protohistorica* XXIII, 137-143.

Hazen, P. en Drenth, E. 2014. Bewoningssporen en een crematiegraf uit de bronstijd en ijzertijd aan de Tritsstraat te Kampenhout (prov. Vlaams-Brabant, België). *Lunula. Archaeologia protohistorica* XXII, 89-92.

Hessing, W. en Kooi, P. 2005. Urnenvelden en brandheuvels. Begraving en grafritueel in late bronstijd en ijzertijd, in: Louwe Kooijmans, L.P., van den Broeke, P.W., Fokkens, H. en Gijn, A. (red.), *Nederland in de prehistorie*. Amsterdam: Uitgeverij Bert Bakker, 631-654.

Hiddink, H. 2010. *Opgravingen op Kampershoek Noord bij Weert. Grafvelden en nederzettingen uit de ijzertijd, de Romeinse tijd en de Volle Middeleeuwen, alsmede een middeleeuws of jonger kuilencomplex*. Zuidnederlandse Archeologische Rapporten, 39. Amsterdam: Archeologisch Centrum Vrije Universiteit.

Jansen, R. en Fokkens, H. 1999. *Bouwen aan het verleden. 25 jaar archeologisch onderzoek in de gemeente Oss*. Leiden: Faculteit der Archeologie.

Leclerq, W. 2012. Regards sur l'Orient : l'analyse des rapports entre les bassins rhénan, mosan et scaldien à travers une approche typologique du marériel céramique du Bronze final, in: Leclercq, W. en Warmenbol, E. (red.), *Echanges de bons procédés. La céramique du Bronze final dans le nord-ouest de l'Europe*. Etudes d'archéologie, 6. Bruxelles: CReA-Patrimoine, 199-221.

Le Guen, P. en Pinard, E. 2007. La nécropole à incinération de Presles-et-Boves, «Les Bois Plantés» (Aisne): approche des pratiques funéraires du Bronze final dans la vallée de l'Aisne, in: Baray, L., Brun, P. en Testart, A. (red.), *Pratiques funéraires et sociétés Nouvelles approches en archéologie et en anthropologie sociale*. Dijon: Editions Universitaires de Dijon, 101-114.

Lehoërff, A., Bourgeois,, J., Clark, P. en Talon, M. 2012. *Voorbij de horizon. Samenlevingen in Kanaal en Noordzee 3500 jaar geleden*. Paris: Somogy Editions.

Lorin, Y., Pinard, E. en Trawka, H. (in press). Pratiques funéraires et analyses anthropologiques des sépultures à incinération de l'âge du Bronze d'Aire-sur-la-Lys (Pas-De-Calais), in: *Journées d'étude "Le traitement des vestiges de crémations à la fin de l' Age du Bronze"* (Revue du Nord).

Manem, S., Marcigny, C. en Talon, M. 2013. Vivre, produire et transmettre autour de la Manche. Regards sur les comportements des hommes entre *Deverel Rimbury* et *post Deverel* Rimbury en Normandie et dans le sud de l'Angleterre, in: Leclercq, W. en Warmenbol, E. (red.), *Echanges de bons procédés. La céramique du Bronze final dans le nord-ouest de l'Europe*. Etudes d'archéologie 6. Bruxelles: CReA-Patrimoine, 245-265.

McKinley, J.I. 1994. Bone fragment size in British cremation burials and its implications for pyre technology and ritual. *Journal of Archaeological Science* 21, 339-342.

Mulder, G. De 2011. *Funeraire rituelen in het Scheldebekken tijdens de late bronstijd en de vroege ijzertijd. De grafvelden in hun maatschappelijke en sociale context*. Gent (onuitgegeven doctoraatsproefschrift UGent).

Mulder, G. De 2014. Les rites funéraires dans le nord du bassin de l'Escaut à l'âge du Bronze final et au premier âge du Fer, in: Cahen-Delhaye, A. en De Mulder, G. (red.), *Des espaces aux esprits. L'organisation de la mort aux âges des Métaux dans le nord-ouest de l'Europe*. Etudes et Documents. Archéologie 32. Namur: Service public de Wallonie/ DGO4, 29-52.

Mulder, G. De, Creemers, G. en Van Strydonck, M. 2014. Challenging the traditional chronological framework of funerary rituals in the Meuse-Demer-Scheldt region: ^{14}C-results from the site of Lummen-Meldert (Belgium). *Radiocarbon* 56(2), 461-468.

Pede, R., Clement, C. en Cherretté, B. 2014. Naar een absolute chronologie van de grafcirkels in de Stadstuin te Ronse (prov. O.-Vl., België). *Lunula. Archaeologia protohistorica* XXII, 41-44.

Roosens, H. en Meex, F. 1975. *Vlakgraven uit de late Bronstijd te Zittaart, gem. Meerhout.* Archaeologia Belgica 173. Brussel: Nationale Dienst voor Opgravingen.

Schuster, J. 2010. The neolithic to post-medieval archaeology of Kingsborough, Eastchurch, Isle of Sheppey. From monuments to fields. *Archaeologia Cantiana* 130, 83-103.

Warmenbol, E. 1988. Le groupe Rhin-Suisse-France orientale et les grottes sépulcrales du Bronze final en Haute Belgique, in: Brun, P. en Mordant, C. (red.), *Le groupe Rhin-Suisse-France oriëntale et la notion de la civilisation des Champs d'Urnes.* Mémoires du Musée de Préhistorie d'Ile-de-France 1. Nemours: Editions A.P.R.A.I.F, 153-158.

When urnfields lose their meaning...

The case of Middle and Late Iron Age habitation amidst the Noordbarge urnfield

Stijn Arnoldussen & Paul C.H. Albers

Keywords: urnfields, funerary archaeology, settlement archaeology, Bronze Age, Iron Age, Noordbarge, The Netherlands

Introduction

Generally, the location of Middle and Late Iron Age settlements reflects an avoidance of former funerary areas (*cf.* Gerritsen 2003, 60; 63). In their characterisation of landscape use for the southern Netherlands, Roymans and Theuws (1999, 13-16) describe a dynamic settlement system for the Urnfield period, in which periodically new areas were settled yet simultaneously the urnfields remained stable central entities within territories (*op. cit.*, 13-15, *cf.* Roymans & Kortlang 1999, 37; Kortlang 1999, 111). In choosing new Urnfield period settlement locations, it is mostly previously uninhabited and former settlement areas (Roymans & Kortlang 1999, 39 note 15) rather than older funerary landscapes that were reused.

Remarkably, it is rarely the case that Middle and Late Iron Age habitation takes place amidst, or 'on top' of urnfield monuments. The few exceptions mainly originate from the southern Netherlands, such as the sites of Someren, Haps, Mierlo-Hout and Oosterhout. At Someren and Haps, Middle Iron Age habitation took place directly adjacent to – and in parts overlapping with – Early Iron Age urnfield structures (for Someren see Roymans & Kortlang 1999, 41 fig. 3; Kortlang 1999, 17; Gerritsen 2003, 61 fig. 3.18, for Haps see Verwers 1972, 32; 36; 122). At Mierlo-Hout, Iron Age house-plans and outbuildings are situated directly adjacent to an Early-Middle Iron Age urnfield (Tol 1999, 93 fig. 6; 103) and are interpreted as reflecting "related settlement traces" (Tol 1999, 89), *i.e.* suggesting contemporaneity. At the site of Oosterhout Late Iron Age habitation gradually takes place on top of the adjacent urnfield (Roessingh *et al.* 2012a, 58 fig. 5.1; 2012b, 134 fig. 6.29).

The presence of Iron Age houses on some sites next to, or overlapping locations previously used exclusively for burials, shows that prior avoidance of overlap between domestic and funerary domains was discontinued. Whereas throughout the Early Iron Age parts of the cultural landscape (*i.e.* urnfields) appear to be designated exclusively for funerary practices, later occasional Middle- and Late Iron Age habitation of the former cemeteries implies that prior exclusivity of use, at least occasionally, no longer mattered. Despite such rare occurrences of overlap, the relative scarcity of such sites showing Iron Age habitation encroached on older urnfields, testifies to a cultural norm of keeping the domestic and funerary domains well-separated in the preceding (LBA-EIA) Urnfield period. Moreover, the rarity of such sites suggests that – considering the fact that urnfield remained visible for long periods – that for the Middle and Late Iron Age, proximity to older funerary traces was not a strong factor in determining new settlement locations. Rather, the presence of older burials near newly founded houses appears to be accepted at best.

The northern Netherlands, unlike the southern Dutch area, have seen less integrative studies of domestic and funerary domains in urnfield period cultural landscapes. Whereas synthetic accounts of urnfield development (*e.g.* Kooi 1979) and later prehistoric settlements (*e.g.* Harsema 1990; 1992; 1997; Waterbolk 1962) have been compiled, their interrelations could have merited more attention (but see Waterbolk 1982; 1995). The site of Noordbarge (excavated between 1920 and 1993; Fig. 1) is another case in point: here too, Iron Age habitation appears to encroach upon a much older urnfield. The conspicuousness of this overlap has long gone unnoticed as the urnfield was published separately (Kooi 1979, 10-26) from the settlement features (Kooi 1979, 11 fig. 5; Harsema 1994, esp. 71 fig. 2; 1997a, 147 fig. 6; 152 fig. 10). It was not until 1981 that Van Zeist (1981, 173; 178 fig. 2) offered the first plan and phasing for the various Noordbarge houses (spanning from the Bronze Age to the Roman era) – but he too did not show or

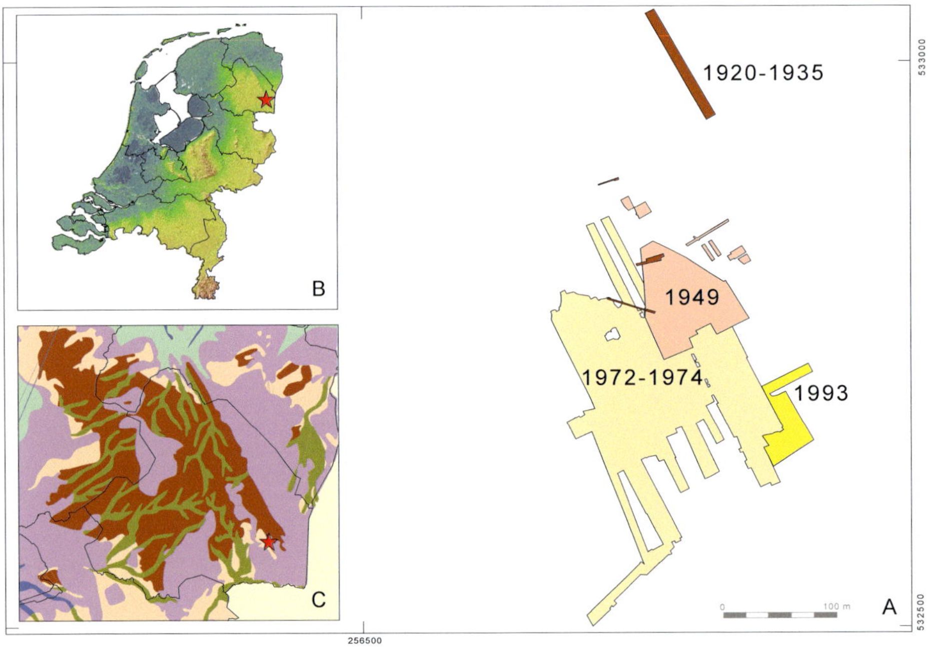

Figure 1 Locations of the various excavation campaigns at Noordbarge – Hoge Loo (Van Giffen 1934; Van Giffen & Glasbergen 1950; Harsema 1976; Kooi 1979; Van Zeist 1981). Inset B shows the position of the site in relation to the altimetry of the Netherlands and inset B shows the location of the site in relation to the palaeogeographical map of c. 3800 cal. BC (De Mulder et al. 2003, 228 fig. 143).

discuss the overlap with the urnfield. In this contribution, a provisional phasing of the urnfield (including the older burials) and settlement features from the later Iron Age up to the Roman period is given. The latter allows to argue whether, and when, a shift in perception of former urnfield locations – rendering them acceptable for habitation – took place at Noordbarge.

Neolithic phase

As no full study of the Noordbarge ceramics has yet been undertaken, it is unclear whether within the excavated area domestic activities from the Funnel Beaker Period (*c*. 3400-2900 cal. BC) took place. Kooi (1979, 14) states that some sherds were found during the 1972 excavations, probably from graves. Evidence for funerary use during this period, in contrast, is sound (Fig. 2). Van Giffen had already in 1920 uncovered a Funnel Beaker period flat grave containing a Brindley (1986)

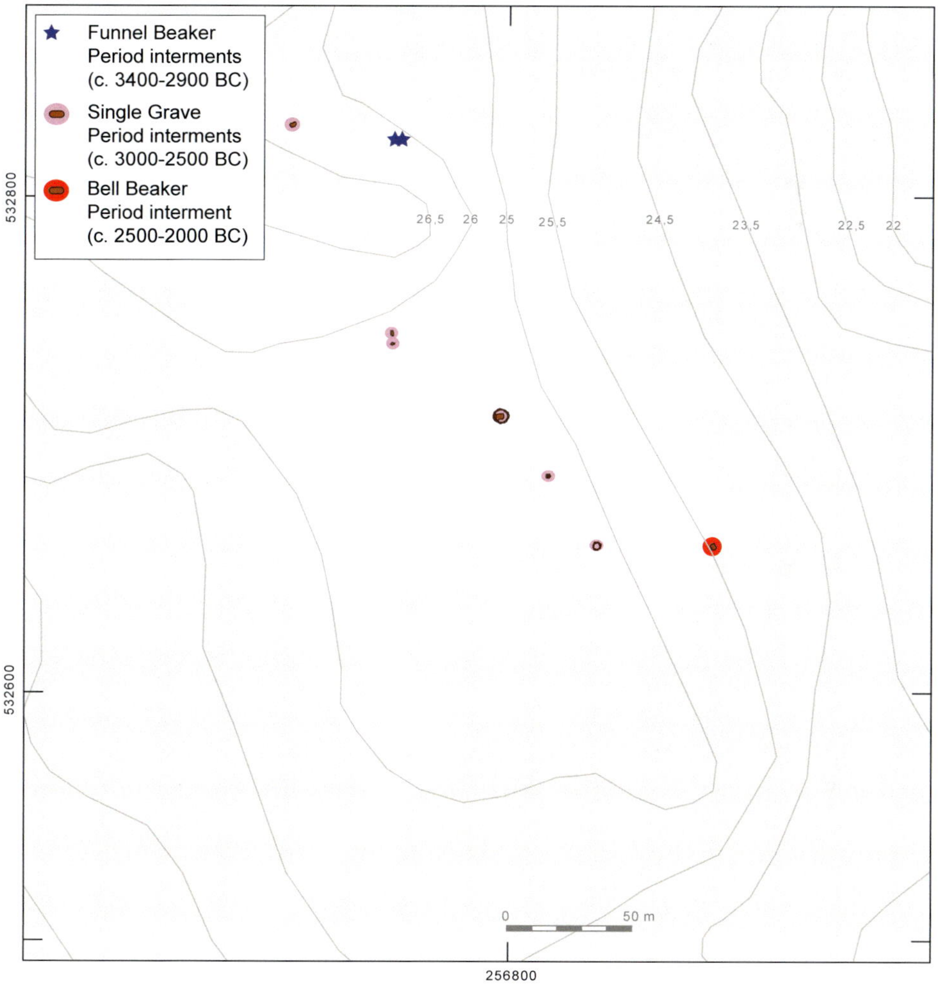

Figure 2 Excavated area (white) and contours in meters above Dutch Ordnance Datum (grey outlines) and the locations of interments dated to the Middle and Late Neolithic (c. 3100-2500 cal. BC).

horizon 7 bowl and cremated remains dated to *c.* 3090-2690 cal. BC (Lanting & van der Plicht 2002, 60; Bakker & Van der Waals 1973, 26 fig. 10.3). Another similar bowl, supposedly also found with cremated remains, was found within a meter to the right of the previous interment (Van Giffen 1934, afb. 2). Yet another Horizon 7 Funnel Beaker Culture period necked bowl had already been found somewhat earlier, during agricultural work on the fields of the Hoge Loo estate, but its precise origin is unknown.

For the Single Grave Culture period (*c.* 3000-2500 cal. BC), six interments have been uncovered (Fig. 2; Kooi 1979, 14; Lanting 2008, 183). These interments, of which two showed a ditch around a central interment, appear to be situated along the local relief gradient – possibly as part of a deliberate linear alignment (Fig. 2; *cf.* Bourgeois 2013, 188-192). For the Single Grave Culture period interments, two radiocarbon dates are available that place these interments between *c.* 2900-2350 cal. BC (Lanting & Van der Plicht 2002, 75).[1] Possible domestic activities may have been undertaken as well, as stray *wellenband* sherds (Kooi 1979, 14) and sherds decorated in 'herringbone'-pattern (pers. observ., first author) have been found across the Noordbarge site.

In the southeast corner of the excavated area, a Bell Beaker (*c.* 2500-2000 cal. BC) grave was uncovered in the 1993 excavation (Harsema 1994, 70-71). Within a large pit, irregular discolorations could suggest that it once contained an inhumation of an individual – possibly on its left side, north-south orientated and with its legs contracted (*ibid.*; Lanting 2008, 60; 185 fig. 55) and – with a large Bell Beaker as a funerary gift.

Unsurprisingly, no houses were recognized for the Neolithic periods, due to the generally poor visibility and recognizability of Middle- and Late Neolithic house plans in general (*e.g.* Arnoldussen & Fontijn 2006, 292-295; Raemaekers 2012, but see Demeyere *et al.* 2006; Van Kampen & Van den Brink 2013). This means that we need to be cautious in ascribing a solely or primary funerary function to the excavated areas throughout the Middle and Late Neolithic.

Bronze Age phases: Middle and Late Bronze Age

There is a marked gap in our knowledge of activities taking place within the area of the Noordbarge excavation between the Bell Beaker interment and the earliest Bronze Age activities, presumably influenced much by poor recognizability of settlements for those periods (*cf.* Arnoldussen 2008, 167-185). According to Kooi (1979, 14), Middle Bronze Age activities start with a flat grave that was found not far off-centre to the axis of the line of Single Grave Culture period interments in the northern part of the Noordbarge excavations (Fig. 3, inset A). As the grave and post-structure did not yield finds, they were dated to the Middle Bronze Age based on analogies with similar finds at Angelsloo, Gasteren, Wessinghuizen and Sleen (*loc.cit.*, ref. to Waterbolk 1962, 12-15; 29). Lohof's (2000, 36-44) overview

1 As the Single Grave Culture graves are the topic of a separate paper (Drenth & Arnoldussen, *in prep.*), they are not dealt with in detail here.

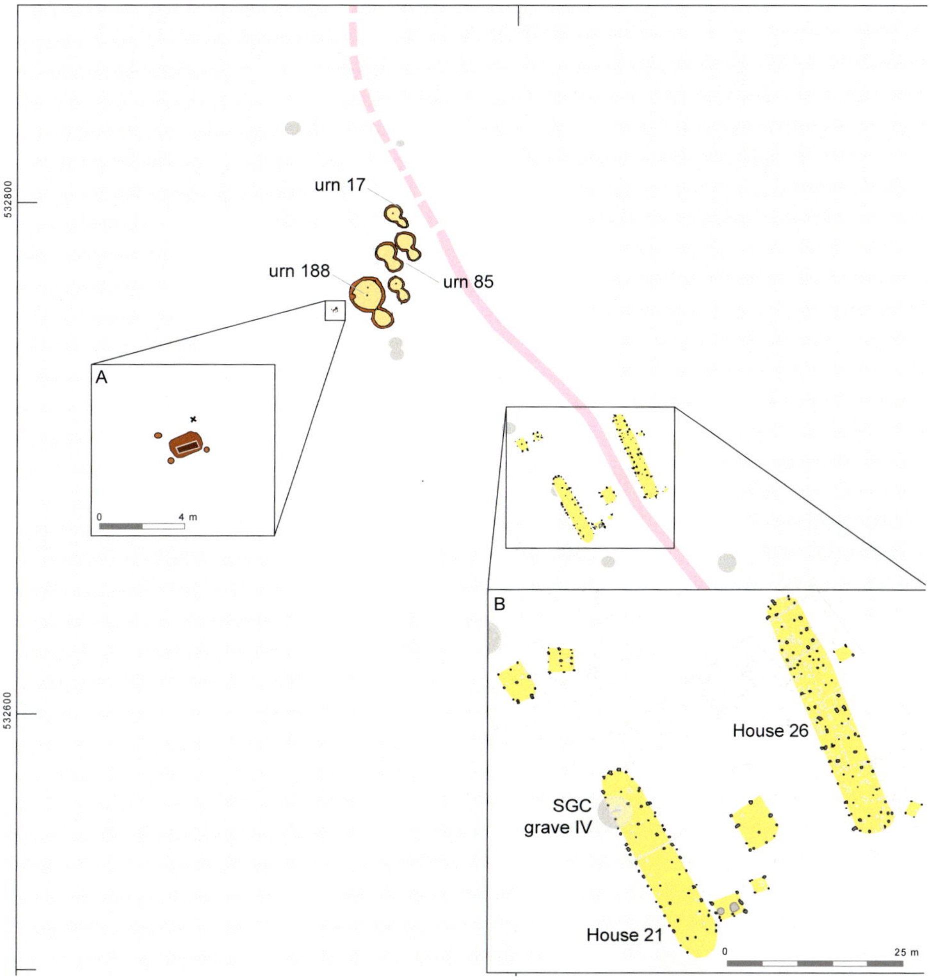

Figure 3 Middle Bronze Age (-B) and Late Bronze Age phase at Noordbarge, with four-post structure around flat grave (inset A), keyhole-shaped barrows and Middle Bronze Age-B habitation cluster (inset B; after Harsema 1997, 147 fig. 6). Insets not to same scale, pink polygon denotes tentative road trajectory.

of such mortuary post-settings has shown that these can date to either the whole Middle Bronze Age-A (*c.* 1800-1500 cal. BC) or the Middle Bronze Age-B (*c.* 1500-1100 cal. BC).

In the south-eastern part of the Noordbarge excavations, a cluster of Bronze Age longhouses and outbuildings was uncovered (Fig. 3, inset B). The farmhouses are classified as 'type Angelsloo' by Harsema (1997, 147; later grouped with type Emmerhout: Waterbolk 2009, 40; 43; 47) and dated to the Middle Bronze Age. House 21 yielded two sherds that could be classified as Middle Bronze Age pottery (pers. observ., first author), but they do not allow to refine the general Middle Bronze Age date. Based on a comparison to Emmerhout-type houses elsewhere, a date range for houses 21/26 in the period 1300-1050 cal. BC is plausible (Arnoldussen 2008, 524 fig. 5.24, albeit that the radially placed short-side posts could suggest affinity with the slightly older Middle Bronze Age Hijken-type (*loc.cit.*)).

Grave no	Position	Date	Details	References
188c	Westernmost keyhole-shaped grave, charcoal from urn	^{14}C	1075-850 cal BC	Lanting & Van de Plicht 2003, 214-215
188	Westernmost keyhole-shaped grave, centrally placed urn	Pottery	Urn of wide shape and neck carination similar to Taayke Early Iron Age type G1	Kooi 1979, 35 fig. 25; Taayke 1995, 52; 1996, 170-173
17	Northernmost keyhole-shaped grave, from ditch	Pottery	Miniature biconical vessel with internally chamfered rim and alternating herring-bone/vertical incision decoration (analogon found in De Heibloem tumulus 100 (Modderman & Louwe Kooijmans 1966, 20 fig. 10; dated to c. 1050-850 BC (Lanting & Van der Plicht 2003, 248)	Kooi 1979, 25; 32
85	Between keyhole-shaped graves	Pottery	Globular Schräghals-urn with incised lines with round spatula impressions underneath, with encrustation (cf. Arnoldussen & Ball 2007, 197 note xxxix; Verlinde 1987, 282-283), fits Late Bronze Age repertoire	Kooi 1979, 25

Table 1 Arguments for the dating of the Noordbarge keyhole-shaped monuments.

A set of five keyhole-shaped barrows marks the end of this phase. Kooi (1979, 14) himself considered these to be 'early' graves within the Noordbarge urnfield, which is supported by the available data (Table 1). Keyhole-shaped funerary ditches are held typical for the northern Netherlands group of urnfields (Verlinde & Hulst 2010, 103) classified as the Emsgroup by Bérenger (2008, 42). Based on dates from Wapse (NL; Lanting & Van der Plicht 2003, 215-216) and Oespeler Bach (Brink-Kloke *et al.* 2006, 20 tab. 8), a broad date range of *c.* 1500/1300 – 1000/850 cal. BC for this funerary type is possible.

With the wider corpus of Dutch keyhole-shaped graves elsewhere dated to *c.* 1210-790 cal. BC (Lanting & Van der Plicht 2003, 215-216), it remains speculative whether the residents of houses 21 and 26 were interred in these, younger, keyhole-shaped LBA monuments. Only if type Emmerhout should span into the final part of the Middle Bronze Age-B (*i.e.* to 1200-900 cal. BC), should contemporaneity be considered – albeit that in those centuries houses of the Elp-type were more common (Arnoldussen 2008, 524 fig. 5.24). Possibly, the residents of houses 21 and 26 – with the exception of the grave with post-setting – were interred (1) outside (to the south?) of the excavated area, in (2) mound bodies later levelled or (3) in an archaeologically less visible ways. Regardless, it is evident that the keyhole-shaped monuments that may have initiated the formation of the main Late Bronze Age-Early Iron Age urnfield, post-date the Noordbarge Bronze Age habitation.

Bronze Age phases: Late Bronze Age – Early Iron Age phase

Presumably around the transition from the Late Bronze Age to the Early Iron Age (EIA; *c.* 800-600 cal. BC), the long upheld NNW-SSE axis of the cultural landscape (as set by the Single Grave interments) was replaced by a new one. Probably

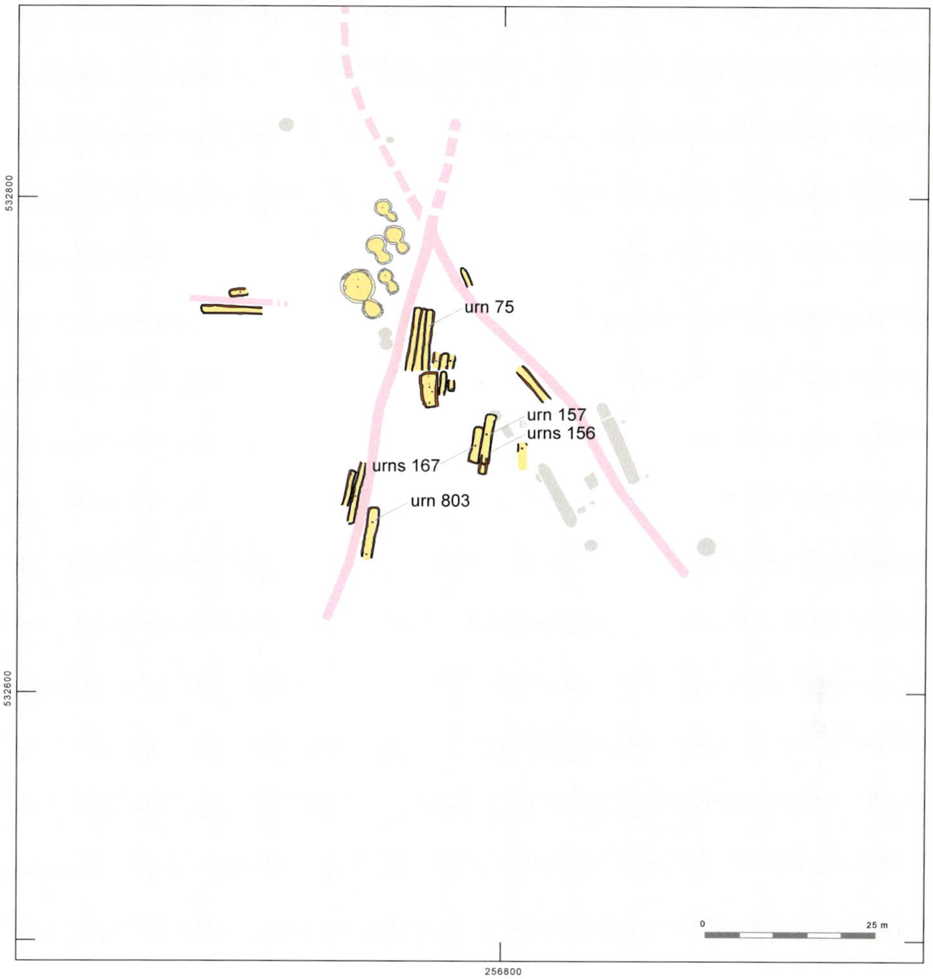

Figure 4 Late Bronze Age phase at Noordbarge, with long-beds of different types placed along hypothetical road trajectories (pink polygons), partly after Kooi 1979, 15 fig. 8; 18 fig. 10.

during this phase, another new SSW-NNE road cross-cut (or tapped into) the age-old pre-existing road network (*cf.* Kooi 1979, 152; 159; 163; 180). Presumably along these trajectories, long-bed-type barrows were constructed (Fig. 4).[2]

According to Kooi (1979, 14), the wider trapezoidal long-bed may have initiated this sequence, as its vague outline and ample intersections by later graves (*infra*; Fig. 5) suggested that it may be placed early in the sequence. Also, it is of similar dimensions and form as several long-beds at Angelslo-Emmerhout (Arnoldussen & Scheele 2012, 174 fig. 9 nw), dated by analogy to *c.* 1400-1080 cal. BC (Arnoldussen & Scheele 2012, 173; Lanting & Van der Plicht 2003, 214). Unfortunately, the Noordbarge trapezoidal structure lacks direct dates. Here, we argue that the internal sequencing of

2 *Cf.* Verlinde 1987, 177; 186; 191-193; Roymans 1999, 81; Kortlang 1999, 145; Roessingh *et al.* 2012a, 100. A reversed sequence (of road-trajectories following funerary monument axes) can be argued for, but is equally difficult to prove. Kooi (1979, 152) presents sound arguments for contemporaneity, yet not for sequencing.

Grave no	Position	Date	Details	References
75	Easternmost long-bed, north of trapezoidal structure	^{14}C	Cremation from urn dated to c. 1010-825 cal BC	Kooi 1979, 33 fig. 23; Lanting & Van der Plicht 2003, 216
157	Longest long-bed of the two-paired long-bed in the southeast	^{14}C	Cremation from urn dated to c. 970-800 cal BC	Kooi 1979, 34 fig. 24; Lanting & Van der Plicht 2003, 216
156	From ditch around 157	Pottery	Deposit of three small cups (156a-c), fitting Taayke's (1995, 52; 1996, 170-173) Early Iron Age type G1	Kooi 1979, 34 fig. 24; Lanting & Van der Plicht 2003, 216
167	From long-bed to the west of 157	Pottery	Large pot with neck-carination and accessory cup (urns 167a-b), fitting Taayke's (1995, 52; 1996, 170-173) Early Iron Age type G1	Kooi 1979, 35 fig. 25
803	From southernmost long-bed	Pottery	Large urn with faint neck-carination, fits Taayke's (1995, 52; 1996, 170-173) Early Iron Age type G1	Kooi 1979, 49 fig. 39

Table 2 Arguments for the dating of the Noordbarge long-bed monument.

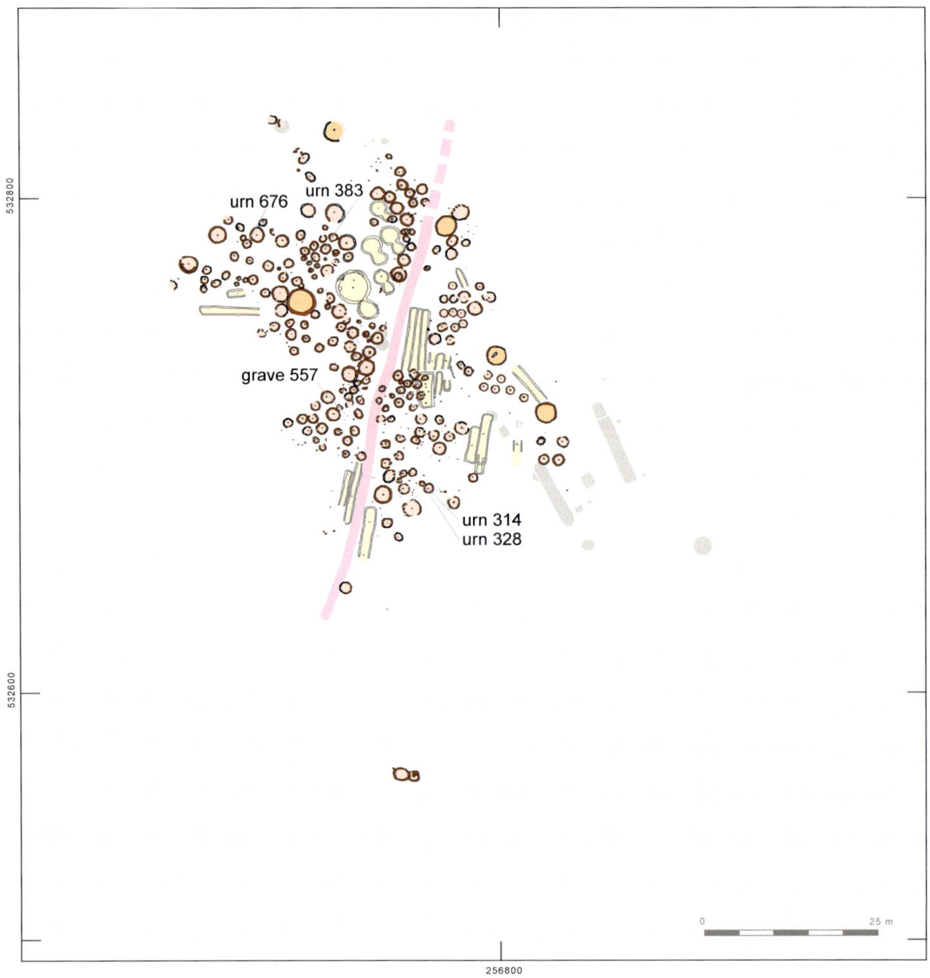

Figure 5 Early Iron Age urnfield phase at Noordbarge, with larger circular mounds situated near long-beds (orange/brown shading) and other mounds (light brown shading; after Kooi 1979, 18 fig. 10; 22-24).

the Noordbarge long-bed barrows therefore is unclear at best, and could even be reversed. The available dates nevertheless suggest that long-bed construction continued into the 9th century BC, or the Late Bronze Age-Early Iron Age transition (Table 2).

Tentatively, a series of relatively large circular structures (Fig. 5; orange-brown shading) belong to this phase, as various long-bed barrows appear to be oriented towards them). Because there is no sound dating evidence (*i.e.* finds, radiocarbon dates) for any of these (larger) mounds, they can only be speculatively assigned to this phase – and could equally well be part of the main Early Iron Age phase discussed below. Some of the circular monuments or stray cremations have yielded dates spanning into the Late Bronze Age as well (*e.g.* urn 383 and grave 577 (Fig. 5/Table 3; Lanting & Van der Plicht 2003, 217; 219)), suggesting that various (yet undated) graves may be part of this phase too.

Iron Age phases: Early Iron Age phase / Iron Age general

During the Early Iron Age, the Noordbarge urnfield presumably grew significantly in size (Fig. 5; Table 3), with the majority of the urnfield graves dated between the 9th and 5th centuries BC (Kooi 1979, 22-25; Van Zeist 1981, 170). Remarkably, possibly already during this phase, older parts of the funerary landscape were overbuilt by new graves. The cluster of long-bed barrows situated centrally and the northernmost keyhole-shaped barrow are all cross-cut by ditches belonging to new graves. As space around the urnfield appears to be ample, this is not a matter of necessity. Rather, it hints at deliberate actions, for which it must, however, remain unclear whether the Noordbarge mourners strived to stress ancestral ties using proximity or, conversely, whether new socio-ideological frameworks allowed to 'overwrite' older monuments whose relevance had waned. Again, no dates are known for the graves that cut-across older monuments, leaving room for speculation whether these cross-cutting graves belong to this, or the next phase.

Despite the fact that a recent re-evaluation of the Hijken type-site has shown that the eponymous house-type may already have been common around 750-350 cal. BC (Arnoldussen & De Vries 2014, 92-92), none of the Hijken-type houses at Noordbarge (houses 11-14, 31; *infra*) yielded finds or radiocarbon dates suggesting Early Iron Age usage (*infra*). In essence, during the Early Iron Age Urnfield period, the site of Noordbarge seems to have retained its exclusive funerary use that had begun after the end of the Middle Bronze Age-B (*supra*).

Grave no	Position	Date	Details	References
557	Featureless grave (flat grave)	^{14}C	Cremation dated to c. 1060-920 cal. BC	Lanting & Van der Plicht 2003, 219
383	Circular monument	^{14}C	Cremation dated to c. 980-880 cal. BC	Lanting & Van der Plicht 2003, 217
314	Circular monument, small gap in east side of ditch	^{14}C	Cremation and charcoal from urn dated to c. 900-775 cal. BC	Lanting & Van der Plicht 2003, 217
676	Circular monument	^{14}C	Cremation from urn dated to c. 895-785 cal. BC	Lanting & Van der Plicht 2003, 217
328	Circular monument	^{14}C	Charcoal from grave dated to c. 910-830 cal. BC	Lanting & Van der Plicht 2003, 217

Table 3 Radiocarbon dates for Noordbarge Late Bronze Age and Early Iron Age interments.

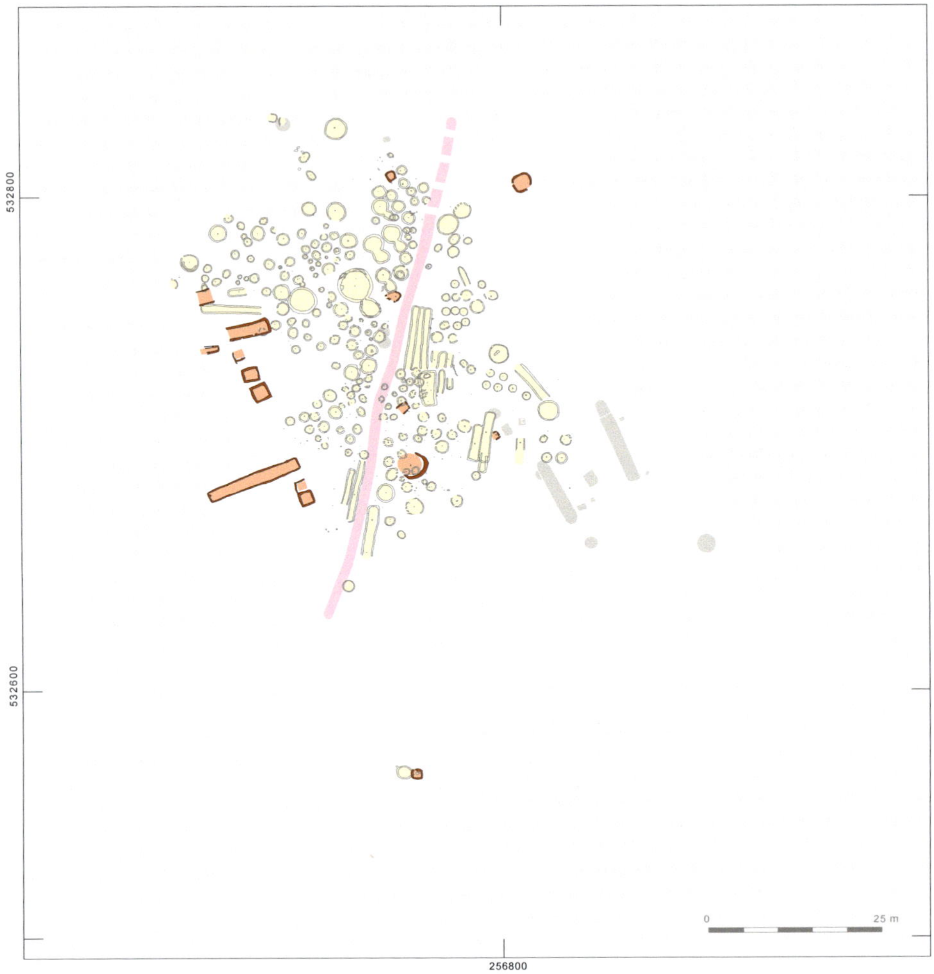

Figure 6 Middle Iron Age urnfield phase at Noordbarge (after Kooi 1979, 18 fig. 10; 15 fig. 8).

Iron Age phases: Middle Iron Age phase

The beginning of the Middle Iron Age represents the final phase of use of the Noordbarge urnfield. Along the western margin of the urnfield, and in a few locations strewn across the urnfield (Fig. 6), new monuments were placed (Kooi 1979, 18 fig. 10; 15 fig. 8). Their distinct distribution and the square to sub-rectangular shape of the ditches around monuments from this phase (type Ruinen; Kooi 1979, 24; 133) sets them apart from the circular Early Iron Age ones, albeit that a dating of the Ruinen type to the end of the Early Iron Age remains – due to few direct dates – a possibility (Lanting & Van der Plicht 2003, 218; 2006, 304-305). Hessing and Kooi (2005, 634 fig. 28.3a; 637) date type Ruinen graves to *c.* 500-300 cal. BC (*Cf.* Roessingh *et al.* 2012a, 103). The sub-rectangular grave in the southernmost part of Noordbarge (Fig. 6; Kooi 1979, 13 fig. 7) was dated to *c.* 790-490 cal. BC (Lanting & Van der Plicht 2006, 343), indicating that (1) such graves could date from the Early to Middle Iron Age transition, and (2) that both smaller (or even isolated?) clusters next to larger agglomerations of graves are known for this phase.

For the Middle Iron Age, contemporary usage of the site for both interments as well as habitation should be evaluated. House 30 (Fig. 8, infra) is of a type that Waterbolk (2009, 64) classifies as 'type Dalen',[3] for which the available dates (Waterbolk 2009, 64; Schabbink 2013, 24 note 1) suggest it dates to the last four centuries BC. As the sherds recovered from a posthole of house 30 could be either of Middle or Late Iron Age date, it remains speculative whether house 30 functioned in the Middle (or Late?) Iron Age. Additional, yet equally tentative, indications for Middle Iron Age habitation are the calibrated dates for house 11 and 14 (here discussed as being part of the Late Iron Age habitation phase; *infra*), as both have yielded radiocarbon dates that span the final century and a half of the Middle Iron Age (Van Zeist 1981, 172 tab. 1: H11: *c.* 380-100 BC / H14: *c.* 380-60 BC). Stratigraphically, house 11 cross-cuts two funerary monuments that yielded clear Late Bronze Age and Early Iron Age pottery.[4] The ceramics originating from various posts of house 11, however, suggest a Late Iron Age period of use, rather than Middle Iron Age.[5] Allowing for some time interval for the use-pattern of the site to revert to – or incorporate – habitation, this suggests that the habitation phase to which house 11 belongs, in all likelihood post-dates the Early – and possibly part of the Middle – Iron Age.

Iron Age phases: Late Iron Age phase

No interments at Noordbarge could be dated to the Late Iron Age. Kooi (1979, 25) argues that a type Jarstorf-B urn (attributed to *c.* 325 BC at its youngest; Lanting & Van der Plicht 2006, 250; 260; 310) may represent the youngest interment, but this pot also exhibits strong affinity (globular shape, neck carination) to generic Early Iron Age vessels – casting doubt on its dating relevance (the accompanying cremation was dated to *c.* 790-430 cal. BC; Lanting & Van der Plicht 2006, 305). This being said, there is no indication in the pot forms depicted by Kooi (1979, 32-52) that many interments with pottery datable to the period after 500 BC (*op. cit.* 19; 24-25) have gone unnoticed.

Based on house-typology and finds recovered, we argued that there are slight indications that house 30 is the oldest house of this phase (*supra*). Its more peripheral location with respect to the funerary monuments could suggest that, at that time, constructing new houses on top of former graves was still considered inappropriate. This notion would, however, quickly change and it has already been argued above that radiocarbon dates place houses 11 and 14 (both of Hijken-type) somewhere in the fourth to first centuries BC. House 11 (of Hijken type, subtype Zwinderen; Waterbolk 2009, 55; 62 fig. 38c) yielded *c.* 15 sherds (amongst which three sherds of smitten ware and one sherd of pottery tempered with organic mat-

3 Yet for which the first author has suggested that the ample (and better preserved) examples from Wekerom (Arnoldussen & Scheele 2014, 18-19) may merit to designate these as 'type Wekerom'.

4 Personal observations, first author; *Schräghals* pot, miniature pot, *Kegelhalsgefass*, Taayke (1996, 170-173) G1 pot.

5 Personal observations, first author; smitten wares, globular tripartite forms, some organic tempering.

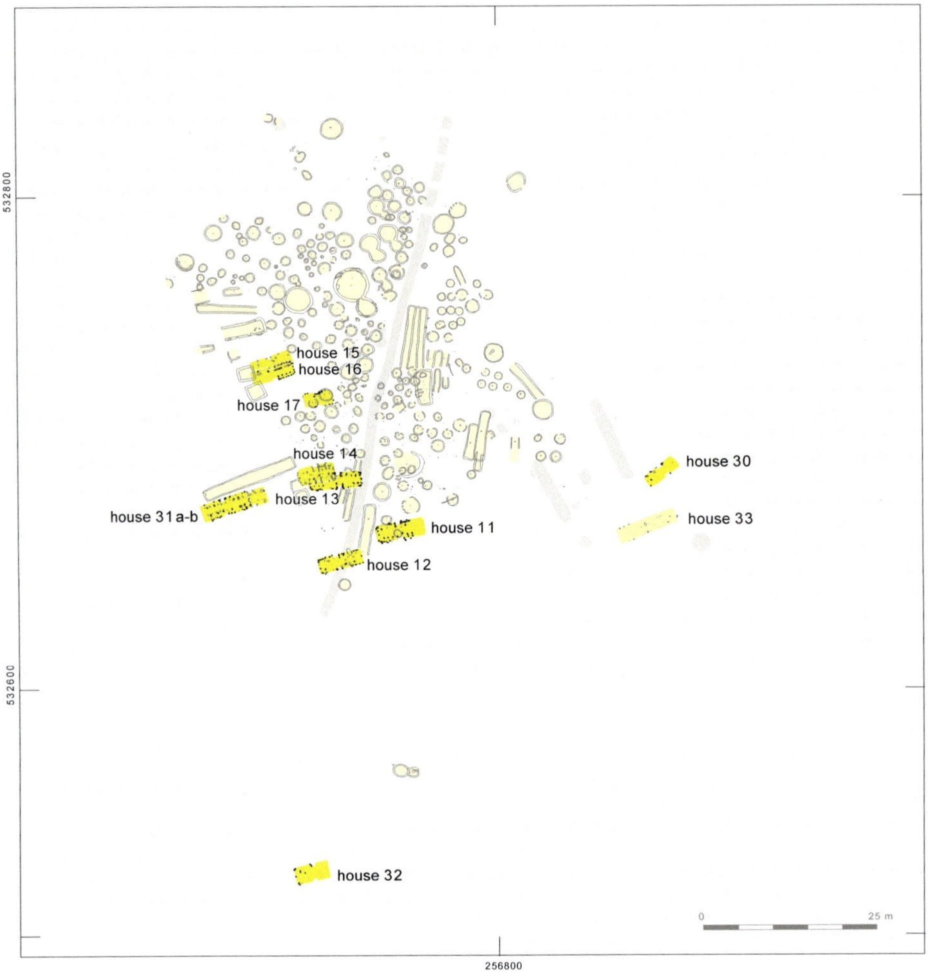

Figure 7 Late Iron Age settlement phase at Noordbarge (after Kooi 1979, 11 fig. 5; Van Zeist 1981, 178 fig. 2).

ter), suggesting a Late Iron Age or early Roman Iron Age date (pers. observ., first author). A cursory study of the ceramics origination from the entrance posts of house 14 has shown that it contained material not dissimilar to that of the first half of the 1st century AD (identification E. Taayke, *cf.* Taayke 1996, 176 note 62). This could suggest that the radiocarbon dated charcoal was unintentionally taken up into the postholes upon construction or refilling. A pit in the southern aisle of house 14, moreover, yielded large part of cup with a handle decorated with fingertip impressions, datable to the Late Iron Age (identification E. Taayke). According to the original excavation plans, house 13 is cross-cut by house 14, suggesting that the former is somewhat older. House 13 yielded two secondarily fired sherds, that could not be dated more precisely than 'Iron Age' (pers. observ., first author).

House 12 (of Hijken type; Waterbolk 2009, 55; 61 fig. 37d) yielded only a single fragment of a slightly bevelled and thickened Iron Age rim from a posthole, yet the pit cutting across its northern wall contained Late Iron Age and 1st century AD

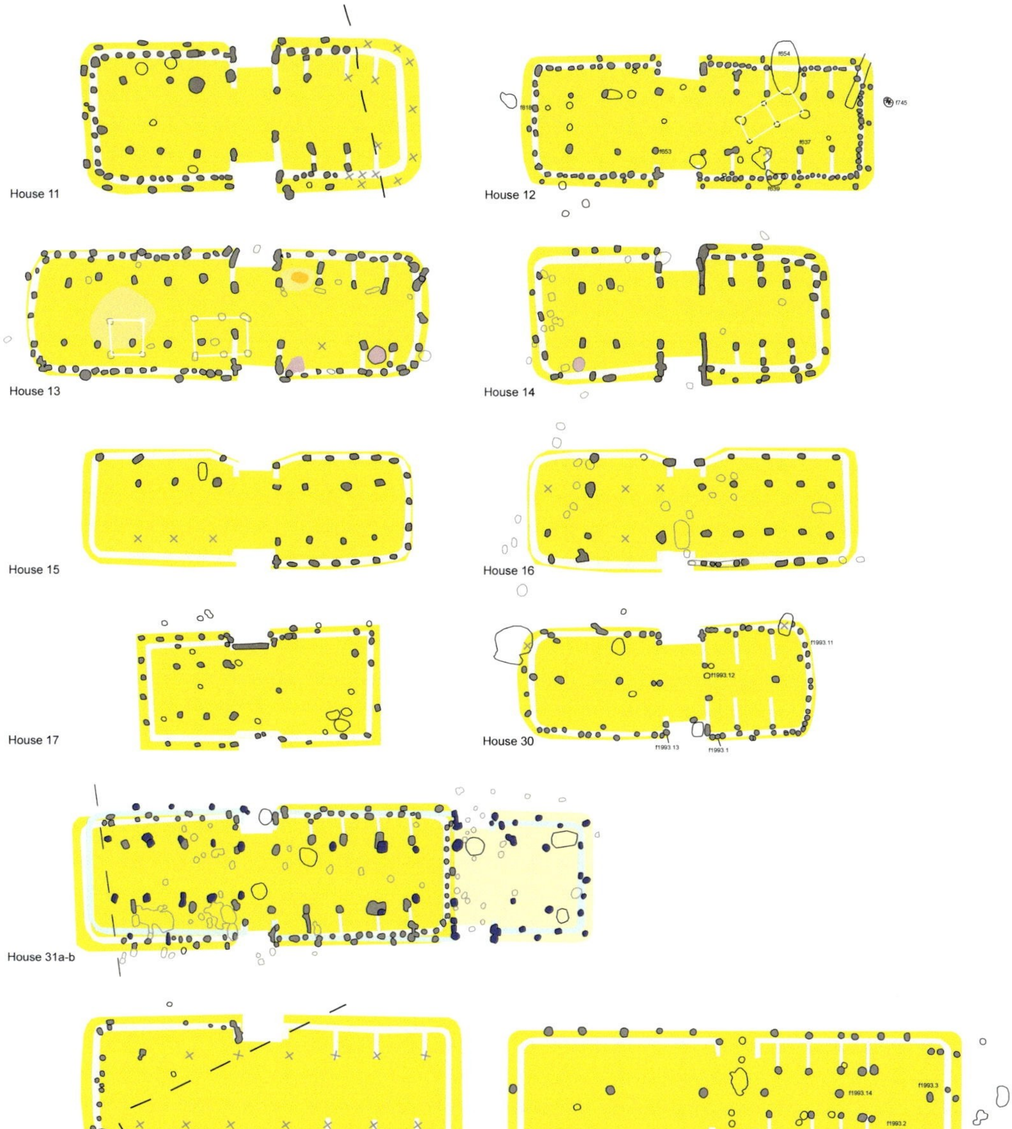

Figure 8 Late Iron Age – 1st half first century AD house plans at Noordbarge (partly after Harsema 1994, 73 fig. 2; 1997, 147 fig. 6; Waterbolk 2009, 61 fig. 37d; 38 fig. 38c; 65 fig. 40b), all to the same scale. The yellow and light grey colours represent interpretations of the living area and wall/stall locations respectively, not actual recovered traces.

pottery (identification E. Taayke) – suggesting a *terminus ad* or *ante quem* of the first century AD for house 12. Overlapping houses 15 and 16 yielded charcoal and two indistinct sherds (both from house 16), implying that only its stratigraphic relation to the underlying funerary monuments of Ruinen type and the house-plan characteristics (entrance and regular inner- and outer post placement different to those of the Hijken-type houses) can be used for dating. Based on these arguments, a date after the Middle Iron Age and before the 2nd half of the 1st century AD for

Figure 9 Late Iron Age – 1st half first century AD house plans at Noordbarge and their relations with underlying funerary monuments (partly after Kooi 1979, map 6; Harsema 1994, 73 fig. 2; 1997, 147 fig. 6; Waterbolk 2009, 61 fig. 37d; 38 fig. 38c; 65 fig. 40b).

houses 15 and 16 seems probable. Rebuilt and extended house 31 yielded only a single undiagnostic Iron Age sherd, but shares orientation and constructional traits with houses 11-14. Its orientation and location respects that of the massive (Middle Iron Age?) long-bed to its north, suggesting that the latter had remained (partly) visible (Kooi 1979, 12). Incompletely preserved and yielding no finds, house 32 can only tentatively be placed in this phase based on similarities in plan and orientation to houses 11-14. Probably, houses 31ab and 32 also date to the Late Iron Age to 1st half of the 1st century AD occupation phase.

House 17 with its protracted entrance ditch yielded a single sherd of smitten ware and is of a type that has parallels in both Early- and Later Iron Age/Roman period contexts.[6] For house 33, with a remarkable combined 2- and 3-aisled layout, two radiocarbon dates on charcoal (*c.* 360-110 cal. BC) are available (Lanting &

6 For Early Iron Age parallels see *e.g.* Verlinde 1991, 37 fig. 6; Verwers 1991, 165 fig. 3; Waterbolk 2009, 57 fig. 33a; Brouwer & Van Mousch 2015, 72), for Later Iron Age/Roman period examples see *e.g.* Waterbolk 2009, 79 fig.50a-c; Van der Velde 2011, 58 fig. 3.14; Taayke *et al.* 2012, 63 fig. 4.5.

Van der Plicht 2006, 344). Two postholes yielded small re-fired fragments of pots, but from a pit in the southern aisle finds were recovered that suggest a dating in the (early) first century AD (*cf.* Taayke 1996, 182, fig. 10).[7] As with house 14, the discrepancies between radiocarbon dates and pottery styles may relate to the unintentional incorporation of older charcoal into postholes upon house construction.

It is important to note that all but house 31a-b of the westernmost habitation cluster overlap older graves (Fig. 9). The long-bed cross-cut by house 14 yielded typical Late Bronze Age / Early Iron Age pottery (geometric decoration, G0 types) and a ring-ditch underneath house 11 yielded sherds of a smitten Early Iron Age pot (pers. observ., first author). Houses 14, 15 and 16 moreover overlap with type Ruinen graves that are dated to the Middle Iron Age. Therefore, based on the stratigraphic relations and recovered finds, the Noordbarge habitation amidst the urnfield graves dates between the (end of the) Middle Iron Age and first half of the 1st century AD, allowing perhaps for a Middle Iron Age start with house 30.

According to Kooi (1979, 12; 16 fig. 9) a layer of old arable soil covered the urnfield traces, which he associates with a phase of levelling of monuments (*op. cit.*, 12, *cf.* Kolen 2005, 189 note 357). Unfortunately, despite the fact that the main published section cuts across houses 15/16 (Kooi 1979, 111 fig. 5; 16 fig. 9), it does not clearly show features that cross-cut the 'arable' layer. Kooi (pers. communication, July 2015) argues that this layer may also comprise aeolian sediments of local origins. Irrespective to the process (antropogenic, arable, driftsand, a combination?) by which this layer exactly evolved, the uniform preservation of features of especially houses 11, 13 and 17 (which show significant overlap with funerary monuments), suggests that – if not levelled – the height of the monuments was limited or actively reduced. To all intents and purposes, it suggests a (deliberate, ideologically sanctioned?) conversion of a funerary domain (through or after agricultural use) into a settlement domain.

When urnfields lose their meaning: Noordbarge in context

The above sections have shown that at Noordbarge an already age-old (Neolithic) funerary landscape was used for habitation around the end of the Middle Bronze Age-B, during or after which a period of exclusive funerary usage started that lasted into the Middle Iron Age. The substantial size of the excavations at Noordbarge implies that we can speak with some confidence of the absence of habitation during the Late Bronze Age to Middle Iron Age period. It shows that throughout the urnfield period, a strict separation of urnfield and domestic structures prevailed (*cf.* Van Beek & Louwen 2013, 92-93). Similar to sites investigated in the Southern Netherlands such as Haps, Mierlo, Someren and Oosterhout (*supra*), it is not until the (end of the) Middle Iron Age that such strict categorization of the cultural landscape decreased in relevance. Whilst this is not proven, but also not improbable for Noordbarge, Middle Iron Age habitation near or adjacent an urnfield still used for interment can occur, as the examples of Mierlo-Hout and Someren quoted in the introduction have shown. Moreover, the fact that the

7 A large, undatable, whetstone fragment and a globular pot with thickened rim (Taayke (1996, 56) Ge5; identification A. Nieuwhof).

orientation of the houses from the Late Iron Age phase (*infra*) is the same as that of the funerary monuments here described under the heading of the Middle Iron Age, could hint at contemporaneity.[8] We can now confidently argue that the late Middle Iron Age and Late Iron Age end of a long-standing tradition of urnfield avoidance in settlement dynamics holds true for the Northern Netherlands as well.

The main point, however, may not be that dependent on when *exactly* habitation encroached upon a funerary domain that had been in use during preceding centuries. The fact that of the various houses described above under the heading 'Late Iron Age' only two (houses 30 and 31) did *not* cross-cut older funerary monuments, signifies that – irrespective of exact dating – major ideological transformations occurred somewhere between 350-0 BC that allowed transformation of ancestral burial places into settlement territory. Given the ample space available beyond the urnfield proper at Noordbarge, one wonders to what extent the overlap of houses and older graves (and consecutive rendering defunct of age-old funerary markers) was intentional. Kooi (1979, 12) argued that substantial levelling-off of urnfield monuments occurred before or during settlement, hinting at – if not the deliberate destruction of *lieux des mémoires* – an unprecedented loss or shift of meaning of the ancestral burial place (*cf.* Kolen (2005, 162; 189 note 357) who speaks of an 'eradication of the past' at Noordbarge).

Evidently, in addition to ample regional differentiation (*cf.* Verlinde 1987, 292-307; Verlinde & Hulst 2010, 108-113), the backgrounds to the decline of urnfields had supra-regional impact (Fontijn 1996, 82-83). For the eastern Dutch sandy soils, it has been argued that whilst urnfields show ample local variation in size, use-life and locations, their locations remain 'once again situated in the periphery of the settlement area' (Van Beek 2011, 40). This perfectly expresses the dualistic nature of urnfield positioning: *near to*, but decidedly *separate from* the domestic domain (*cf.* Gerritsen 2003, 147). Nevertheless, such views were no longer valid or upheld around the close of the Middle Iron Age and start of the Late Iron Age when settlement space encroached upon – or did even overwrite – former funerary landscapes. In addition to the examples already mentioned, major redefinition of urnfield space – allowing these to be used for habitation (Gerritsen 2003, 148) – was documented for Hilvarenbeek, Weert, Nijmegen (Gerritsen 2003, 148; 179) and Epse (Hermsen 2006, 4). Gerritsen (*loc. cit.*) argues that near the end of the Late Iron Age "an organisation of the landscape in which the living community held a more prominent symbolic place than the dead and the ancestors" developed (*cf.* Fontijn 1996, 86). The smaller and more dispersed cemeteries of the Middle Iron Age (Hessing 1993, 17 note 2; Fontijn 1996, 84; Gerritsen 2003, 134; Van Beek 2009, 432; 2011, 43 (but see Van Beek 2009, 424)) appear to be deliberately placed away from their urnfield (period) precursors (Fontijn 1996, 83). The ideology of using urnfields as an arena for expressing equality and affinity – through proximity – to ancestral burials was replaced by one in which individuality was stressed (Fontijn 1996, 84), and in which settlement territories themselves were in some cases been considered appropriate funerary domains (*e.g.* Gerritsen 2003, 88; Van Beek 2009, 439-440; 2011, 43). Accompanying this ideological shift, a spatial

8 Shared orientation to (older?) other structures remains an option as well.

shift of funerary site preferences – breaking away from age-old urnfield locations – evidently was also deemed necessary or appropriate. This reinterpretation of urnfields around the end of the Middle Iron Age must have been quite pervasive, as the urnfield period collective cemeteries were not only abandoned, but – as in Noordbarge – in various cases actively reworked into settlement areas, breaking with the long-standing traditions of keeping the ancestors and the living apart.

Acknowledgements

The authors would like to thank Kirsten van der Ploeg and Ernst Taayke for retracing the Noordbarge excavation drawings and documentation, Piet Kooi for discussions on the Noordbarge excavations, Ernst Taayke and Annet Nieuwhof for help in pottery identification and Richard Jansen and Eugene Ball for their helpful reviews.

References

Arnoldussen, S. 2008. *A Living Landscape: Bronze Age settlement sites in the Dutch river area (2000-800 BC)*. Leiden (PhD thesis): Sidestone.

Arnoldussen, S. and Ball, E.A.G. 2007. Nederzettingsaardewerk uit de late bronstijd in Noord-Brabant en het rivierengebied, in: Louwe Kooijmans, L.P. and Jansen, R. (eds.), *Van contract naar wetenschap: 10 jaar Archol bv.* Leiden: Archol bv, 181-203.

Arnoldussen, S. and Fontijn, D.R. 2006. Towards familiar landscapes? On the nature and origin of Middle Bronze Age landscapes in the Netherlands. *Proceedings of the Prehistoric Society* 72, 289-317.

Arnoldussen, S. and Scheele, E.E. 2012. The ancestors nearby. The domestic and funerary landscape of Angelslo-Emmerhout, in: Velde, H.M. van der, Jaspers, N.L., Drenth, E. and Scholte Lubberink, H.B.G. (eds.), *Van graven in de prehistorie en dingen die voorbij gaan. Studies aangeboden aan Eric Lohof ter gelegenheid van zijn pensionering in de archeologie.* Leiden: Sidestone, 153-185.

Arnoldussen, S. and Vries, K.M. de 2014. Of farms and fields: the Bronze Age and Iron Age settlement and Celtic field at Hijken – Hijkerveld. *Paleohistoria* 55/56 (2013/2014), 85-104.

Bakker, J.A. and Waals, J.D. van der 1973. Denekamp-Angelslo: cremations, collared flasks and a corded ware sherd in Dutch final TRB context, in: Daniel, G. and Kjaerum, P. (eds.), *Megalithic graves and ritual. Papers presented at the III Atlantic Colloquium, Moesgard, 1969.* Jysk Arkæologisk Selskabs skrifter 11. København: Gyldendalske boghandel, 17-50.

Beek, R. van 2009. *Reliëf in Tijd en Ruimte. Interdisciplinair onderzoek naar bewoning en landschap van Oost-nederland tussen vroege prehistorie en middeleeuwen* Wageningen (PhD thesis): Universiteit Wageningen.

Beek, R. van 2011. Diversity Rules. On Late Prehistoric Settlement of the Eastern Netherlands and the Need for Regionally Specific Models. *Proceedings of the Prehistoric Society* 77, 25-47.

Beek, R. van and Louwen, A.J. 2013. The centrality of urnfields. Second thoughts on structure and stability of Late Bronze Age and Early Iron Age cultural landscapes in the Low Countries, in: Fontijn, D.R., Louwen, A.J., Vaart, S. van der and Wentink, K. (eds.), *Beyond Barrows. Current research on the structuration and perception of the Prehistoric Landscape through Monuments.* Leiden: Sidestone, 81-112.

Bérenger, D. 2008. Bis nach Nordosten: Grabanlagen der Emsgruppe an der Mittelweser, in: Bérenger, D. and Grünewald, C. (eds.), *Westfalen in der Bronzezeit.* Münster: Landschaftsverband Westfalen-Lippe, 42.

Bourgeois, Q.P.J. 2013. *Monuments on the horizon. The formation of the barrow landscape throughout the 3rd and 2nd millenium BC.* Leiden (PhD thesis): Sidestone press.

Brindley, A.L. 1986. The typochronology of TRB West Group pottery. *Palaeohistoria* 28, 93-132.

Brink-Kloke, H., Heinrich, H. and Bartelt, U. 2006. *Das Schlüsselloch-Gräberfeld am Oespeler Bach.* Bodenaltentümer Westfalens 43. Mainz-am-Rhein: Verlag Philipp von Zabern.

Brouwer, M.C. and Mousch, R. van 2015. Leemspitters en landbouwers. Bewoning uit de late prehistorie en de middeleeuwen (8e t/m 14e eeuw) in het plangebied Tilburg, Enschotsebaan-Zuid 2. BAAC Rapport A-09.0407. 's Hertogenbosch: BAAC bv.

Demeyere, F., Bourgeois, J., Crombé, P. and Strydock, M. van 2006. New evidence of the (final) Neolithic occupation of the sandy lowlands of Belgium: The Waardamme "Vijvers" site, west Flanders. *Archäologisches Korrespondenzblatt* 36.2, 179-194.

Drenth, E. and Arnoldussen, S. in. prep. *The Neolithic graves of Noordbarge – Hoge Loo.*

Fontijn, D. 1996. Socializing landscape. Second thoughts about the cultural biography of urnfields. *Archaeological Dialogues* 3, 77-87.

Gerritsen, F. 2003. *Local identities. Landscape and community in the late prehistoric Meuse-Demer-Scheldt region.* Amsterdam Archaeological Studies 9. Amsterdam: Amsterdam University Press.

Giffen, A.E. van 1934. Oudheidkundige aanteekeningen over Drentse vondsten: De Hooge Loo te Noordbarge, gem. Emmen; Kringrepurnenveld en tumuli in het Elper Noordeveen, gem. Westerbork; De Germaanse nederzetting uit den Romeinse keizertijd in de zgn. Vijzelkampen op den Hondsrug bij Eext, gem. Anloo. *Nieuwe Drentsche Volksalmanak* 52, 85-116.

Giffen, A.E. van and Glasbergen, W. 1950. De opgravingen in Nederland in 1949. *l'Antiquité Classique* 19, 427-436.

Harsema, O.H. 1976. Noordbarge. *Bulletin van de Koninklijke Nederlandse Oudheidkundige Bond* 75, 52-55.

Harsema, O.H. 1990. Drenthe's plaats en rol in de ijzertijd. *Nieuwe Drentse Volksalmanak* 107, 169-179.

Harsema, O.H. 1992. Bronze Age habitation and other archaeological remains near Hijken, Province of Drenthe, The Netherlands, in: Mordant, C. and Richard, A. (eds.), *L'Habitat et l'occupation du sol à l'âge du bronze en Europe. Actes du collque international de Lons-le-Saunier 16-19 mai 1990 (Documents prehistoriques 4).* Paris: Comité des travaux historiques et scientifiques, 71-87.

Harsema, O.H. 1994. Zes dagen in juni op de es van Noordbarge. *Paleo-Aktueel* 5, 69-73.

Harsema, O. H. 1997. House form, farmstead and settlement structure in the northern Netherlands in the Middle and Late Bronze Age, in: Beck, H. and Steuer, H. (eds.), *Haus und Hof in ur- und frühgeschichtlicher Zeit.* Göttingen: Vandenhoeck & Ruprecht, 137-161.

Hermsen, I. 2006. Steentijdjagers en prehistorische boeren langs de Dortherbeek. Archeologisch onderzoek aan de noordkant van boerderij de Olthof in Epse-Noord (gemeente Deventer). *Archeologie in Deventer* 6, 1-5.

Hessing, W.A.M. 1993. Ondeugende Bataven en verdwaalde Friezinnen?: Enkele gedachten over de onverbrande menselijke resten uit de ijzertijd en de Romeinse tijd in West-en Noord-Nederland, in: Drenth, E., Hessing, W.A.M. and Knol, J. (eds.), *Het tweede leven van onze doden.* Nederlandse Archeologische Rapporten 15. Amersfoort: ROB, 17-40.

Kampen, J.C.G. van and Brink, V. van den 2013. *Archeologisch onderzoek op de Habraken te Veldhoven. Twee unieke nederzettingen uit het Laat Neolithicum en de Midden Bronstijd en een erf uit de Volle Middeleeuwen.* Zuidnederlandse Archeologische Rapporten 52. Amsterdam: VUhbs.

Kolen, J.C.A. 2005. *De biografie van het landschap, drie essays over landschap, geschiedenis en erfgoed.* Amsterdam (PhD thesis): VU.

Kooi, P.B. 1972. Archeologisch Nieuws: Drenthe, Hoge Loo. *Nieuwsbulletin Koninklijke Nederlandse Oudheidkundige Bond* 71, 143.

Kooi, P.B. 1973. Archeologisch Nieuws: Drenthe, Noord-barge. *Nieuwsbulletin Koninklijke Nederlandse Oudheidkundige Bond* 72, 74.

Kooi, P.B. 1979. *Pre-Roman urnfields in the north of the Netherlands.* Groningen (PhD thesis): Wolters-Noordhof.

Kortlang, F. 1999. The Iron Age urnfield and settlement from Someren-'Waterdael', in: Theuws, F. and Roymans, N. (eds.), *Land and Ancestors. Cultural dynamics in the Urnfield period and the Middle Ages in the Southern Netherlands.* Amsterdam Archaeological Studies 4. Amsterdam: Amsterdam University Press, 133-198.

Lanting, J.N. 2008(2007/2008). De NO-Nederlandse/NW-Duitse Klokbekergroep: culturele achtergrond, typologie van het aardewerk, datering, verspreiding en grafritueel. *Palaeohistoria* 49/50, 11-326.

Lanting, J.N. and Plicht, J. van der 2002 (1999/2000). De ^{14}C chronologie van de Nederlandse Pre- en Protohistorie III: Neolithicum. *Palaeohistoria* 41/42, 1-110.

Lanting, J.N. and Plicht, J. van der 2003 (2001/2002). De ^{14}C chronologie van de Nederlandse Pre- en Protohistorie IV: Bronstijd en Vroege IJzertijd. *Palaeohistoria* 43/44, 117-261.

Lanting, J.N. and Plicht, J. van der 2006 (2005/2006). De ^{14}C chronologie van de Nederlandse Pre- en Protohistorie V: Midden- en Late IJzertijd. *Palaeohistoria* 47/48, 241-427.

Lohof, E. 2000. Dodenhuisjes, brandstapels en heilige huisjes. *Nieuwe Drentse Volksalmanak* 117, 36-51.

Modderman, P.J.R. and Louwe Kooijmans, L.P. 1966. The Heibloem, a cemetery from the Late Bronze Age and Early Iron Age between Veldhoven and Steensel, prov. Noord-Brabant. *Analecta Praehistorica Leidensia* 2, 9-26.

Mulder, E.F.J. de, M.C. Geluk, I.L. Ritsema, W.E. Westerhoff and Wong, T.E. 2003. *De ondergrond van Nederland*. Groningen: Wolters-Noordhoff.

Raemaekers, D.C.M. 2012. Van het huis van de doden naar het huis van de levenden. Op zoek naar trechterbekernederzettingen in Drenthe, in: Velde, H.M. van der, Jaspers, N.L., Drenth, E. and Scholte Lubberink, H.B.G. (eds.), *Van graven in de prehistorie en dingen die voorbij gaan. Studies aangeboden aan Eric Lohof ter gelegenheid van zijn pensionering in de archeologie.* Leiden: Sidestone, 73-84.

Roessingh, W., Drenth, E., Geerts, R., Smits, E., Lohof, E. and Kromhout, B.J. 2012a. Een urnenveld uit de Late Bronstijd-Midden-IJzertijd, in: Roessingh, W. and Blom, E. (eds.), *Graven op De Contreie. Bewoningsgeschiedenis van de Houtse Akkers te Oosterhout,van de Bronstijd tot en met de Slag om het Markkanaal.* ADC Monografie 14. Amsersfoort, ADC Archeoprojecten, 57-106.

Roessingh, W., Drenth, E., Geerts, R., Brijker, J., Moolhuizen, C, Verniers, L, Melkert, M., Dijk, J. van, 2012b. Bewoning in de IJzertijd, in: Roessingh, W. and Blom, E. (eds.), *Graven op De Contreie. Bewoningsgeschiedenis van de Houtse Akkers te Oosterhout, van de Bronstijd tot en met de Slag om het Markkanaal.* ADC Monografie 14. Amsersfoort, ADC Archeoprojecten, 107-146.

Roymans, N. 1999. The Early Iron Age urnfield of Beegden, in: Theuws, F. and Roymans, N. (eds.), *Land and Ancestors. Cultural dynamics in the Urnfield period and the Middle Ages in the Southern Netherlands.* Amsterdam Archaeological Studies 4. Amsterdam: Amsterdam University Press, 33-62.

Roymans, N. and Kortlang, F. 1999. Urnfield symbolism, ancestors and the land in the Lower Rhine Region, in: Theuws, F. and Roymans, N. (eds.), *Land and Ancestors. Cultural dynamics in the Urnfield period and the Middle Ages in the Southern Netherlands.* Amsterdam Archaeological Studies 4. Amsterdam: Amsterdam University Press, 33-62.

Roymans, N. and Theuws, F. 1999. Long-term perspectives on man and landscape in the Meuse-Demer-Scheldt region (1100 BC- 1500 AD). An introduction, in: Theuws, F. and Roymans, N. (eds.), *Land and Ancestors. Cultural dynamics in the Urnfield period and the Middle Ages in the Southern Netherlands.* Amsterdam Archaeological Studies 4. Amsterdam: Amsterdam University Press, 1-32.

Schabbink, M. 2013. *Kleine boeren uit de IJzertijd en de 18e/19e eeuw op 't Spikkert te Weerselo: Gemeente Dinkelland: archeologisch onderzoek: een opgraving.* RAAP Rapport 2508. Weesp: RAAP Archeologisch Adviesbureau.

Taayke, E. 1995. Die einheimische Keramik der nördlichen Niederlande, 600 v.Chr. bis 300 n.Chr., Teil II: Drenthe. *Berichten van de Rijksdienst voor het Oudheidkundig Bodemonderzoek* 41, 9-102.

Taayke, E. 1996. *Die einheimische Keramik der nördlichen Niederlande, 600 v.Chr. bis 300 n.Chr.* Groningen (PhD thesis): Casparie Heerhugowaard bv.

Taayke, E., Peen, C., Harst, M. van der and Vos, W.K. 2012. *Ede vol Erven, Germaanse bewoning op de rand van een wereldrijk.* Leiden: Hazenberg Archeologie.

Tol, A. 1999. Urnfield and settlement traces from the Iron Age at Mierlo-Hout, in: Theuws, F. and Roymans, N. (eds.), *Land and Ancestors. Cultural dynamics in the Urnfield period and the Middle Ages in the Southern Netherlands.* Amsterdam Archaeological Studies 4. Amsterdam: Amsterdam University Press, 87-132.

Velde, H. M. van der 2011. *Wonen in een grensgebied. Een langetermijngeschiedenis van het Oost-Nederlandse cultuurlandschap (500 v. Chr.-1300 na Chr)* Amsterdam (PhD thesis): VU Amsterdam.

Verlinde, A.D. 1987. *Die Gräber und Grabfunde der späten Bronzezeit und frühen Eisenzeit in Overijssel.* Leiden (PhD thesis): Casparie Heerhugowaard bv.

Verlinde, A.D. 1991. Huizen uit de bronstijd en de vroege ijzertijd te Colmschate, in: Fokkens, H. and Roymans, N. (eds.), *Nederzettingen uit de bronstijd en de vroege ijzertijd in de Lage Landen.* Nederlandse Archeologische Rapporten 13. Amersfoort: 31-40.

Verlinde, A. D. and Hulst, R. S. 2010. *De grafvelden en grafvondsten op en rond de Veluwe van de Late Bronstijd tot in de Midden-IJzertijd.* Nederlandse Archeologische Rapporten 39. Amersfoort: RACM.

Verwers, W.J.H. 1991. Bewoningssporen uit de vroege ijzertijd aan de Kloosterstraat te Den Dungen, in: Fokkens, H. and Roymans, N. (eds.), *Nederzettingen uit de bronstijd en de vroege ijzertijd in de Lage Landen.* Nederlandse Archeologische Rapporten Amersfoort: Rijksdienst voor het Oudheidkundig Bodemonderzoek, 163-170.

Waterbolk, H.T. 1962. Hauptzüge der eisenzeitlichen Besiedlung der nördlichen Niederlande. *Offa* 19, 9-46.

Waterbolk, H.T. 1982. Mobilität von Dorf, Ackerflur und Gräberfeld in Drenthe seit der Latènezeit. *Offa* 39, 97-137.

Waterbolk, H.T. 1995. Patterns of the peasant landscape. *Proceedings of the Prehistoric Society* 61, 1-36.

Waterbolk, H.T. 2009. *Getimmerd verleden. Sporen van voor- en vroeghistorische houtbouw op de zand- en kleigronden tussen Eems en IJssel.* Utrecht: Matrijs.

Zeist, W. van 1981. Plant remains from Iron Age Noordbarge, province of Drenthe, the Netherlands. *Palaeohistoria* 23, 169-193.

IJzertijdbewoning: een toetsing van de bewoningsmodellen voor locatiekeuze en demografie

Tale I. Wolthuis & Stijn Arnoldussen

Trefwoorden: ijzertijd, bewoningsmodellen, demografie, Drenthe, Noord-Brabant

Keywords: Iron Age, settlement dynamics, demography, the Netherlands

Inleiding

Sinds de tweede wereldoorlog is er veel onderzoek geweest naar de ijzertijd in Nederland. In eerste instantie concentreerde deze onderzoeken zich op de duidelijk in het landschap aanwezige sporen zoals grafheuvels, urnenvelden (Kooi 1979, 1-7) en soms Celtic fields (Brongers 1976). Daarna, met name vanaf 1980 (*cf.* Kolen & Niekus 2011, 133-134; Fokkens & Arnoldussen 2008, 2 fig. 1.1), nam het nederzettingsonderzoek een grote vlucht, met onder andere grootschalige projecten te Emmen (o.a. Van der Waals 1966; Van der Waals & Butler 1976; De Wit 2000 & 2003) en Oss (o.a. Schinkel 1994; Fokkens 1998a), die resulteerden in een groot aantal demografische en bewoningsmodellen voor de ijzertijd.[1] Deze modellen zijn over het algemeen samengesteld op basis van gegevens uit een bepaalde regio (veelal Drenthe of oostelijk Noord-Brabant) en vervolgens geëxtrapoleerd naar de rest van Nederland (*cf.* Louwe Kooijmans 2005, 698-699). Gezien de onder het Malta-beleid sterk toegenomen aantal opgravingen van ijzertijdnederzettingen in de diverse regio's, kan men zich af vragen of deze bewoningsmodellen (nog) wel kloppen: zijn ze niet te veel gebaseerd op indirecte aanwijzingen van ijzertijdbewoning zoals Celtic fields en urnenvelden (*cf.* Kooi 1979, 173-179; Waterbolk 1987; Louwe Kooijmans 2005, 698) en is extrapolatie naar supraregionale bewoningmodellen wel legitiem?

Om een antwoord te krijgen op onder andere deze vragen is een project gestart met als doel een database samen te stellen van ijzertijdvindplaatsen in Nederland. Aangezien er sprake is van een grote hoeveelheid gegevens is er voor gekozen om in eerste instantie alleen te kijken naar ijzertijd*bewoning*, om de invoer te beperken

---

1 Onder andere Waterbolk 1959, 39-45; 1962, 16-37; Kooi 1979, 167-179; Van Gijn & Waterbolk 1984, 101-102; Slofstra 1991, 147-150; Schinkel 1994, 245-276; 1998, 161-183; Roymans 1995, 2-9; Taayke 1996, 183-189; Roymans & Gerritsen 2002, 264-270; Spek 2004, 139-150; Van den Broeke 2005, 683-684; Louwe Kooijmans 2005, 698-699; Roymans & Kluiving 2012, 47; Kluiving, Bekkema & Roymans 2015, 139-140.

tot opgegraven terreinen en dit per provincie te verwerken.[2] Momenteel (stand oktober 2015) zijn er drie provincies (Drenthe, Noord-Brabant en Zuid-Holland) verwerkt, met als resultaat 374 ingevoerde ijzertijdvindplaatsen. Van iedere vindplaats wordt aangegeven tot welke 'hoofdcategorie' deze behoort (bewoning, begraving, depositie, infrastructuur etc.) en wordt de locatie zo precies mogelijk binnen een GIS vastgelegd. Aan de hand van deze gegevens wordt in deze bijdrage een (voorlopige) analyse uitgevoerd om de vigerende bevolkingsmodellen voor de ijzertijd te testen. Hierbij zal vooral getracht worden om modellen te toetsen die een uitspraak doen over demografische ontwikkelingen en landschappelijke aspecten van de locatiekeuze van ijzertijdnederzettingen.

Ten behoeve van bovenbeschreven analyse is besloten om in eerste instantie Drenthe en Noord-Brabant te analyseren. Beide provincies zijn immers uitgebreid onderzocht en stonden centraal bij het opstellen van demografische modellen[3] en modellen van bewoningsdynamiek[4] voor de ijzertijd in Nederland. In deze bijdrage wordt door gebruikmaking van de (a) aantallen vindplaatsen, (b) aantallen huizen en (c) hun landschappelijke ligging voor de vroege, midden en late ijzertijd getracht de bestaande modelvorming aangaande ijzertijdbewoningsdynamiek en demografie te toetsen en te verfijnen. Hiertoe wordt hieronder eerst een kritische duiding van de momenteel gangbare modellen geboden.

Bewoningsmodellen ijzertijd

Het model van 'zwervende erven' (Schinkel 1994; 1998) is het oudste en meest gebruikte bewoningsmodel voor de ijzertijd. Dit model is gegrondvest door opgravingen in het buitenland (Duitsland; o.a. Schindler 1956, 25; Kossack 1984, 20-21 en Denemarken; o.a. Becker 1971, 79-110) waarbij in een ruimer bewoningsareaal zich verplaatsende ijzertijdbewoning werd vastgesteld en waardoor de Duitse concepten *verlegung* en *wandersiedlung* binnen de Nederlandse archeologie werden ingevoerd als 'zwervende erven' (Arnoldussen 2008, 77). Dit 'zwervende erven'-model wordt, binnen de Nederlandse archeologie, representatief geacht voor zowel brons- als ijzertijdbewoning (Roymans & Fokkens 1991, 12 fig. 7; Roymans & Kortlang 1999, 52 fig. 10). In het model wordt aangenomen dat huizen na één of twee generaties verlaten worden (maar zie: Arnoldussen 2008, 92) om binnen het bewoningsareaal te worden herbouwd (o.a. Kossack 1984, 20-21; Roymans & Fokkens 1991, 11-13; Schinkel 1998, 161-183; Roymans & Kortlang 1999, 36-40). Recente kritische beschouwingen van dit model hebben het sterk descriptieve – en in geringe mate verklarende – karakter ervan bekritiseerd (Arnoldussen 2008, 76-84; Arnoldusen & Jansen 2010). Aangezien voor het daadwerkelijk toetsen

2 Alleen al de gegevens in Archis2, RCE, easy.dans.knaw.nl en in handboeken zoals Nederland in de Prehistorie (Louwe Kooijmans *et al.*, 2005), Huisplattegronden in Nederland (Lange *et al.*, 2014) en Getimmerd Verleden (Waterbolk, 2009) leveren duizenden mogelijke ijzertijdvindplaatsen.

3 Kooi 1979, 167-179; Roymans 1991, 62-72; Roymans 1995, 2-9; Taayke 1996, 183-189; Spek 2004 140-141; Louwe Kooijmans 2005, 698.

4 Onder andere Van Gijn & Waterbolk 1984, 101-102; 110-114; Roymans & Gerritsen 2002, 264-270; Spek 2004, 141-142; Roymans & Kluiving 2012, 47-51; Kluiving, Bekkema & Roymans 2015, 139-140.

van dit model grote aantallen precieze dateringen van bewoningskernen en huizen binnen een bewoningsareaal nodig zijn, valt dit buiten de mogelijkheden van deze bijdrage.

Demografische benaderingen

Op basis van archeologische gegevens wordt aangenomen dat de bevolking van Nederland groeit van ongeveer 10.000 personen in de Bronstijd tot ongeveer 100.000 aan het einde van de ijzertijd (Louwe Kooijmans 2005, 697-698). Onderzoek aan goed onderzochte en idealiter goed landschappelijk afgebakende microregio's, zoals Odoorn-Emmen, Oss en Someren, vormt één van de belangrijkste bronnen van informatie over de demografische ontwikkelingen van Nederland in de metaaltijden. Binnen de genoemde microregio's zijn vele hectares archeologisch onderzocht, met als resultaat een grote hoeveelheid huisplattegronden uit diverse periode (Emmen: o.a. Kooi 1979, 167-179; Louwe Kooijmans 2005, 698; Oss: o.a Schinkel 1994; 1998; Someren: o.a. De Boer & Hiddink 2012). Door de bevolkingsdichtheid van deze microregio's gedurende prehistorische tijdvakken te modelleren en deze te extrapoleren naar de rest van Nederland, is getracht de grootschaligere demografische ontwikkelingen in kaart te brengen (Schinkel 1998, 161-183; Louwe Kooijmans 2005, 698). Andere onderzoekers baseerden hun demografische modellen primair op gegevens aangaande Celtic fields en het grafritueel (o.a. Kooi 1979, 167-179; Harsema 1980, 32; Louwe Kooijmans 1995, 419-420). Beide benaderingswijzen (nederzettingsgegevens versus Celtic fields/urnenvelden) suggereren dat de bevolkingsomvang – al dan niet met een terugloop in de midden-ijzertijd (*infra*) – gedurende de ijzertijd toenam (Louwe Kooijmans 1995, 419-420; Roymans & Gerritsen 2002, 270-272; Spek 2004; 140-141; 150-153; Louwe Kooijmans 2005; 698-699).

Ondanks de bovenbeschreven bevolkingsgroei wordt er eveneens gesuggereerd dat er gedurende de ijzertijd sprake moet zijn geweest van een bevolkingsafname op de zandgronden (o.a. Waterbolk 1962, 32-37; Roymans & Gerritsen 2002, 268-269; Spek 2004, 140-141). Over wanneer exact deze bevolkingsafname moet hebben plaatsgevonden bestaat nog geen consensus. Zo suggereren o.a. Waterbolk (1959, 39-45; 1962, 32-37), Roymans (1991, 62-72; 1995, 7-9) en Spek (2004, 140-141) dat er ergens in de midden-ijzertijd sprake moet zijn geweest van een bevolkingsafname, terwijl Taayke (1996, 183-189) suggereert dat de bevolkingsafname, in Drenthe, pas in de late ijzertijd zichtbaar wordt. Deze onderzoekers baseren hun hypotheses vooral op indirecte aanwijzingen voor bewoning zoals aardewerk (Taayke 1996, 183-189), Celtic fields en (het in onbruik raken van) urnenvelden (o.a. Kooi 1979, 167-179; Harsema 1980, 32; Roymans 1995, 7-9; Louwe Kooijmans 1995, 419-420; 2005, 698). De veronderstelde oorzaken voor deze mogelijke bevolkingsafname zijn bijna altijd hetzelfde: klimaatverandering, zandverstuivingen als gevolg van ontbossing, overbevolking en verslechtering van de akkers door uitputting van de grond en podzolisatie (o.a. Van Gijn & Waterbolk 1984, 102-110; Roymans 1991, 62-72; 1995, 7-9; Spek 2004, 143-144).

Voor Drenthe wordt nog een aanvullende reden genoemd voor de bevolkingsafname: de kolonisatie van de Friese en Groningse kwelders (Waterbolk 1959, 39-45; 1962, 16-37; Van Gijn & Waterbolk 1984, 110-116). Hierover bestaat nog veel discussie omdat niet met zekerheid de oorsprong van de kolonisten en de datering van deze kolonisatie te achterhalen zijn (Taayke 1996; 183-189; Fokkens 1998b, 127-130; 134-149; Woltering 2001, 370-375).

Locatiekeuze ijzertijdnederzettingen en fysisch-geografische kenmerken

De archeologische beeldvorming over de landschappelijke voorkeuren ten aanzien van de locatiekeuze gaat ervan uit dat er gedurende de ijzertijd sprake was van een verplaatsing van de bewoning over verschillende bodemtypes door de tijd heen (o.a. Roymans & Gerritsen 2002, 268-270; Spek 2004, 141-142; Roymans & Kluiving 2012, 47; Kluiving, Bekkema & Roymans 2015, 139-140). Waar in de bronstijd en het begin van de ijzertijd nog een voorkeur was voor bewoning op de zandgronden met een lager leemgehalte (*ibid.*; Kluiving, Bekkema & Roymans 2015, 140-142), lijkt er in de late ijzertijd een voorkeur te zijn voor bewoning op gronden met een hoger leemgehalte (Spek 2004, 139-159).

Deze verschuiving in voorkeuren ten aanzien van bodemtypen is mogelijk het gevolg van intensievere landbouw, waarbij gronduitputting en podzolisatie van de zandgronden met een laag leemgehalte een risico vormde (Spek 2004, 139-159). Ook het droger wordende klimaat wordt als mogelijke reden genoemd voor de trek naar zandgronden met hogere leemgehaltes, omdat deze water beter vast houden (Van Gijn & Waterbolk 1984, 102-110; Dupont 1985, 33-36; 55 fig. 16; Bohncke 1991, 146; Spek 2004, 143-144). Recent onderzoek uitgevoerd door Roymans & Kluiving (2012) en Kluiving, Bekkema & Roymans (2015) aan enkele microregio's in Noord-Brabant lijkt dit model te ondersteunen. Opmerkelijk blijft echter dat de mogelijke *oorzaken* voor een wijziging in locatiekeuzestrategieën meer aandacht krijgen dan de kritische toetsing *of* er sprake is van bovengenoemde wijzigingen. Dit onderschrijft eens te meer de noodzaak van de huidige analyse.

Analyse bewoningsmodellen: de dataset

Van de ijzertijdvindplaatsen in Drenthe en Noord-Brabant zijn er ongeveer 105 die huisplattegronden hebben opgeleverd en dus als betrouwbare indicator voor nederzettingen kunnen dienen. Omdat sommige nederzettingsopgravingen een aanzienlijke oppervlakte vertegenwoordigen en meerdere bodemtypes omvatten, is er voor gekozen om deze op te delen in meerdere huisclusters.[5] Zo is de meervoudige relatie (1-op-n) tussen nederzetting en bodemtype voorkomend *binnen* de nederzetting eenduidig te documenteren. De huisclusters worden dus gevormd door

5 Huisclusters hebben een herkende huisplattegrond als basis, en bestaan verder uit alle overige – aan dezelfde periode en bodemtype toe te wijzen – plattegronden, voor zover niet verder dan 100 m uiteen gelegen. Het zijn dus groepen van mogelijk gelijktijdige huizen die een locatiekeuzefactor (bodemtype) delen. De definitie van een nederzetting is sterk afhankelijk van archeologische patronen, dateringsresolutie en theoretische achtergrond (*cf.* Arnoldussen 2008, 66-70), maar speelt bij een analyse als de onderstaande geen cruciale rol.

	Aantal nederzettingen	Aantal huisclusters	Aantal huizen
Noord-Brabant	71	173	367
Drenthe	34	67	136

Tabel 1 Aantal ijzertijdnederzettingen, met het aantal daarin herkende huisclusters en huizen per regio.

Table 1 Number of Iron Age settlement sites, numbers of house-clusters and of houses within the clusters , presented by region.

herkende huisplattegronden die *binnen* één bodemtype voorkomen, voor zover niet meer dan 100 m uiteen gelegen. Uiteraard is voor toetsing van demografische modellen het aantal *huisplaatsen* van belang (alsook de exacte datering ervan), maar voor analyse van locatiekeuzepatronen is het werken met bovenbeschreven huisclusters beter. Er treedt zo immers minder vertekening op doordat bij grootschalige opgravingen meer *huisplaatsen* worden blootgelegd en een getalsmatige benadering met huisplaatsen per bodemtype een onbillijke overrepresentatie kan geven.

Bovenstaande criteria resulteerden in ongeveer 240 huisclusters (Tabel 1) die inzicht bieden in de locatiekeuze voor bewoning in de ijzertijd. Gebruik makend van deze dataset worden hieronder de bewoningsmodellen voor de ijzertijd met betrekking tot de mogelijke demografische ontwikkelingen en de landschappelijke sturing van de locatiekeuze getoetst.

Analyse bewoningsmodellen: demografie

Bij een bevolkingsafname in de midden- of late ijzertijd, zoals deze in de gangbare bewoningsmodellen wordt aangenomen, is een daling van het aantal huizen uit deze perioden te verwachten (uitgaand van gelijkblijvend bewonertal per huis). Wanneer echter naar de bekende specifieke dateringen (dat wil zeggen: vroege-, midden- of late ijzertijd) voor ijzertijdhuizen wordt gekeken, valt direct het geringe aantal in één tijdsfase gedateerde huizen ten opzichte van het totaal aantal ijzertijdhuizen op (Tabel 2). Voor Drenthe kent slechts 26% van de ijzertijdhuisplattegronden (n=42) een redelijk specifieke datering, tegenover 54% van de ijzertijdhuisplattegronden (n=210) in Noord-Brabant.

Op basis van deze gegevens kan worden geconcludeerd dat er inderdaad sprake lijkt van een bevolkingsafname in de midden-ijzertijd voor zowel Drenthe als Noord-Brabant. Deze afname is echter beperkt, een afname van ongeveer 19% voor Drenthe en ongeveer 23% voor Noord-Brabant.[6] In de late ijzertijd is er overigens een ruime verdubbeling van het aantal huizen ten opzichte van de midden-ijzertijd in beide regio's, hetgeen bij realistische modellen uitgaande van lineaire of exponentiele bevolkingsaanwas (*cf.* Van Bavel 2004, 228-233; Louwe Kooijmans 2005, 697 fig. 31.1) lastig te rijmen is met een significante terugloop in de midden-ijzertijd. Verder wordt een grote mate van onzekerheid geïntroduceerd doordat de bovenbeschreven trend (afname in bewoningsintensiteit) is gebaseerd op de impliciete premissen dat huisplattegronden uit de midden- ijzertijd een even

6 Verder kan ook de geringere tijdsduur van de midden-ijzertijd (250 jaar versus 300 jaar voor de vroege ijzertijd) voor een vertekening hebben gezorgd.

	LBT/ Vroege IJZ	Vroeg	Vroeg/ Midden	Midden	Midden/ Laat	Laat	Laat/vroeg ROM	IJZ alg.	Totaal
Noord-Brabant	23	62	6	48	97	100	19	31	367
Drenthe	44	11	22	9	19	22	21	9	136
Totaal	67	73	28	57	116	122	40	40	503

Tabel 2 Huisplattegronden met specifieke (vroeg, midden, laat) en met bredere dateringen (LBT/vroege ijz., vroeg/midden, midden/laat, laat/vroeg-Rom., ijzertijd algemeen), per regio.

Table 2 House-plans recognised by specific phase (Early, Middle, Late) or broader data-range (LBA-EIA, EIA/MIA, MIA/LIA, LIA/ERP, Iron Age generic), presented by region.

goede archeologische herkenbaarheid genieten als hun voorlopers uit de vroege ijzertijd en opvolgers uit de late ijzertijd (*cf.* Arnoldussen & Theunissen 2014, 133; 136) en van gelijkblijvende nederzettingsdynamiek (Spek 2004, 142).

Om ook de minder precies gedateerde plattegronden mee te kunnen wegen, is het nodig een aantal overgangscategorieën te hanteren. Deze periodes zijn vroege-midden-ijzertijd[7], midden-late ijzertijd[8] en late ijzertijd-vroege Romeinse tijd.[9] Voor Drenthe en Noord-Brabant levert deze aanvullende periode indeling (Tabel 2) de volgende patronen op: voor Drenthe zijn er 67 vroege/midden-ijzertijd, 28 midden-/late ijzertijd en 43 late ijzertijd/vroege Romeinse tijd huizen. Het patroon van reductie van het aantal bekende nederzettingen in de midden-ijzertijd van Drenthe lijkt ook hierin zichtbaar te zijn.[10] Voor Noord-Brabant, echter, bestaat de ruimer gedateerde dataset uit 91 vroege/midden- ijzertijd, 145 midden-/late ijzertijd en 119 late ijzertijd/vroege Romeinse tijd huizen (Afb. 1). Te Noord-Brabant is er dus evident geen sprake van een bevolkingsafname. Er lijkt eerder sprake te zijn van een bevolkings*groei* in de midden-/late ijzertijd, met pas in de late ijzertijd/vroege Romeinse tijd een kleine afname.

Voor Drenthe lijkt er inderdaad sprake te zijn van een afname aan herkende midden-ijzertijd huisplattegronden ten opzichte van de vroege ijzertijd, om in de late ijzertijd weer iets toe te nemen (dateringen in ruime zin; Afb. 1). Aannemend dat deze een directe relatie hebben tot de bevolkingsomvang, lijkt de theorie van Taayke (1996, 183-189) dat de bevolkingsafname in Drenthe pas in de late ijzertijd zichtbaar is dus niet juist. Voor Noord-Brabant, daarentegen, lijkt er pas in de late ijzertijd/vroege Romeinse tijd sprake te zijn van een terugloop van bewoningsintensiteit. Te samengenomen bieden de gegevens van Drenthe en Noord-Brabant een algemener beeld van de demografische patronen op de Nederlandse zandgronden in de ijzertijd: er lijkt sprake van redelijk constante bewoning gedu-

7 Huizen met een late bronstijd/vroege ijzertijd, vroege ijzertijd en vroege/midden-ijzertijd datering.

8 Huizen met een midden-ijzertijd en midden/late ijzertijd datering.

9 Huizen met een late ijzertijd en late ijzertijd/vroege Romeinse tijd datering.

10 Problematisch blijft echter dat de groep van huizen met een ruimere datering (late bronstijd/vroege ijzertijd) aanzienlijk is, en op dit analyseniveau niet is vast te stellen welke deel daadwerkelijk uit de 11e-9e eeuw kan dateren. Zulke oudere plattegronden zouden namelijk impliceren dat de verdiscontering van het aantal huizen *per tijdsperiode* leidt tot een veel geringer aantal huizen uit de vroege ijzertijd (datering in ruime zin), waardoor de nu betoogde reductie in de midden-ijzertijd wellicht wegvalt (min of meer gelijke aantallen voor beide perioden).

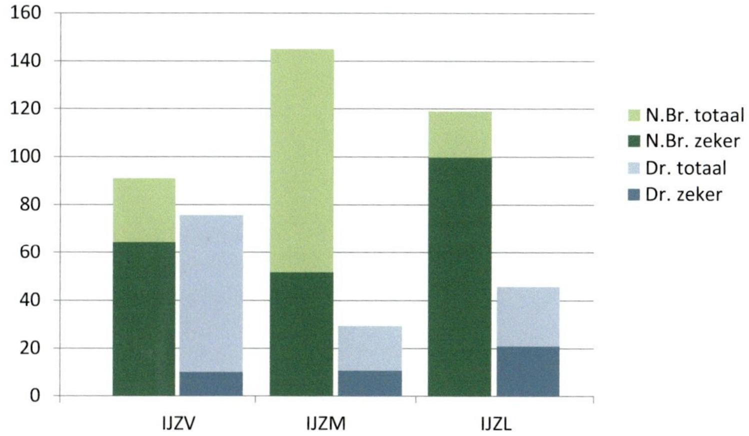

Afbeelding 1 Aantallen precies (donkere kleuren) en minder precies (lichtere tinten) gedateerde huisplattegronden per regio (Drenthe = blauw, Noord-Brabant = groen).

Figure 1 Numbers of precisely (darker tones) and less precisely dated house-plans by region (Drenthe = blue, Noord-Brabant = green).

rende de gehele ijzertijd.[11] De gegevens tonen verder een minimale afname aan bewoningsintensiteit in de late ijzertijd/vroege Romeinse tijd, maar van een bevolkingsafname in de midden-ijzertijd, zoals gesuggereerd door de conventionele bewoningsmodellen, lijkt geen sprake te zijn.

Analyse bewoningsmodellen: locatiekeuze en fysisch-geografische kenmerken van nederzettingslocaties

Door de bodemkundige kenmerken van ijzertijdhuisclusters vast te leggen, wordt het mogelijk om bodemkundig gestuurde locatiekeuzestrategieën te herkennen en eerder opgestelde bewoningsmodellen op aspecten van de locatiekeuze te toetsen. Hiertoe is de geomorfologische karakterisering (op basis van de geomorfologische kaart 1:50.000), het bodemtype (op basis van de bodemkaart 1:50.000) en het leemgehalte (op basis van de bodemkaart 1:50.000 en De Vries 1994) voor de locaties van de huisclusters bekeken (67 in Drenthe en 173 in Noord-Brabant). De te toetsen hypothese is dat er aan het einde van de ijzertijd sprake zou zijn van een verplaatsing van de bewoning van leemarmere gronden naar meer leemrijke gronden (Roymans & Gerritsen 2002, 268-270; Spek 2004, 141-142; Roymans & Kluiving 2012, 47; Kluiving, Bekkema & Roymans 2015, 139-140).

Als eerste is er gekeken of uit de locatiekeuze van ijzertijdnederzettingen een preferentie spreekt ten aanzien van geomorfologisch landschapstype. Hierbij is de locatie van huisclusters en huizen (Afb. 2) binnen de geomorfologische kaart van Nederland (Stichting voor Bodemkartering 1977) voor de bredere dateringsgroepen geanalyseerd. Het feit dat veel ijzertijdnederzettingen ontdekt zijn tijdens dorps- en standsuitbreidingen vertaalt zich helaas in een aanzienlijk aantal locaties waarvan de geomorfogentische code 'bebouwing' (codes B en vib) betreft (Afb. 2).

11 Totaal vroege ijzertijd (in ruime zin) = 91 (N.Br.) + 77 (Dr.) = 168, totaal midden-ijzertijd in ruime zin) = 145 (N.Br.) + 28 (Dr.) = 173, totaal late ijzertijd (in ruime zin) = 119 (N.Br.) + 43 (Dr.) = 162.

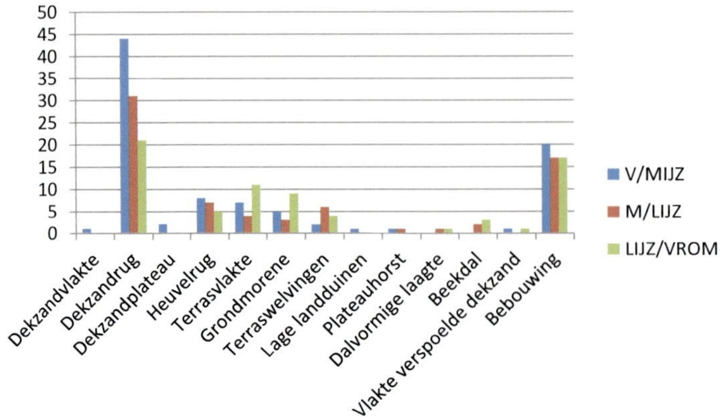

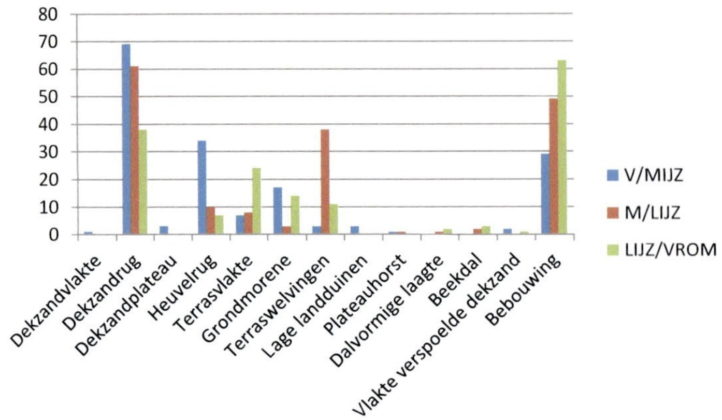

Afbeelding 2 Verdeling van de ijzertijdhuisclusters (boven) en -huizen (onder) over de geomorfologische eigenschappen van het landschap per bredere periodegroep, voor Drenthe en Noord-Brabant tezamen.

Figure 2 Histogram showing numbers of Iron Age house clusters (top) and houses (bottom) by geogenetic landform and broad-range period, for the provinces of Drenthe and Noord-Brabant combined.

De grootste groep bestaat echter uit huisclusters en huizen op dekzandruggen (codes 3K14, 4K14 en 3L5), waarbij daarop in diachrone zin een afname in bewoningsintensiteit zichtbaar lijkt: in de vroege/midden-ijzertijd is er een duidelijke piek die afneemt in de midden-/late ijzertijd om aansluitend in de late ijzertijd/vroege Romeinse tijd gehalveerd te zijn ten opzichte van het niveau in de vroege/midden-ijzertijd.

Eenzelfde patroon is vaststelbaar bij de bewoning op de heuvelruggen (code 10B1) waar eveneens een geleidelijke afname is van het aantal vindplaatsen gedurende de ijzertijd terwijl het aantal huizen na de vroege/midden-ijzertijd sterk afneemt (Afb. 2). Het afnemend belang van heuvelruggen wordt wellicht deels gecompenseerd door een toenemend belang van terrasvlaktes, -welvingen en grondmorenes voor bewoning. Met name voor de terrasvlaktes (codes 2M20a, 2M18a, 2M18b) is een duidelijke piek in de late ijzertijd/vroege Romeinse tijd waarneembaar en de terraswelvingen (codes 3L28, 3L12) lijken in de midden-/late ijzertijd een grote toename te tonen (Afb. 2). Locaties met grondmorene (codes 3L2a, 3L2,

2M5) tonen na een aanvankelijke afname in de midden-/late ijzertijd weer een toename in de late ijzertijd/vroege Romeinse tijd (Afb. 2). Binnen de overige geomorfologische landschappen lijkt er slechts sprake te zijn van sporadische bewoning (6% van de huisclusters en 4% van de huizen).

Op basis van een analyse van de ijzertijdbewoningslocaties in relatie tot de bodemkaart vormen – na een weer aanzienlijk aandeel met code 'bebouwing' (*supra*) – de groepen van enkeerdgronden (66%; codes bEZ21. bEZ23, EZg23, zEZ21 & zEZ23) en podzolgronden (23%; codes cHd21, cHn21, cHn23, cY23, Hd12, Hn21, Hn23 & Y23; 23%) de meest voorkomende bodemkundige situatie (Afb. 3). De categorie van enkeerdgronden kent echter een geringe zeggingskracht, aangezien deze gedefinieerd worden door de cultuurdekken (espakketten of plaggendekken) die veelal pas na de middeleeuwen zijn aangebracht (Deeben, Van Doesburg & Groenewoudt 2007, 9). De onderliggende bodem is vermoedelijk in veel gevallen een podzolbodem geweest (dit laat zich in zekere mate inschatten op basis van omringende bodemkundige eenheden), maar levert – indachtig mogelijke lokale verschillen – niet de gewenste precisie voor modelvorming of -toetsing. Ten aanzien van grondwatertrappen valt op dat – kennisnemend van de onzekerheidsmarge ten aanzien van de prehistorische relevantie van twintigste-eeuwse grondwatertrappen – dat er gedurende de vroege/midden-ijzertijd en de midden-/late ijzertijd er een duidelijke voorkeur is voor de relatief drogere gronden (Afb. 3). In de late ijzertijd/vroege Romeinse tijd lijkt er een verschuiving op te treden met relatief meer bewoning op de nattere gronden dan daarvoor.

Om meer inzicht te krijgen in de prehistorische relevantie van de grote diversiteit aan bodemkundige typeringen (Afb. 3), is besloten om de diverse bodemtypen per leemgehalteklasse in te delen. Het gehalte aan leem is relevant voor de degraderingsgevoeligheid en natuurlijke bodemvruchtbaarheid (Roymans & Gerritsen 2002, 268-270; Spek 2004, 118-121; Roymans & Kluiving 2012, 47; Kluiving, Bekkema & Roymans 2015, 139-140) hetgeen voor zelfvoorzienende agrarische gemeenschappen zoals die uit de ijzertijd een cruciale rol in locatiekeuze kan hebben gespeeld (Spek 2004, 121; 142; Van Beek 2009; 329; 389). Gezien de veelal uiteenlopende leemgehaltes binnen individuele bodemtypes (*cf.* Spek 2004, 119), is er voor gekozen om met de gemiddelde leemwaarden te werken (De Vries 1994, appendix 1). Deze waarden zijn vervolgens weer gegroepeerd op basis van Spek's (2004, 118) classificatie van het podzoleringsproces met daarbij de leemgehaltes (*cf.* Roymans & Kluiving 2012; 47).

Nadat deze gemiddelde waarden aan elke bodemtype zijn toegekend zijn ze verdeeld over drie groepen: bodems met een gemiddelde van minder dan 10% leem (haarpodzolgronden; code Hd21), bodems met een gemiddelde tussen 10% en 20% leem (de – weinig zeggende – enkeerdgronden (codes bEZ21, zEZ21), enkele veld- (codes cHn21, Hn21) en haarpodzolen (cHd21) alsook een enkele vorstvaaggrond (Zb21) en gooreerdgrond (pZN21) en bodems met een gemiddelde van meer dan 20% leem (lemige veldpodzolen (codes Hn23, cHn23), lemige enkeerdgronden (bEZ23, EZg23, zEZ23) en akkereerdgronden (Zb23), holtpodzolgronden (codes Y23, cY23) en ooivaaggronden (KRd1). De huisclusters die als bodemtype 'bebouwing' hebben zijn buiten beschouwing gelaten. Uit de verdeling van de huisclusters over de drie groepen van leemhoudende bodems spreekt een

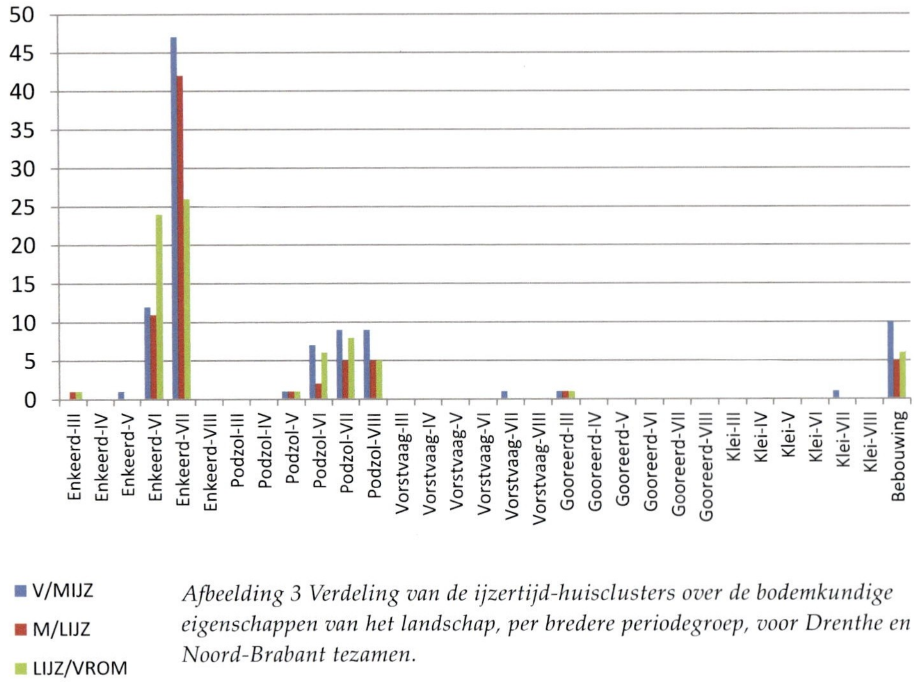

Afbeelding 3 Verdeling van de ijzertijd-huisclusters over de bodemkundige eigenschappen van het landschap, per bredere periodegroep, voor Drenthe en Noord-Brabant tezamen.

Figure 3 Histogram showing numbers of Iron Age house-clusters by pedology and broad-range period, for the provinces of Drenthe and Noord-Brabant combined.

patroon dat haaks staat op dat wat het traditionele bewoningsmodel voor locatiekeuze aanneemt (Afb. 4).

Voor de vroege/midden-ijzertijd kennen we meer huisclusters (44 stuks, 54%) op de gronden met een leemgemiddelde van meer dan 20%, dan van de gronden met een gemiddelde van 10% tot 20% (37 stuks, 45%). In de midden-/late ijzertijd is dit verschil groter geworden met 41 huisclusters (61%) in zones met een leemgemiddelde van meer dan 20% versus 25 (37%) in gebieden met een leemgemiddelde tussen de 10% en 20%. Deze verhouding kantelt echter in de late ijzertijd/vroege Romeinse tijd, wanneer huisclusters op de gronden met een leemgemiddelde van 10% tot 20% voor het eerst vaker voorkomen (35 stuks, 52%) dan huisclusters op de gronden met een leemgemiddelde van meer dan 20% (32 stuks, 48%). Deze ontwikkeling is ook terug te zien wanneer in plaats van naar huisclusters naar het aantal huizen per bodemtype worden vergeleken (Afb. 4, boven). Voor de periode vroege/midden-ijzertijd kennen we ruim twee keer zoveel huizen (103 stuks, 68%) op de gronden met een leemgemiddelde van meer dan 20%, dan uit bodems met lagere leemgemiddeldes (45 huizen, 30%). Daarentegen kennen we voor de late ijzertijd/vroege Romeinse tijd bijna twee keer zoveel huizen (99 stuks, 66%) op de gronden met een leemgemiddelde van 10% tot 20%, ten opzichte van de huizen (50 stuks, 34%) op gronden met hogere leemgemiddeldes, 50 huizen.

Volgens de traditionele bewoningsmodellen zou er sprake moeten zijn van een verschuiving in de locatiekeuzefactoren van de leemarmere gronden naar de leemrijkere gronden (*cf.* Spek 2004, 142; 151). Dit wordt echter niet bevestigd door de tot nu geanalyseerde gegevens. Er blijkt eerder sprake te zijn van een omgekeerde

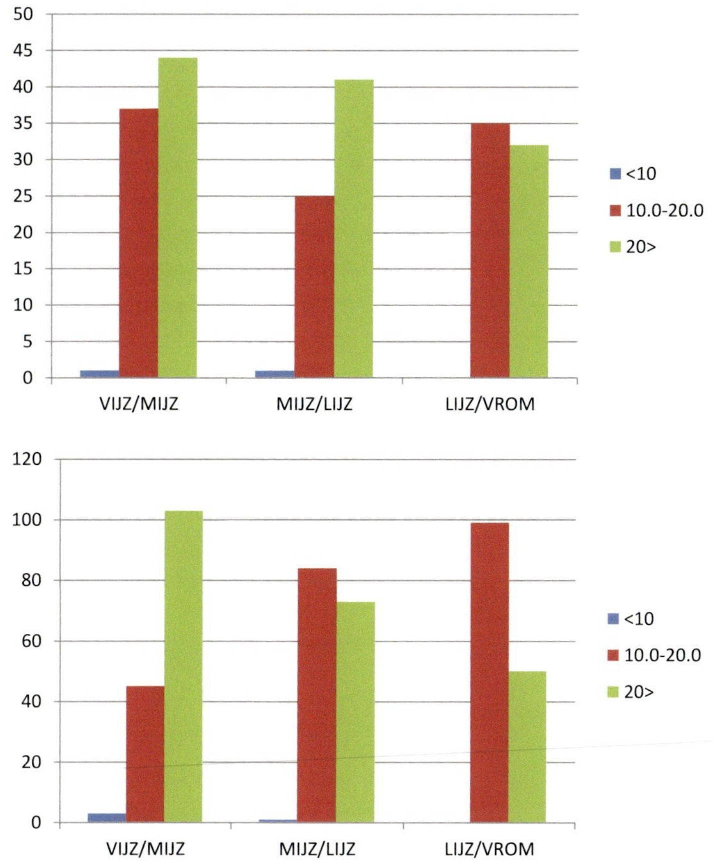

Afbeelding 4 Verdeling van de ijzertijdhuisclusters (boven) en -huizen (onder) over de leemhoudende bodemtypen per bredere periodegroep, voor Drenthe en Noord-Brabant tezamen.

Figure 4 Histogram showing numbers of Iron Age house clusters (top) and houses (bottom) by loam content and broad-range period, for the provinces of Drenthe and Noord-Brabant combined.

ontwikkeling waar in de vroege/midden-ijzertijd er intensievere bewoning was op de leemrijkere gronden en in de late ijzertijd/vroege Romeinse tijd meer bewoning op de leemarmere gronden. In geomorfologisch opzicht heeft de bovenstaande analyse aangewezen dat dekzandruggen in alle perioden de meest intensief gebruikte landschapsvormen bleven, maar dat terraslocaties (terraswelvingen in de midden-/late ijzertijd en terrasvlaktes in de late ijzertijd/vroege Romeinse tijd) aan belang winnen. Aan het einde van de ijzertijd is er overigens ook sprake van relatief meer bewoning op de iets nattere gronden dan aan het begin van de ijzertijd.

Conclusie

De traditionele bewoningsmodellen voor de zandgronden in de ijzertijd suggereren dat er ergens in het midden van de ijzertijd sprake moet zijn geweest van een bevolkingsafname en dat de bewoning zich verplaatste van de leemarmere gronden aan het begin van de ijzertijd naar de meer leemrijke gronden in de late ijzertijd.

Deze modellen lijken echter maar gedeeltelijk of niet te kloppen voor zandgronden van Drenthe en Noord-Brabant. Voor Drenthe lijkt er wel een bevolkingsafname nawijsbaar te zijn voor het midden van de ijzertijd[12], maar wanneer de gegevens van Noord-Brabant worden geïntegreerd verdwijnt deze aanwijzing. Verschillen in regionale herkenbaarheid van huistypen zouden hierin wel eens een belangrijke vertekende rol kunnen spelen. Voor de hypothese van verplaatsing van de bewoning naar leemrijkere gronden in de late ijzertijd ontbreekt eveneens een solide basis. Er lijkt zelfs sprake te zijn van een omgekeerde ontwikkeling waarbij aan het *begin* van de ijzertijd bewoning op de leemrijkere gronden intensiever was en in de *late* ijzertijd intensiever op de leemarme gronden. Deze uitkomsten zijn verrassend en nopen minimaal tot kritische herevaluatie van de dateringsinstrumenten (met name de huistypologie), de gehanteerde premissen (modellen voor nederzettingsdynamiek die uitgaan van diachroon gelijkblijvende bewonersaantallen, herkenbaarheid en bewaringsfactoren) en precisie van de bodemkundige typering (preciseren van groep 'bebouwing'). Zonder meer gedegen onderzoek naar deze invloedrijke factoren, kan niet met zekerheid gesteld worden dat in de loop van de ijzertijd juist leemarmere gronden intensiever bewoond werden.

Abstract

Traditional models of Iron Age settlement dynamics assume that in the course of the Iron Age (800 BC – 0 AD) settlement dynamics show (a) a demographic decline in habitation of the sandy soils, and (b) a shift from inhabiting loam-poorer to (less erosion-prone) loam-richer sediments. Using a recently inventoried data-set on Iron Age settlement sites from the Dutch provinces of Drenthe and Noord-Brabant, a critical study of the (I) geomorphological and (II) pedological properties (especially soil type and loam-content) is undertaken. It shows that throughout the Iron Age, coversand-ridges remained the most intensively settled areas. Combined, there is no strong indication for a demographic decline during (parts of) the Iron Age. Moreover, judging by loam-content the data seems to suggest a shift from loam-rich to loam-poorer soils (rather than reversed, as traditional models would have it). However, without (1) more detailed study of important premises such as dating instruments (house-typology), (2) more nuanced models of settlement dynamics and resulting archaeological patterns, as well as (3) more refined pedological characterisations, approaches as followed in this paper can only isolate general trends.

Literatuur

Arnoldussen, S. 2008. *A Living Landscape – Bronze Age settlement sites in the Dutch river area (c.2000-800 BC).* Leiden: Sidestone press (proefschrift).

Arnoldussen, S. en Jansen, R. 2010. Iron Age habitation patterns on the southern and northern Dutch Pleistocene coversand soils: the process of settlement nucleation, in: Meyer, M. (red.), *Haus – Gehoft – Weiler – Dorf. Siedlungen der Vorromischen Eisenzeit im nordlichen Mitteleuropa.* Berliner Archaologische Forschungen 8. Berlin, 279-297.

12 Maar zie noot 10.

Arnoldussen S. en Theunissen, E.M., 2014. Huisplattegronden uit de Late Prehistorie in het rivierengebied, in: Lange, A.G., Theunissen, E.M., Deeben, J.H.C., van Doesburg, J., Bouwmeester, J. en Groot, T. de (red.). *Huisplattegronden in Nederland – Archeologische sporen van het huis*. Amersfoort: Barkhuis, 116-142.

Bavel, J. van 2004. De wereldbevolkingsexplosie en duurzame ontwikkeling: een veldoverzicht. *Tijdschrift voor Sociologie* 25(2), 228-245.

Becker, C.J. 1971. Früheisenzeitliche Dörfer bei Grøntoft, Westjütland, 3, Vorbericht: Die Ausgrabungen 1967-68. *Acta Archaeologica* 42, 79-110.

Beek, R. van 2009. *Reliëf in Tijd en Ruimte. Interdisciplinair onderzoek naar bewoning en landschap van Oost-Nederland tussen vroege prehistorie en middeleeuwen*. Wageningen: Universiteit Wageningen (proefschrift).

Boer, E. de en Hiddink, H. (red.) 2012. *Opgravingen in Waterdael III te Someren. Deel 2. Bewoningssporen uit de latere Prehistorie, de Vroege en Volle Middeleeuwen*. Zuidnederlandse Archeologische Rapporten 50. Amsterdam: ACVU-HBS.

Bohncke, S.J.P. 1991. *Palaeohydrological changes in the Netherlands during the last 13000 years*. Amsterdam: Vrije Universiteit Amsterdam (proefschrift).

Broeke, P.W. van den 2005. Toenemende verscheidenheid: synthese, in: Louwe Kooijmans, L.P., Broeke, P.W. van den, Fokkens, H. en Gijn, A.L. van (red.), *Nederland in de Prehistorie*. Amsterdam: Bert Bakker, 683-692.

Brongers, J.A. 1976. *Air photography and Celtic field research in the Netherlands*. Nederlandse Oudheden 6. Groningen: Rijksuniversiteit Groningen (proefschrift).

Deeben, J., Doesburg, J. van en Groenewoudt, B. 2007. Een inleiding op essen, plaggendekken en enkeerdgronden in het historische cultuurlandschap, in: Doesburg, J. van, Boer, M. de, Deeben, J., Groenewoudt, B. en Groot, T. de (red.), *Essen in zicht. Essen en plaggendekken in Nederland: onderzoek en beleid*. Nederlandse Archeologische Rapporten 34. Amersfoort: RACM, 9-20.

Dupont, L.M. 1985. *Temperature and rainfall variation in a raised bog ecosystem. A palaeoecological and isotope-geological study*. Amsterdam: Universiteit van Amsterdam (proefschrift).

Fokkens, H. 1998a. The Ussen project: the first decade of excavations at Oss. *Analecta Praehistoria Leidensia* 30, 1-4.

Fokkens, H. 1998b. *Drowned Landscape. The Occupation of the Western Part of the Frisian-Drentian Plateau, 4400 BC – AD 500*. Assen: Van Gorcum (proefschrift).

Fokkens, H. en Arnoldussen, S. 2008, Towards new models, in: Arnoldussen, S. en Fokkens, H. (red.), *Bronze Age settlement sites in the Low Countries*, Oxford: Oxbow books, 1-16.

Van Gijn, A.L. en Waterbolk, H.T. 1984. The colonization of the salt marches of Friesland and Groningen: The possibility of a transhumant prelude. *Palaeohistoria* 26, 101-122.

Harsema, O.H. 1980. *Drents boerenleven van de bronstijd tot de middeleeuwen*. Museumfonds publicatie 6. Assen: Drents Museum.

Kluiving, S.J., Bekkema, M.E. en Roymans, N.G.A.M. 2015. Mass migration through soil exhaustion: Transformation of habitation patterns in the southern Netherlands (1000 BC-500 AD). *Catena* 132, 139-150.

Kolen, J.C.A. en Niekus, M.J.L.Th. 2011. Van cultureel streekdiagram tot landschapsbiografie, in: Niekus, M.J.L.Th. (red.), *Gevormd en omgevormd landschap van Prehistorie tot Middeleeuwen*. Assen: Drents Prehistorische Vereniging, 132-144.

Kooi, P.B. 1979. *Pre-Roman urnfields in the north of the Netherlands*. Groningen: Rijksuniversiteit Groningen (proefschrift).

Kossack, G., Behre, K.-E. en Schmid, P. (red.). 1984. *Archäologische und natuurwissenschaftlichte Untersuchungen an ländlichen und frühstädtischen Siedlungen im deutschen Küstengebiet vom 5.Jahrhundert v.Chr. bis zum 11.Jahrhundert n.Chr., 1: Ländliche Siedlungen*. Weinheim: Acta humaniora.

Lange, A.G., Theunissen, E.M., Deeben, J.H.C., van Doesburg, J., Bouwmeester, J. en Groot, T. de (red.) 2014. *Huisplattegronden in Nederland – Archeologische sporen van het huis*. Amersfoort: Barkhuis.

Louwe Kooijmans, L.P. 1995. Prehistory or paradise? Prehistory as a reference for modern nature developments, the Dutch case. *Mededelingen Rijks Geologische Dienst* 52, 415-424.

Louwe Kooijmans, L.P., Broeke, P.W. van den, Fokkens, H. en Gijn, A.L. van (red.), 2005. *Nederland in de Prehistorie*. Amsterdam: Bert Bakker.

Louwe Kooijmans, L.P. 2005. Nederland in de Prehistorie: een terugblik, in: Louwe Kooijmans, L.P., Broeke, P.W. van den, Fokkens, H. en Gijn, A.L. van (red.), *Nederland in de Prehistorie*. Amsterdam: Bert Bakker, 695-719.

Roymans, N. 1991. Late Urnfield Societies in the Northwest European Plain and the expanding networks of Central European Hallstatt Groups, in: Roymans, N. en Theuws, F. (red.), *Images of the Past: studies on ancient societies in Northwestern Europe*. Studies in prae- en protohistorie 7. Amsterdam: IPP, 9-89.

Roymans, N. 1995. The cultural biography of urnfields and long-term history of a mythical landscape. *Archaeological Dialogues* 2, 2-24.

Roymans, N. en Fokkens, H. 1991. Een overzicht van veertig jaar nederzettingsonderzoek in de Lage Landen, in: Fokkens, H. en Roymans, N. (red.), *Nederzettingen uit de bronstijd en de vroege ijzertijd in de Lage Landen*. Nederlandse Archeologische Rapporten 13. Amersfoort: ROB, 1-19.

Roymans, N. en Kortlang, F. 1999. Urnfield symbolism, ancestors and the land in the Lower Rhine Region, in: Theuws, F. en Roymans, N. (red.), *Land and Ancestors. Cultural dynamics in the Urnfield period and the Middle ages in the Southern Netherlands*. Amsterdam Archaeological Studies 4. Amsterdam: Amsterdam University Press, 33-62.

Roymans, N. en Gerritsen, F. 2002. Landscape, ecology and mentalités: a long-term-perspective on developments in the Meuse-Demer-Scheldt region. *Proceedings of the Prehistoric Society* 68, 257-287.

Roymans, N. en Kluiving, S.J. 2012. Soil Degradation and Shifting Habitation Patterns in the Sand Landscapes of the Southern Netherlands, in: *Landscape Archaeology. Conference (LAC 2012), eTopoi*. Journal for Ancient Studies, Special Volume 3 (2012), 47-53.

Schindler, R. 1956. Siedlungsprobleme in Stormarngau im Anschluß an die Ausgrabungen in Hamburg-Farmsen. *Archaeologica Geographica* 5, 25-32.

Schinkel, K. 1994. *Zwervende Erven – Bewoningsporen in Oss-Ussen uit bronstijd, ijzertijd en Romeinse tijd. Opgravingen 1976-1986*. Leiden: Universiteit Leiden (proefschrift).

Schinkel, K. 1998. Unsettled settlement, occupation remains from the Bronze Age and the Iron Age at Oss-Ussen. The 1976-1986 excavations. *Analecta Praehistoria Leidensia* 30, 5-306.

Slofstra, J. 1991, Een nederzetting uit de vroege ijzertijd op de Heesmortel bij Riethoven, in: Fokkens, H. en Roymans, N. (red.), *Nederzettingen uit de bronstijd en de vroege ijzertijd in de Lage Landen.* Nederlandse Archeologische Rapporten 13. Amersfoort: ROB, 141-151.

Spek, T. 1993. Milieudynamiek en locatiekeuze op het Drentse plateau (3400 v.Chr. – 1850 n.Chr.), in: Elerie, J.N.H., Jager S.W. en Spek, T. (red.), *Landschapsgeschiedenis van De Strubben/Kniphorstbos. Archeologische en historisch-ecologische studies van een natuurgebied op de Hondsrug.* Groningen: van Dijk & Foorthuis, 167-236.

Spek, T. 2004. *Het Drentse esdorpenlandschap – Een historisch-geografische studie.* Utrecht: Matrijs (proefschrift).

Stichting voor Bodemkartering. 1977. *Geomorfologische kaart van Nederland 1:50.000: Stichting voor Bodemkartering, Rijks Geologische Dienst.* Wageningen: Stichting voor Bodemkartering.

Taayke, E. 1996. *Die einheimische Keramik der nördlichen Niederlande 600 v.Chr. bis 300 n.Chr.* Groningen: Rijksuniversiteit Groningen (proefschrift).

Vries, F. de. 1994. *Een fysisch-chemische karakterisering van de bodemeenheden van de Bodemkaart van Nederland, schaal 1 : 50 000, met onderscheid naar grondgebruik.* Wageningen: DLO-Staring Centrum.

Waals, J.D. van der 1966. Angelslo, gem. Emmen. *Nieuwsbulletin Koninklijke Nederlandse Oudheidkundige Bond,* 14-16.

Waals, J.D. van der en Butler, J.J. 1976. Bargeroosterveld, in: Beck, H., Jankuhn, H., Ranke, K. en Wenskus, R. (red.), *Reallexikon der Germanischen Altertumskunde* – Band II. Berlin/New-York: Walter de Gruyter, 54-58.

Waterbolk, H.T. 1959. Nieuwe gegevens over de herkomst van de oudste bewoners der kleistreken. *Akademiedagen* 11, 16-37.

Waterbolk, H.T. 1962. Hauptzüge der eisenzeitlichen Besiedlung der nördlichen Niederlande. *Offa* 19, 9-46.

Waterbolk, H.T. 1987. Terug naar Elp, in: Ketelaar, F.C.J. (red.), *De historie herzien; vijfde bundel 'Historische Avonden'.* Hilversum: Verloren, 183-215.

Waterbolk, H.T. 1993. Het nieuwe land, met Friesland kwamen de Friezen. *Natuur & Techniek* 61, 404-419.

Waterbolk, H.T. 2009. *Getimmerd Verleden – Sporen van voor- en vroeghistorische houtbouw op de zand- en kleigronden tussen Eems en IJssel.* Groningen: Barkhuis Publishing.

Wit, M.J.M. de 2000. Een nederzetting uit de 2e/3e eeuw langs de Frieslandweg te Emmen (Dr.). *Paleo-aktueel* 11, 94-95.

Wit, M.J.M. de 2003. *Een definitief Archeologisch Onderzoek langs de Frieslandweg te Emmen, gemeente Emmen (Dr.).* ARC-publicatie 64. Groningen: ARC.

Woltering, P.J. 2001. Occupation History of Texel IV – Middle Bronze Age – Late Iron Age (1350-100 BC). *Berichten van de Rijksdienst voor het Oudheidkundig Bodemonderzoek* 44, 9-396.

Overzicht van auteurs Metaaltijden 2

Gerard van Alphen
Koornstraat 24c
5341 BR Oss
gvanalphen@gmail.com

Stijn Arnoldussen
Groningen Instituut voor Archeologie
Rijksuniversiteit Groningen
Poststraat 6
9712 ER Groningen
s.arnoldussen@rug.nl

Paul C.H. Albers
palbers@xs4all.nl

Eugene A.G. Ball
BAAC Archeologie en Bouwhistorie
Graaf van Solmsweg 103
5222 BS 's-Hertogenbosch
e.ball@baac.nl

Simone B.C. Bloo
BAAC Archeologie en Bouwhistorie
Graaf van Solmsweg 103
5222 BS 's-Hertogenbosch
s.bloo@baac.nl

Iris R.P.M. Briels
RAAP Archeologisch Adviesbureau
Le Pooleweg 5
2314 XT Leiden
i.briels@raap.nl

Peter van den Broeke
Gemeente Nijmegen
Bureau Archeologie en Monumenten
Postbus 9105
6500 HG Nijmegen
p.van.den.broeke@nijmegen.nl

Robert M. van Heeringen
Vestigia Archeologie & Cultuurhistorie
Spoorstaat 5
3811 MN Amersfoort
r.vanheeringen@vestigia.nl

Marlien Janssens
RAAP Archeologisch Adviesbureau
De Savornin Lohmanstraat 11
6004 AM Weert
m.janssens@raap.nl

Jos Kleijne
Graduate School 'Human Development in Landscapes'
Christian-Albrechts Universität zu Kiel
Leibnizstrasse 3, kamer 126
24118 Kiel, Duitsland
jkleijne@gshdl.uni-kiel.de

Annemarie Kooi
BAAC Archeologie en Bouwhistorie
Graaf van Solmsweg 103
5222 BS 's-Hertogenbosch
a.kooi@baac.nl

Maikel H.G. Kuijpers
Faculty of Archaeology, European Prehistory
Van Steenis gebouw
Einsteinweg 2, kamer A105
2333 CC Leiden
m.h.g.kuijpers@arch.leidenuniv.nl

Marian J.A. Melkert
MarianMelkert
Derde Oosterparkstraat 303
1092EA Amsterdam
marianmelkert@gmail.com

Guy De Mulder
Vakgroep Archeologie
Universiteit Gent
Sint-Pietersnieuwstraat 35
B-9000 Gent
België
Guy.demulder@ugent.be

Marloes Rijkelijkhuizen
Elpenbeen
Da Costastraat 10
2321AM Leiden
info@elpenbeen.nl

Hans Siemons
Siemons Archeologisch Advies
Zoutberg 17
1035 KS Amsterdam
hans@siemonsarcheologischadvies.nl

Liesbeth Theunissen
Rijksdienst voor het Cultureel Erfgoed
Postbus 1600
3800 BP Amersfoort
l.theunissen@cultureelerfgoed.nl

Annemieke Verbaas
Stichting LAB
Van Steenis gebouw
Einsteinweg 2, kamer C124
2333 CC Leiden
averbaas@stichtinglab.nl

Tale Wolthuis
Groningen Instituut voor Archeologie
Rijksuniversiteit Groningen
Poststraat 6
9712 ER Groningen
ti.wolthuis@gmail.com